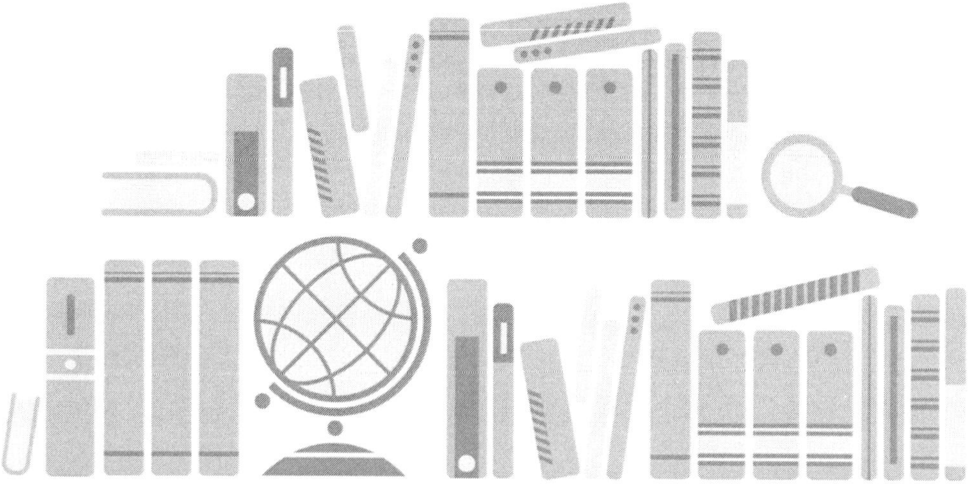

정보화시대의 신세대를 위한

신실기교육방법론

이병석 · 박완성 공저

학지사

서 문

사람은 평생 배우지 않고는 살아갈 수 없다. 평생교육의 개념이 대두된 이래 가르치고 배우는 연령이 확대되었음은 물론, 공간 또한 확대되었다. 오프라인으로뿐만 아니라 온라인에서도 가르치고 배우는 일은 더 친밀하게 우리 곁에 와 있다.

가르치는 사람의 지식과 배우는 사람의 눈높이가 맞으면 가르치는 사람의 지성은, 덕성까지도 추가로 겸비하게 되고 더 크게는 지혜가 되어 배우는 학습자의 마음을 울리고 평생을 살아가는 데 귀한 감동을 끼치게 된다. 그만큼 우리는 온라인이든 오프라인이든 교육을 떠나서는 살아갈 수 없는 시대에 살고 있다.

인간의 삶의 과정은 교수-학습의 과정이므로 인간의 역사와 교수-학습의 역사는 같다고 할 수 있다. 교수-학습과정은 우리 인간생활과 밀접한 관계를 가지며 존재해 왔다. 교수-학습에 대한 지식이 전혀 없어도 가르치고 배울 수 있다. 그러나 그 효율성은 매우 떨어진다. 경험에 의존하여 자신이 배운 대로 가르치기보다는 미리 교수-학습에 대한 이론을 숙지하고, 효과적이라고 검증되고 체계화된 연구결과들을 활용하면 교수-학습의 효과를 극대화시킬 수 있다.

따라서 이 책은 장차 여러 교육기관에서 다양한 형식으로 강단에 서게 될 실기교사나 예비교사들에게 교수-학습이론과 아울러 과학적으로 검증된 여러 교수방법을 소개함으로써 효과적으로 가르치는 교수능력을 함양시키는 목적으로 저술되었다. 이 책에서 배운 지식을 활용하여 교사들은 전 생애적인 발달 관점에서 어린 아동부터 노인에 이르기까지 다양한 장소에서 학습자들을 효과적으로 가르칠 수 있다고 본다.

이 책은 크게 두 부분으로 나눌 수 있다. 제1부에서는 교육방법의 이론과 실제에 대하여, 그리고 제2부에서는 실기교육방법의 실제에 대하여 다루었다. 구체적으로 살펴보면 제1부는 교육방법의 이론과 실제 편으로, 제1장에 교사의 역할과 자질을, 제2장에 학습이론을, 제3장에 교수이론을, 제4장에 생애단계별 학습지도를 소개하였다. 제5장에서는 영재아동 이해와 교육방법을, 제6장에서 학습부진아를 위한 교육을, 제7장에서 효율적인 학습법을, 제8장에는 전생애 진로지도에 대한 이해를 다루었다. 그리고 제2부는 실기교육방법의 실제 편으로, 제9장에서 직접교수법 및 학생지도방법을, 제10장에서 효과적인 교수방법을, 제11장에서 실기교육수업과 학습지도안을, 제12장에서 실기지도의 교수매체를, 마지막으로 제13장에서 교수학습의 평가를 다루었다.

이 책은 저자들의 오랜 경험을 바탕으로 다양한 교육현장에서 이루어질 수 있는 교육을 염두에 두어 실제의 학습현장에 적용할 수 있도록 폭넓고 다양한 시각으로 저술하였다. 그러나 일천한 식견으로 말미암아 행간에 부족한 면이 보이는 것을 숨길 수 없다.

모쪼록 저자들의 이러한 작은 노력이 교육현장에서 학습자를 아끼며 학습자들의 지적인 성장과 인격형성, 그리고 기능의 숙지를 돕기 위해 땀흘리는 교사들에게 마중물이 되었으면 하는 바람이다. 교사들은 이 마중물을 이용하여 학습자를 동기유발시키고, 덕성을 포함한 지식으로 학습자를 감동시키며, 학습자는 여기서 배운 지식으로 세상을 변화시킬 수 있는 커다란 역사를 일으키는 데 일조하길 바란다. 끝으로 이 책이 나올 수 있도록 협조를 아끼지 않으신 학지사의 김진환 사장님을 비롯하여 여러 직원들에게 고마운 마음을 전하고 싶다.

2011년 여름에

저자 일동

차 례

제2부 실기교육방법의 실제

제 1 부

교육방법의 이론과 실제

제1장

교사의 역할과 자질

1. 교사의 영향력

학자들마다 인간과 동물의 차이를 설명하는 방법은 다르다. 사회적 활동의 유무, 언어의 유무, 도구 사용의 유무, 불 사용의 유무 등으로 인간과 동물을 구분한다. 그러나 교육적인 측면에서는 교육의 유무에 따라 인간과 동물을 구분할 수 있다. 즉, 인간은 교육적 동물이라는 말이다. 동물의 사회에서는 부모는 존재하지만 교사는 존재하지 않는다. 아리스토텔레스는 "육신을 낳아 준 어버이보다 더 귀한 사람이 영혼을 낳아 키워 주는 선생님이다."라고 말했다. 동물의 세계는 수천 년 전과 현재가 같지만, 인간의 세계는 교사의 교육으로 개인이 성장하고, 이 개인을 통해 문화가 계속 발전한다.

우리는 유치원, 초등학교, 중학교, 고등학교, 대학교는 물론, 사회에서도 많은 교사를 만난다. 한 사람의 학생은 이렇게 많은 교사의 교육을 통해 직·간접적으로 영향을 받으며 성장해 나간다. 이런 현상을 콩나물시루에 비유할 수 있다. 콩나물시루에 물을 주면 물이 콩나물을 스쳐 지나 시루의 구멍을 통해 빠져나간다. 그때 콩나물에 스며드는 미량의 물이 자양분이 되어 콩나물이 자란다. 만약 이 물이 썩은 물이거나 유독성 물질이 포함된 물이라면 유해한 성분이 콩나물에 묻어 일부 콩나물 또는 전체 콩나물이 상하게 된다. 매일 많은 물을 주다 보니 그중 어떤 물 때문에 콩나물이 상했는지 명확히 증명할 수는 없지만, 콩나물이 상했다면 분명 물의 영향을 받은 것이다. 물이 통과하면서 자양분이 콩나물에 스며들듯이, 교육활동 중에 교사의 인격이 학생들에게 스며들어 학생들의 인격이 성장한다. 콩나물이 스쳐 가는 물의 자양분을 흡수하듯이 학생도 교사의 인격을 내면화하면서 성장해 가는 것이다.

요즈음 '학교가 붕괴되고 있다.' '교육이 왜 이러느냐?' 하면서 걱정을 하고 있다. 이런 걱정은 비단 우리만의 이야기가 아니다. 미국과 같은 선진국에서도 교육의 심각성 때문에 대부분의 대통령 후보들이 저마다 '교육 대통령'이 되겠다는 공약을 내걸고 있다. 교육 현상을 어떻게 진단하느냐에 따라 그 처방도 다양하고 복잡하기 때문에, 교육붕괴 현상을 단시일 내에 해결할 수 있는 묘책은 없다. 그러나 분명한 것은 교육개혁에서 가장 중요한 역할을 담당해야 하는 주체가 바로 교사들이라는 것이다. 따라서 교사들이 노력하지 않고는 교육의 변화를 기대할 수 없다. 초라한 초가삼간이라도 사랑하는 부모와 형제가 있다면 행복한 가정이 될 수 있듯이, 학교의 물리적 환경도 중요하지만 가장 중요한 것은 교사에 대한 학생의 존경 및 학생과 교사 간의 관계성을 회복하는 것이다.

교사라는 직업은 보람은 있지만, 반면 매우 힘든 직업이라고 인식된다. 왜 교사가 힘든 직업일까? 철부지 아이들을 가르치고, 말썽을 부리거나 반항하는 아이들을 제대로 교육하는 것은 힘든 일이다. 그러나 정말 힘든 이유는 교사 이전에 인격자가 되어야 하기 때문이다. 교사의 인격을 매개로 교육이 이루어지기 때문에 교사가 인격을 갖추지 못하면 교육도 존재하지 않는다. 따라서 교사는 학생들 앞에 서기 위해 인격적 존재, 더 나아가 유능한 존재가 되기 위해 부단히 노력해야 한다.

우리나라에서 교사가 되는 것은 결코 쉽지 않다. 교사 집단은 대한민국의 어느 집단보다 우수한 인재들이 모인 곳으로서, 정말 자부심을 가질 만하다. 그런데 이렇게 우수한 집단인 교직사회에 심각한 문제가 하나 있다. '교직에의 취업 준비는 열심히 하지만, 교사역할 준비는 하지 않는다.' 는 사실이다. 우수한 인재들이 일단 교사가 되면 노력을 하지 않는 경향이 있다. 물론 모든 교사들이 그렇지는 않지만, 상당수의 교사들이 기존 교직사회의 체제에 빠져 안일하게 교직에 임한다. '교육의 질은 교사의 질을 능가할 수 없다.' '교사는 교육의 알파와 오메가다.' '교육의 승패는 교사에 달려 있다.' 라는 말들은 모두 교육에서 교사의 중요성과 영향력을 강조하는 말이다. 이렇게 교사의 역할이 중요한 만큼 교사의 질 관리는 교사 자신과 국가에서 관심을 갖고 구체적으로 노력해야 한다.

2. 유능한 교사역할 준비

1) 유능한 교사의 개념

'어떤 교사가 유능한 교사인가?' 라는 질문을 받으면, 단순히 '좋은 교사.' 라고 대답하는 경우가 많다. 1세기 전만 해도 정직하고, 성실하고, 관대하고, 사려 깊고, 통찰력이 있는 교사를 좋은 교사라고 정의했다. 이 정의에 따르면, 좋은 교사는 솔로몬의 지혜, 프로이트의 통찰력, 아인슈타인의 지식, 나이팅게일의 희생 등 추상적인 덕목을 갖춘 완벽한 사람이어야 한다. 그러나 이런 정의는 교사를 일관성 있게 평가할 수 있는 기준이 될 수 없을 뿐만 아니라, 교사 양성을 위해 사용될 수 있는 교사교육의 목표도 제공해 줄 수 없다. 이제 좋은 교사라 하면 '유능한 또는 효율적인 교사' 라고 정의하는 단계로 발전시켜 나가야 한다.

초기의 대부분의 교사자질 연구 모델들은 교사의 심리적 성격 요인, 즉 성격, 태도, 경험, 적성, 성취 등을 중심으로 연구되었다. 그러나 약 30년 전부터 교사의 심리적 특성에 따라 교사의 자질을 연구하는 것이 비실제적이라고 보았다. 이제는 '좋은 교수' 라는 표현보다는 '효율적인 교수' 라는 표현을 사용하면서 교사들의 인지적, 정의적 행동을 구체적으로 연구하게 되었다. 단순히 교사 입장에서 잘 가르치는 것을 연구하는 것이 아니라, 학생 입장에서 교육적 효율이 있는지 연구하고 있다. 이때 유능한 교사란 교실에서 효율적인 행동을 보이는 교사로서, 이들의 효율적인 행동은 다음의 다섯 가지로 나누어진다(Borich, 2004).

① 학생들이 잘 이해할 수 있도록 교과내용을 제시한다.
② 다양한 교수방법을 적합하게 사용한다.
③ 시간관리를 효율적으로 한다.
④ 학생들이 수업에 잘 참여할 수 있도록 한다.
⑤ 많은 학생이 교사가 가르친 내용을 이해한다.

카츠(Katz, 1972)는 교사의 전문적 유능성에 따라 4단계로 분류하였다.

① 1단계: 직관적이고 생존적인 교사(intuitive-survival teacher)

이 단계의 교사들은 경험이 부족한 초보교사다. 이들은 학생들이 아무 말썽을 피우지 않고 잘 지내 주기만을 바라고, 자신이 학생들과의 생활에서 생존하기만을 바란다. 학교생활에서 매우 긴장하며, 학생들이 말썽을 피우면 자신이 선생님이나 부모에게 처벌받아 온 대로 학생들을 처벌한다. 때때로 이런 방법들이 효과가 있을 때도 있지만 잘못되는 경우가 더 많다.

이들이 학생들을 지도할 때는 다음과 같은 공통점을 갖는다.

- 자신의 성격에 맞지 않는 가혹한 지도방법을 사용한다.
- 한두 명의 학생이 나쁜 행동을 했을 때 그것을 제어할 수 있는 적절한 조치를 취하지 못하여 그 행동이 급속도로 확산된다. 교사는 이런 상황을 통제하기 위해 무섭게 행동하고, 그 때문에 나머지 다른 학생들을 놀라게 만든다.
- 말썽을 부리는 학생들을 통제할 수 있는 방법을 한두 가지만 알고 있다. 이 방법이 통하지 않으면 걱정을 한다.

② 2단계: 반성적이고 자신감 있는 교사(reflective-confident teacher)

이 단계의 교사들은 보통 3년 정도의 교직 경험이 있는 교사다. 이들은 학생들을 지도하는 여러 방법들을 알고 있으며, 학생들을 다루는 능력에 자신감을 보인다. 그러나 시한폭탄과 같은 한두 명의 문제아들 때문에 골머리를 앓는다. 이 문제아들이 자신과 다른 선량한 학생들의 시간을 빼앗아 간다고 분개하고, 이들 때문에 교직에 대해 회의도 느낀다.

이런 교사들은 문제아들을 다룰 때 자신이 과거에 평범한 학생들에게 사용했던 지도방법들을 생각해 본다. 그중에서 해당 문제아에게 적합한 방법 하나를 선택하여 집중적으로 사용한다. 또한 이들은 지도방법에 대한 연구의 필요성을 느끼고 열심히 연구하여 스스로 이 문제아들에게 적용시켜 보려고 노력한다.

③ 3단계: 처방적이고 경험 있는 교사(prescriptive-experienced teacher)

이 단계의 교사들은 단순히 교사로서 생존하는 단계를 초월하여 자신의 교수방법의 효율성에 대해 자신감을 갖게 된다. 자신의 반에 문제학생이 있어도 이젠 혼자 처리하려고 노력하거나 숨기려고 하지 않고, 동료나 전문가와의 토론을 통해 좋은 지도전략을 수립하여 지도한다. 이들은 지도능력에 자신이 있기 때문에 자신의 지도방법이 노출되는 것을 걱정하지 않고 공개적으로 타인의 조언을 들어가면서 문제를 해결해 나가려고 노력한다.

④ 4단계: 분석적이고 전문능력이 있는 교사(analytical-professional teacher)

이 단계의 교사들은 학교 프로그램을 평가할 수 있고, 학생들에게 무엇이 유익한지에 대해서 철학적, 윤리적으로 생각할 수 있다. 이들은 학생과 교사들을 위해 만들어야 할 규칙에 대해 합리적인 의견을 가지고 있다. 동료교사, 학부모, 교육행정가들과 의견을 잘 조율하여 학생들을 위한 교육환경을 만들어 가려고 노력한다.

2) 유능한 교사가 되기 위한 요건

유능한 교사가 되기 위한 요건을 마음자세, 교과 전문지식, 교수방법으로 나누어 생각해 본다.

(1) 마음자세

교사로서의 마음자세를 잘 갖추어야 한다. 흔히들 교육관, 교육이념, 교직관이라고 표현하는데, 포괄적으로 교사의 마음자세라고 할 수 있다. 페스탈로치(Pestalozzi, J. H.)는 "전문성과 방법성을 사랑 안에 포섭하는 일이 교직의 기본과제"라고 했다. 아무리 전문적인 지식이 많고 잘 가르친다고 하여도 충분조건인 사랑이 없으면 교육은 성립되지 않는다는 의미다. 교사로서 가장 중요한 마음자세는 학생들을 사랑하는 마음이다.

학생에 대한 교사의 사랑을 물리적으로 측정할 수는 없다. 그러나 교직에 대한 자긍심을 갖고, 즐겁게 가르치는 태도나 자세를 보면 짐작할 수 있다. 가르치는 일은 육체적으로 힘들기도 하고, 학생들이 마음을 몰라주어 실망스럽기도 하여 교직에 대한 회의가 생길 때가 많다. 그럴 때 좌절하지 않고 교육자로서의 사명감을 상기시키면서 스스로의 마음자세를 바로잡는 것이 중요하다.

(2) 풍부한 교과 전문지식

유능한 교사가 되기 위해 두 번째로 필요한 것은 해박한 교과 전문지식이다. 미국에서 있었던 일화다. 기초 불어를 가르치는 교사가 교사연수에서 수강 과목을 상담하기 위해 지도교수를 찾아갔다. 지도교수는 '몰리에르'를 수강하도록 권하였다. 그 교사는, "저는 기초 불어를 가르치는데요."라고 말했다. 그러나 지도교수는 "기초 불어를 가르치니 더욱 필요해요."라고 말했다. 이 이야기는 자기가 가르치는 교과목에 대해 가능한 한 많이 알아야 잘 가르칠 수 있다는 것을 말하고 있다. 어떤 악기든 처음에 잘못 배우면 바로잡는 것이 새로 배우는 것보다 더욱 힘이 드는 경우가 있다. 현실적으로 어렵긴 하지만, 기초적 단계일수록 잘 아는 사람이 가르쳐서 방향을 올바르게 잡아 주는 것이 중요하다. 전반적인 내용을 알고 가르치는 것과 가르쳐야 하는 일부 내용만을 알고 가르치는 것은 겉으로 보기에는 별 차이가 없는 듯하지만 그 차이는 매우 크다. 가장 큰 차이는 가르칠 내용만 알고 가르치는 교사는 그 교과의 전체적 위계를 파악하지 못하여 중요한 것과 중요하지 않은 것을 구분하지 못한다. 따라서 가르치는 내용의 연계가 이루어지지 않아 단편지식, 죽은 지식이 되어 회상하기도 힘들어지고 사회에서 활용할 수도 없는 지식이 되고 만다.

한문교사가 고사성어를 가르치는 예를 들어 보자. 전자에 속하는 교사는 고사성어의 어원, 역사적 배경, 현대생활에서 우리에게 주는 의미 등을 종합적이고 체계적으로 설명하여 학생들이 쉽게 이해할 수 있도록 한다. 그러나 후자에 속하는 교사는 학생들이 글자 한자 한자를 암기하고 쓰는 능력을 기르는 데에만 관심을 갖는다. 이렇게 배운 내용은 의미가 연결되지 않기 때문에 이해하기도 어렵지만 쉽게 잊어버린다. 가르치는 내용은 그 교과의 전체적인 지식과 연계될 수 있어야 하기 때문에 교사는 가르치는 교과에 대하여 정통해야 하고, 그렇게 되기 위해서는 꾸준히 연구해야 한다. 슐만(Shulman, 1987)은 숙련된 교사가 가져야 할 전문지식을 다음과 같이 정리하였다.

- 자신이 가르치는 교과목에 대한 지식
- 효율적인 교수법 또는 교수전략에 대한 지식
- 교과목과 학습자에게 적절한 교수자료와 프로그램에 대한 지식
- 학습자의 특성과 문화적 배경에 대한 지식
- 학습환경에 대한 지식
- 교육의 목적과 목표에 대한 지식

(3) 교수방법 및 준비

엄격히 말하면 특정 교과에 대해 교사만큼 아는 사람은 많다. 예를 들어, 유치원이나 초등학교에서 가르치는 교과내용은 대부분의 부모가 알고 있다. 그러나 부모는 효율적으로 가르치는 교수방법에 대해서는 문외한이다. 부모가 유치원에 가서 하루 일일교사를 해보고 돌아온 후 "와우, 선생님들은 대단해. 산만한 아이들을 집중시키고 가르치는 것을 보면 역시 선생님이야."라고 말하는 것을 종종 듣는다. 이것이 교사가 전문직으로 인정을 받는 중요한 이유 중 하나다. 아무리 교과내용을 많이 아는 사람이 교사가 된다 해도 교수방법을 연구하지 않고 준비하지 않으면 유능한 교사가 될 수 없다. '아는 것과 가르치는 것은 별개의 것이다.' 라는 말은 이런 연유에서 나왔다. 교과내용의 교육적 의미를 잘 이해하고, 그것을 교수방법과 잘 연결시켜 나가야만 유능한 교사라고 할 수 있다.

우리나라의 교사교육은 교육관이나 교사의 자세 등 사변적인 측면을 강조하지만 영국과 같은 선진국에서는 전문직 종사자로서의 교수방법을 중요시한다. 참고로 영국 교육인준위원회의 주요 정책안을 살펴보면 다음과 같다.

- 교직은 특수기술을 요하는 전문직이므로 교사양성기관은 차별성 있는 교육내용으로 교사를 양성해야 한다.
- 교사는 교육의 수요자인 국민들의 요구에 부응하는 교육을 가장 효

율적으로 하도록 특별히 훈련되어야 한다.

- 학교중심 교사훈련 프로그램을 통해서 현장실습 위주의 교육이 되어야 한다.

이 내용을 보면, 영국에서는 교사에게 특수기술로서 효율적인 교수능력을 강조하고 있고, 이 능력을 함양시키기 위해 실습 위주의 교사교육을 실시하고 있다. 이제는 막연히 '훌륭한 교사' '좋은 교사' '열심히 하는 교사'를 교사교육의 목표로 삼아서는 안 된다. 강의방법, 대화 및 상담 방법, 학생심리 파악, 과제 주기, 처벌방법 등 구체적인 교수방법을 숙달한 교사를 목표로 삼아야 한다.

육체적인 측면의 의사와 정신적인 측면의 교사를 비교하여 생각해 보자. 만약 의사가 아무리 성품이 좋다고 해도 환자를 잘 고치지 못한다면 명의라고 할 수 없다. 의사가 병은 잘 못 고치면서 환자에게 좋은 말만 많이 해준다면, 환자 입장에서 그는 좋은 의사가 아니다. 이와 마찬가지로 교수방법을 잘 활용하여 효율적인 교육을 하는 교사가 유능한 교사다. 교육 효율성은 인지적 측면에서 학생들의 인지능력을 신장시키는 것뿐만 아니라, 정의적 측면에서 학생과의 친밀한 관계 속에서 정서적으로 안정되게 교육이 이루어지는 것이다. 이렇게 될 때 좋은 교사를 넘어서서 유능한 교사가 되어 효율적인 교수를 하게 된다.

3. 교사역할

사명(使命)의 사전적 의미는 '맡겨진 임무'다. 교사 사명감은 '교육자인 자신에게 맡겨진 임무가 무엇인지 정확히 이해하는 마음'이다. 어떤 교사는 자신의 직업에 자부심을 갖지 못한 채 학생들 앞에서도 직간접적으로 그런 모습을 드러낸다. 반면, 어떤 교사는 "교사라는 직업은 정말 보람 있고 매력적인 직업이란다. 여러분 중에서도 적성이 맞는 사람은 한번 도전해 봄직한 직업이지."라고 학생들에게 이야기해 주기도 한다. 교사가 소명의식과 자부심을 갖고 교직에 임할 때 사명을 다할 수 있으며, 자신의 역할도 잘 수행할 수 있다.

여러 교육학자들은 교사의 역할을 다르게 설명하였다. 여기서는 다음과 같이 다섯 가지로 정리하여 그 역할에 따라 필자의 제자들이 '교사론' 시간에 발표한 자신이 경험했던 선생님들의 사례를 들었다.

1) 학생의 잠재력을 발견하는 교사

학생들은 자신의 잠재력, 흥미, 목적을 발견하기가 어렵다. 따라서 교사가 전문적이고 객관적인 안목으로 발견해 주어야 한다. 조각가가 돌덩이를 바라보며 완성될 훌륭한 조각품을 미리 그려 볼 수 있는 것과 같이, 학생의 잠재력을 볼 수 있는 교육적 안목이 있어야 한다.

> 내가 3학년 때 정○○이라는 선생님이 담임선생님이셨다. 그 선생님은 남자분이셨는데 나에게 정말 잘해 주셨다. 아니 나뿐만 아니라 우리 반 학생 모두에게 친절하고 자상하게 대해 주셨다. 그래서 그분을 제일 존경한다. 그 선생님이 당시 수업을 어떻게 하셨고 내가 무엇을 배웠는지는 잘 기억이 나지 않는다. 그렇다고 수업을 못하셨다는 말은 아니다. 수업은 다른 선생님들과 비슷하게 하셨고 평범했다. 또한 선생님께서는 유머가 많으셔서 항상 우리를 재미있게 해 주셨다.
>
> 언젠가 나는 우리 반 대표로 가창대회에 나가게 되었다. 심사위원은 3학년 전체 담임선생님들이셔서 정○○ 선생님께서도 내 노래를 듣게 되었다. 나는 연습을 많이 했지만 가창대회도 대회이니만큼 무지 떨렸다. 내가 무대에 서기 전에 선생님께서는 "은희야! 선생님은 널 믿는다. 선생님이 은희 선택한 거 후회하지 않게 해 줘야 해. 파이팅!" 하며 격려의 말씀을 해 주셨

다. 그 말이 나에게는 큰 힘이 되었다. 그때까지 떨려서 노래를 못할 것 같던 마음이 완전히 사라졌다. 그 결과, 나는 가창대회에서 상을 받았고 선생님께 감사하다는 생각을 하였다. 학년이 바뀌고 선생님과 헤어지는 것이 무척이나 아쉬웠다. 하지만 6학년 때까지 선생님을 만나 인사를 드리면 선생님께서는 나를 번쩍 안으시며 반갑다고 포옹을 해 주시기도 하였다. 그런 선생님의 행동들이 나에게는 부끄러우면서도 정말 좋았다. 지금도 뵐 수만 있다면 꼭 찾아뵙고 인사드리고 싶다.

2) 학생의 동기를 촉진시키는 교사

교사가 학생을 가르치는 데는 한계가 있다. 계속 따라다니면서 가르칠 수도 없고, 공부하기 싫다는 것을 억지로 시킬 수도 없으며, 또 억지로 시킨다 하더라도 효과가 없다. 가장 중요한 것은 학생들의 내적 동기를 유발시켜 스스로 학습하도록 만들어 주는 것이다.

내가 가장 좋아하고 아직까지도 찾아뵙고 존경하는 선생님은 중학교 2학년 때 담임선생님이시다. 한문 선생님이셨는데, 이 선생님은 교과에 대한 지식을 학생들이 빠르게 이해하고 쉽게 접할 수 있도록 해주셨다. 한문이라는 과목은 자칫 잘못하면 지루하고 고지식한 과목이라고 느낄 수 있는데, 선생님의 수업방식 때문에 오히려 흥미를 가지는 과목이 되었다. 그리고 생활지도부 선생님이셨는데, 학생들의 잘못에 대해 무조건 매를 드시기보다는 다독거려 주시며 이후 똑같은 잘못을 저지르지 않도록 자상하게 타이르셨다. 내가 학급회장이었을 때, 임원으로서 문제도 많이 일으키며 자격이 부족하다고 느껴질 만큼 성실하지 못했을 때도 마찬가지였다. 심지어 어머니가 학교에 찾아가셔서 내가 학급 임원으로서 많이 부족하고 모범이 되지 못하니 임원을 바꾸는 게 좋겠다고 말씀드렸다. 그때도 선생님은 내가 잘할 거라고 기회를 주시며 나를 믿어 주셨다. 선생님의 자상한 이해와 배려를 느낀 나는 모든 면에서 생활태도가 점점 좋아졌다. 그리고 선생님이 나에게 써 주신 편지는 정말 눈물 날 정도로 감동적이었다. 많이 좋아진 생활태도에 정말 고맙다며, 삐뚤어지지 않고 다시 제 모습을 찾아가는 것 같아서 뿌듯하다는 내용의 편지였다. 선생님의 뜻밖의 편지에 너무나 감사했다. 그래서 그 편지를 읽을 때마다 눈물이 나곤 한다. 그 후 선생님이 가르치시는 한문은 내가 가장 좋아하는, 그리고 가장 잘하는 과목이 되었다.

3) 꿈 찾는 것을 도와주는 교사

학생들의 무대는 미래다. 따라서 학생들이 자신의 비전과 꿈을 찾아 미래의 무대에 잘 펼칠 수 있도록 도와주는 것이 교사의 역할이다. 학생에게 지속적인 관심을 갖고 세심하게 관찰하여 그들의 비전과 꿈을 찾는 데 도움을 주어야 한다.

내가 제일 좋아하는 선생님은 고등학교 2학년 때 담임선생님이었던 수학 선생님이다. 어렸을 때부터 공부보다 운동을 더 좋아하고 친구들과 어울려 노는 것만 좋아했던 나에게 처음으로 공부를 하게 만든 선생님이시다. 고등학교 2학년이 얼마 안 되어서 담임선생님과 상담을 하게 되었다. 1학년 때 학교에서 말썽을 부린 적은 없었지만 성적은 항상 하위권이었다. 그런 나에게 선생님은 꿈이 무엇인지 물으셨다. 난 대충 아이들의 꿈에 대해서 조사하는 줄만 알았다. 그런데 선생님께서는 나에게 "은정이 너는 성격도 밝고 친구들과도 사이가 좋은데, 네 미래에 대해선 생각을 안 해 본 것 같구나."라고 말씀하셨다. 솔직히 그때까지 특별한 꿈이 없었다. 그런데 그냥 민망해서 간호사가 되겠다고 했다. 그 이후 선생님은 내가 간호사가 되려면 현재는 대학교에 갈 성적이 안 되니 좀 더 열심히 공부하라고 격려해 주셨다. 그리고는 간호대학에 관한 자료를 가져다주시곤 했다. 이후 중간고사 기간이 다가오자 나와 친구를 부르시더니, 수업시간에 내가 언제 잤는지 다 알고 계시고는 못들은 부분을 보충해 주셨다. 그때 처음으로 수학이 정말 재미있어서 공부를 하게 되었고 중간고사에서 다른 과목은 거의 '미'를 받았는데, 체육과 함께 처음으로 수학이 '수' 였다. 선생님은 나를 따로 부르시더니 다른 과목의 문제집을 주시면서 기말고사 때는 수학 외에 다른 과목도 열심히 해 보라고 하셨다. 그래서 그 후로 공부를 열심히 하게 되었고, 고1 때 항상 30등 밖이었던 나는 고2 기말고사 때는 선생님의 도움으로 7등까지 하게 되었다. 또한 내게 꿈이라는 것이 생기게 되었다. 이 선생님은 평생 잊지 못할 것 같다.

4) 꿈을 실현할 수 있도록 지원해 주는 교사

학생들은 나름대로 꿈을 갖는다. 그러나 노력이 뒤따르지 않으면 그것은 공상에 지나지 않는다. 교사는 학생들의 꿈이 실현될 수 있도록 지속적으로 교육적 안내를 해 주어야 한다.

내가 존경하는 선생님은 초등학교 5학년 때 담임인 김○○ 선생님이다. 난 그 당시 친구가 별로 없었고 항상 자리에 앉아서 혼자 학급도서를 읽는 아이였다. 5학년 때 가장 친한 친구 한 명을 제외하고는 아이들과 시끄럽게 웃고 떠든 기억이 없다. 초등학교 때 친구들을 만나면 항상 "넌 정말 얌전하고 있는 듯 없는 듯했어."라는 말을 듣는다. 학급의 주를 이루는 활발한 아이들 곁에 있으면 말을 잘 하지 못했고 책 읽는 것이 너무 재미있기도 해서 난 거의 하루 종일 책을 읽었던 것 같다. 그렇게 5학년을 마치고 6학년으로 올라가던 날, 담임선생님께서 내 이름을 큰 소리로 부르시면서 "은영이는 책을 많이 읽어서 친구들에게 모범이 되는구나. 가지고 싶은 책이 있으면 마음껏 가져라."라고 말씀하셨다. 그리고 6학년이 되어도 보고 싶은 책이 있거나 선생님이 보고 싶으면 찾아오라고 따뜻하게 말씀해 주셨다. 난 정말 기뻤다. 선생님은 내 존재를 잘 모르리라 생각했는데 그게 아니었던 것이다. 나보다 훨씬 어른이고, 쉽게 말 한번 해 본 적도 없을 뿐만 아니라, 활발하고 명랑한 다른 아이들처럼 선생님과 친밀하지도 않았는데, 아이들이 선생님과의 이별을 아쉬워하고 있을 때 나를 지목해서 친절하게 말씀해 주신 것은 큰 충격이었다. 나의 존재를 누군가 알아주고 인정해 준다는 것, 그리고 그 사람이 하늘 같은 선생님이라는 사실은 참 뿌듯하고 기분 좋은 일이었다. 고맙고 뿌듯하고 자랑스러운 마음에 읽지 못해 아쉬웠던 책들을 싸안고 허리를 깊이 숙여 몇 번이고 인사했던 기억이 난다.

5) 상담을 통해 어려움을 극복하게 도와주는 교사

대부분의 학생은 잘 가르치는 교사보다 자신들이 가정적으로나 개인적으로 어려웠을 때 상담을 잘 해 주어서 그 어려움을 이겨낼 수 있는 힘과 지혜를 준 교사를 기억한다. 그렇기에 상담은 학습지도 못지않게 중요한 교사의 역할이다.

가장 기억에 남는 선생님은 고3 때 담임선생님일 듯 싶다. 고3, 그 힘들고 어려운 시절을 편안하게 지낼 수 있도록 해 주신 분, 그분을 떠나온 지 얼마 되지 않아서인지 아직 기억이 생생하다. 고3 담임을 하시면서 당신도 나름대로 힘드셨을 텐데 그런 내색은 한 번도 안 하시고 우리를 너무나도 잘 챙겨 주셨다. 내가 다니던 시골학교의 우리 반은 18명이었다. 적은 인원이고 유치원 때부터 함께해 온 친구들인지라 불편함 없이 가족처럼 느껴졌지만 우리에게도 나름대로 고3이라는 부담감과 스트레스가 있었다. 그때 선생님은 예전의 우리 모습이 변하지 않길 바라시며 피곤해야 할 고3 생활이 편안하도록 해 주셨다. 월요일부터 금요일까지 야간 자율학습으로 지친 우리들을 토요일이면 가까웠던 선생님 집으로 모이게 했다. 우리는 그곳에서 밥도 해먹고 수다도 떨면서 스트레스를 해소할 수 있었다. 그리고 우리와 함께하실 때면 교사로서가 아니라 우리와 같은 입장에서 우리의 어려움을 다 들어 주시며 다정하게 상담을 해 주셨다. 무엇보다도 그분께 가장 감사드리는 것은 우리에 대한 믿음을 저버리지 않으셨다는 것이다. 그렇게 많은 실망을 드렸음에도 불구하고 선생님은 끝까지 우리들을 믿어 주셨다. 지금도 참 많이 후회가 된다. 좀 더 잘할 걸…… 조금만 더 선생님 기대에 미치도록 노력할 걸…… 아이들을 사랑하는 선생님의 마음과 열정을 그대로 헤아리는 것은 힘든 일이겠지만, 그 마음을 본받도록 노력할 것이며 다음에 내가 가르치게 될 아이들에게도 그 마음을 전해 주고 싶다.

모든 전문직은 일반대중과 그들을 구분 지을 수 있는 지식을 독점하면서 자신들의 직업을 통제해 나간다. 전문직 종사자들은 이런 지식을 소유함으로써 자신들을 아마추어나 일반대중에서 분리시킨다. 그러나 '교육'과 '교수(teaching)'에 대해서는 대부분의 사람이 동의하는 전문지식이 부족하다. 과학, 의학, 법학과 같은 학문은 명확한 절차와 방법을 통해 얻어진 체계화된 지식이 있지만, 교육은 이런 지식이 부족하다(Ornstein, 2000). 그 결과 교육 전문가와 교육 비전문가를 구분하는 것은 쉽지 않은 일이다.

그러나 그동안 수행되었던 많은 교수효율 연구는 분명 숙련된 교사와 초보교사, 또는 효율적인 교사와 비효율적인 교사가 차이가 있음을 보여 준다. 이제 교사는 타고난다는 신화를 떨쳐버리고, 노력하고 연마하여 만들어진다는 것을 인식해야 한다.

사회에서 전문직으로 인정받고 학생들에게 존경받을 수 있는 효율적인 교사가 되기 위해서 어떤 노력을 해야 하는지 종합적으로 살펴보면 다음과 같다.

첫째, 교사는 교육적 민감성을 가지고 학생 개개인을 잘 이해해야 한다. 라 로시푸코(La Rochefoucauld)는 "인간을 일반적으로 아는 것은 쉬워도 개개인을 알기는 어렵다."라고 하였다. 학급이라는 집단 속의 학생들은 너무 난순하고 평범해 보인다. 그러나 개개인을 자세히 살펴보면 각자 고유하고 특이한 세계를 가지고 있는 참으로 오묘한 존재들이다. 이런 학생들에 대한 정확한 이해는 교육의 출발인 동시에 학생 존중의 기초다. 교육적 민감성을 가지고 학생 개개인을 잘 이해하는 교사는 학생들에게 폭언, 체벌, 무시를 하지 않는다. 이런 교사들은 학생 개개인의 개성에 맞는 민감한 교육을 위해 노력하므로, 학생들은 교사로부터 인격적으로 존중받고 있다는 느낌을 받는다.

둘째, 교사는 학생이 비전을 찾고 이루어 가는 것을 도와주어야 한다. 괴테(Goethe, A. W.)는 "만일 당신이 학생을 있는 그대로 다루면 그는 있는 그대로 머무르게 된다. 그러나 되어야 할, 될 수 있는 존재로 다루면 그는 되어야 할, 될 수 있는 존재가 될 것이다."라고 했다. 교사가 학생의 내재된 잠재력을 발견하고 그것이 이루어진다는 확신 속에서 학생을 대할 때 교육의 성과가 나타난다. 또한 교사가 학생들의 현재 모습이 아니라 미래의 이루어진 모습으로 학생을 대할 때 학생을 인격적으로 대하게 되고, 학생도 교사를 존경한다.

셋째, 교사는 교육적 사명감을 주기적으로 재충전해야 한다. 페스탈로치(Pestalozzi, J. H.)는 "인내심을 가져야 한다고 생각한다면 교육자로서 낙제다. 애정과 즐거움을 가져야 한다."라고 했다. 그도 교육자라는 역할이 의도적으로 인내하는 데는 한계가 있다고 생각한 듯하다. 이젠 인내하는 수동적인 자세를 가진 교사가 아니라, 애정을 가지고 적극적으로 가르침을 즐기는 교사가 되어야 한다. 그러기 위해서는 연수나 세미나 등 교육자로서의 자기계발 프로그램에 참여하여 교사의 사명감을 수시로 재충전해야 한다.

넷째, 유능한 교사가 되겠다는 구체적인 목표를 가지고 꾸준히 연구하고 노력해야 한다. 일본에서는 실력 없는 교사를 퇴출시키고, 영국에서는 7년마다 교사자격증을 갱신한다. 이제는 교사도 퇴출되고, 교사자격도 갱신하지 않으면 안 되는 시대가 되었다. 꾸준한 노력 없이는 유능한 교사가 될 수 없다는 징표다. 특히 인내심이 약한 요즈음 학생들에게 적합하고, 즐겁게 가르치고 배울 수 있는 교수방법을 배우는 데 많은 시간과 노력을 투자해야 한다. 'competence(유능)' 라는 용어는 'com(함께), petere(venture, 모험하다)' 라는 어원을 가지고 있다. 학생과 더불어 꾸준히 노력하며 모험을 해 나가는 교사가 바로 유능한 교사다. 학생이 교육을 통해 성장해 가듯, 유능한 교사도 노력을 통해 만들어진다.

제2장

학습이론

학습이론(learning theory)이란 학습이 어떠한 심리적 기제로 이루어지며, 학습을 성립시키는 힘이 무엇인지를 해명해 주는 법칙이나 이론의 체계를 말한다.

학습이론은 행동주의, 인지주의, 인본주의(인간주의), 구성주의로 나누어진다.

1. 학습의 개념

학습은 '연습과 경험의 결과 일어나는 비교적 영속적인 행동의 변화'로 정의할 수 있으며, 성숙과 질병에 의한 행동의 변화, 피로, 술, 약품 등에 의한 일시적인 행동은 제외한다.

- 행동의 변화: 어떤 것을 할 수 있다고 하더라도 그것이 늘 외현적으로 표현되는 것은 아니다. 학습은 행동잠재력의 변화를 가리키며, 수

행은 이 잠재력이 행동으로 전환되는 것을 말한다. 따라서 행동의 변화뿐 아니라, 지금 외재적 행동으로 나타나지 않더라도 동기화되면 언제든지 수행될 수 있는 잠재력의 변화도 학습에 포함된다.

- 경험의 결과: 단순한 반사행동과 성숙에 의한 행동의 변화는 학습에 포함되지 않는다. 경험이나 관찰의 결과에 의한 행동 또는 행동잠재력의 변화만이 학습에 포함된다.
- 비교적 영속적 변화: 약물중독이나 피로에 의한 행동의 변화처럼 상황이 바뀌면 즉시 사라지는 것은 학습에서 제외된다.

2. 행동주의 학습이론

행동주의 학습이론에 내재되어 있는 근본적인 원리는 자극과 반응 간의 연합이다. 자극(stimulus)이란 학습자에게 영향을 주는 모든 환경을 의미한다. 즉, 눈에 보이는 사물, 귀에 들리는 소리, 피부로 느껴지는 감촉 등은 모두 자극이 된다. 반응(response)이란 자극에 따른 행동을 의미한다. 뜨거운 물이 손에 닿았을 때 급히 손을 떼는 행동, 역겨운 냄새를 맡았을 때 순간적으로 코를 막는 행동 등은 모두 자극에 대한 반응이다. 행동주의에서는 이와 같은 자극과 반응의 연합을 학습으로 이해하고 있으며, 따라서 행동주의이론을 연합이론(association theory)이라고도 한다.

이제 자극과 반응의 연합을 기초로 하는 행동주의 학습이론 중에서 손다이크(Thorndike, E. L.)의 시행착오설, 파블로프(Pavlov, I.)의 고전적 조건형성설, 그리고 스키너(Skinner, B. F.)의 조작적 조건형성설에 대하여 살펴보고자 한다.

1) 손다이크의 시행착오설

시행착오설은 비교적 막연한 가운데 시행과 착오를 되풀이하다가 우연히 목표에 도달하는 것을 말한다. 효과의 법칙에 따라 실패반응은 약화되고 성공반응은 강화되어 학습이 성립된다는 이론이다.

(1) 주요 법칙

① 연습의 법칙(빈도 · 계속성 법칙): 연습의 횟수가 많을수록 결합은 강화된다.

② 효과의 법칙: 결과에 대한 만족감이 클수록 결합은 강화되며, 학습과정에서 만족한 경험이 있어야 학습이 촉진된다.

③ 준비성의 법칙: 학습할 준비가 되어 있을수록 결합이 용이하다.

(2) 손다이크 이론의 특징

① 진화론의 영향으로 인간과 하등동물 사이에 근본적인 차이가 없다고 보고, 동물연구를 통하여 인간심리의 영향을 발견하기 위해 노력하였다.

② 처음에 자극-반응이론이 결합, 즉 시행착오적인 반응의 반복으로서 연습만으로 이루어진다고 믿었으나, 후에 자극-반응연합을 위해서는 연습 외에 보상이 필요하다고 이론을 수정하였다.

2) 파블로프의 고전적 조건형성설

러시아의 생리학자인 파블로프가 주장한 이론으로서, 모든 학습과정은 자극과 그에 대한 반응행동 사이에서 이루어지는 조건형성의 과정이라고 본다.

개에게 고기를 주면 침을 흘리는데, 이때 고기를 주기 전에 종소리를 들려주고 고기를 주는 일을 반복하면 종소리만 들어도 침을 흘린다는 것이다. 파블로프의 실험에서 음식물은 무조건자극(unconditioned stimulus)이고 종소리는 조건자극(conditioned stimulus)이 되는데, 음식을 보고 침을 흘리는 것은 자연적인 반응으로 무조건반응 또는 반사이고, 종소리에 침을 흘리는 것은 조건반응 또는 조건반사다. 파블로프는 이러한 과정을 조건형성이라고 보았으며, 이것이 학습이라고 하였다. 이 과정을 도표화하면 [그림 2-1]과 같다.

〈개의 타액실험〉

조건형성 전: 종소리, ★음식물(UCS) → 침(UCR)

조건형성 중: 종소리 (CS) → ★음식물(UCS) → 침(UCR)

조건형성 후: 종소리 (CS) → 침(CR)

[그림 2-1] 파블로프의 고전적 조건형성

(1) 주요 법칙

① 일관성의 원리: 자극은 일관되게 제시되어야 한다.

② 시간성의 원리: 종소리(CS)는 음식물(UCS)보다 시간적으로 앞서거나 동시에 줄 때 효과적이다.

③ 계속성의 원리: 반복된 횟수가 많을수록 조건화가 잘된다.

④ 강화의 원리: 후속자극이 이전자극보다 강해야 효과적이다.

(2) 조건반사과정의 현상

① 강화: 조건자극과 무조건자극을 함께 주는 것을 강화라고 한다.

② 소거: 일단 획득된 조건반응도 조건자극이 무조건자극과 결합되지 않은 채 중성자극인 조건자극만 단독으로 연이어 제시되면 학습된 조건반응은 희미해져 결국 사라져 버리는데, 이를 소거(extinction)라고 한다.

③ 자발적 회복: 소거절차가 이루어진 후에도 음식물과 결합시키지 않은 채 다시 종소리만 반복적으로 개에게 들려주었을 때, 소거되었던 종소리에 침을 흘리는 반응이 재훈련 없이 다시 나타난다. 이를 조건반응의 자발적 회복(spontaneous recovery)이라 한다. 이때 반응의 강도는 이전의 절반 정도밖에 되지 않지만, 자발적 회복은 학습이란 영원히 소멸되는 것이 아님을 시사한다.

④ 자극 일반화: 조건화가 되었을 때 비슷한 다른 조건자극에 대해서도 조건반응을 일으키는 현상을 말한다.

⑤ 변별: 자극을 구분하여 반응하는 것을 변별이라 한다. 즉, 자극 일반화는 자극변별에 실패한 상태라고 할 수 있다.

3) 스키너의 조작적 조건형성설(도구적, 작동적 조건화)

스키너는 모든 행동을 반응적 행동과 조작적 행동의 두 가지로 나누어 설명하였다. 반응적 행동은 파블로프의 고전적 조건화와 같이 자극으로 반응이 유발되는 경우다. 스키너는 인간행동이 대부분 조작행동이며 이 행동은 결과에 의해 통제된다고 설명하였다. 스키너 상자를 이용하여 유기체가 스스로 반응하여 그 결과가 긍정적이면 같은 반응을 할 확률이 높아지고, 결과가 부정적이면 같은 반응을 할 확률이 감소한다는 것을 확인할 수 있다. 결국 조작적 조건형성은 강화에 의한 습관형성을 학습으로 본 것이다.

(1) 강화이론

① 강화와 벌의 종류

- 정적 강화: 바람직한 행동에 대한 보상(칭찬, 자유시간, 사탕 등)을 통해 반응비율을 높인다.
- 부적 강화: 바람직한 행동을 위해 싫어하는 것을 제거해 줌으로써(수

학문제 5문제를 풀면 화장실 청소를 면제해 줌) 반응비율을 높인다.

- 1차적 벌: 싫어하는 것(불쾌, 고통)을 주어서 문제행동을 감소시키는 방법(처벌과 매)이다. 그러나 벌은 행동을 촉진하기보다 소멸의 역할을 한다.
- 2차적 벌: 좋아하는 것을 빼앗아서(성적이 나쁘면 장학금 지급 정지) 문제행동을 감소시키는 방법이다.

② 강화계획

- 계속적 강화: 바람직한 반응을 보일 때마다 강화하는 방법이다. 행동을 빨리 변화시키기 때문에 학습 초기에 유리하다.
- 단속적(간헐적) 강화: 행동의 소거에 대한 저항이 강해 학습된 행동을 유지하는 데 유리하다. 비율강화와 시간간격강화가 있다.
  - 비율강화: 반응횟수에 비례하여 강화를 제공한다. 고정비율강화와 변동비율강화로 나뉜다.
  - 시간간격강화: 일정한 시간에 따라 강화를 제공한다. 고정시간간격강화와 변동시간간격강화로 나뉜다.

(2) 교육에의 시사점

① 이상적인 강화방법은 처음에는 계속적 강화를 주고 나중에는 단속적 강화를 제공하는 것이다.

② 가장 오랫동안 반응을 지속시키는 방법은 변동비율강화이며, 소거가 가장 빠른 방법은 계속적 강화다.

③ 부적절한 행동을 야기하는 상황을 제거한다든지, 적절한 다른 대안을 제시하는 것도 한 방법이다.

3. 인지주의 학습이론

먼저 인지(cognition)란 머릿속에서 일어나는 일련의 지적 과정, 즉 지각, 기억, 문제해결, 사고, 판단과 같은 고등 정신작용(higher mental process)을 말한다. 그리고 인지이론은 행동주의이론과는 달리 눈으로 직접 관찰되지는 않지만 두뇌 속에서 벌어지는 외부감각적 자극의 변형, 기호화 또는 부호화, 파지, 재생 또는 인출이라는 일련의 정보처리과정을 연구한다. 그러므로 인지이론은 자극-반응이론과는 달리 지각과 기억이론의 바탕 위에서 학습을 인지구조의 성립 또는 변용으로 설명하는 입장이다.

인지이론에 따르면, 학습자는 상황을 지각할 때 낱낱으로 보는 것이 아니라 여러 부분을 조직하고 연결시켜 조직된 형태(gestalt)로 지각한다. 다시 말하면, 학습자는 현상을 단편적으로 지각하는 것이 아니라 조직된 형태로 지각하려는 경향을 갖는다. 인지이론에서 학습이란 특정 시점에서의 문제상황 속 사물들 간의 관계의 구조, 즉 형태를 파악함으로써 이루어진다는 것이다.

여기서는 쾰러(Köhler, G, J. F.)의 통찰설, 레빈(Lewin, K.)의 장이론(field theory), 반두라(Bandura, A.)의 관찰학습이론에 대하여 살펴보고자 한다.

1) 쾰러의 통찰설

의식은 수동적인 수용이 아니라 능동적인 활동이며, 직접 의식되는 것은 원자적인 부분들이 아니라 통합되어 있는 전체다. 또 학습은 S-R(Stimulus-Response) 연합으로 이루어지는 것이 아니라 통찰하여 전체적인 관계를 파악함으로써 이루어진다. 그러므로 문제의 해결은 단순한 과거 경험의 집적이 아니라 경험을 재구성하는 인지구조의 변화과정이다.

학습과정을 살펴보면 ① 통찰은 탐색과정으로 이루어지며, 우연한 시행착오와는 대비된다. ② 통찰은 실험장면에 의해 좌우된다. ③ 통찰은 전체-분석-종합의 단계를 거친다.

2) 레빈의 장이론(field theory)

사물의 지각은 그 사물이 포함되어 있는 전체적인 장에서 역학적인 관계로 결정된다. 장이란 곧 생활공간을 말하며, 유기체의 행동을 결정하는 모든 요인의 복합적인 상황을 의미한다.

학습과정은 ① 학습은 인간의 행동유발에 영향을 미치는 생활공간에 대한 구조화와 재구조화다. ② 인간의 행동은 유기체와 환경의 함수관계로 결정된다. 즉, B = f(P · E)이다. 여기에서 B는 behavior를, P는 person, E는 environment를 나타낸다.

3) 반두라의 관찰학습이론(사회학습이론)

인간은 타인의 행동을 관찰함으로써 학습하는 능력이 있다고 보았는데, 반두라는 세 가지 측면에서 관찰자에게 영향을 준다고 하였다. 첫째, 새로운 반응을 학습할 수 있다. 둘째, 특정한 행동을 억제하거나 피할 수 있다. 셋째, 행동촉진작용을 한다.

(1) 관찰학습의 과정

① 주의집중과정: 모델의 행동에서 중요한 특성에 주목하고 정확히 지각해야 한다.

② 파지과정: 관찰한 내용이 상징적 형태로 기억되어야 행동으로 나타날 수 있다. 주로 심상과 언어로 저장된다.

③ 운동재생과정: 기억된 상징적 형태가 행동으로 수행되는 과정이다. 운동동작의 계속적인 실천과 자기수정적 조정이 필수적이다.

④ 동기화과정: 학습과 수행은 구분되기 때문에 동기화과정이 필요하다.

(2) 관찰학습과 강화

① 대리강화: 모델의 행동을 모방했을 때 어떤 결과를 가져오는지 모델이 행한 결과를 보고 예견하는 것이다.

② 자기강화: 사람은 자신의 행동결과를 예측할 수 있고 피드백으로 자기평가가 가능하므로 외부의 영향 없이 스스로 행위를 강화할 수 있다.

4. 인본주의(인간주의) 학습이론

정신분석학과 행동주의 심리학을 비판하고 인간주의 심리학을 바탕으로 등장한 제3의 심리학이다. 인간은 자신의 운명을 지배하고 환경을 능동적으로 조정할 수 있는 존재로 보았는데, 사람을 돕고, 이해하고, 능력과 잠재력을 충분히 발전시켜 나가는 것을 목적으로 삼는다. 대표적 학자로는 올포트(Allport, G.), 매슬로(Maslow, A. H.), 로저스(Rogers, C.) 등이 있다.

인본주의의 관점에서 학습은 학습자 스스로 동기화되어 학습이 시작되어야 하며, 비록 자극이나 충동이 외부에서 가해지더라도 이를 발견하고 파악하고 이해하는 능력이 학습자의 내부에서 나올 때 의미 있는 학습이 되며, 이러한 학습은 그 효과가 파급되어 학습자의 행동과 태도, 인성의 변화를 가져온다.

학습이론의 형성에서 인본주의는 자극-반응이론이나 인지이론처럼 실험적 자료에 근거하는 것이 아니라 인간에 대한 관찰, 사고 및 인상적 근거에 기초를 두고 이론을 정립하였다. 인본주의 학습이론의 기본가정은 다음과 같다(한방교, 윤길근, 2002).

첫째, 학습자에게 자유선택의 기회를 부여하면 그들은 최선의 것을 선택한다. 따라서 교사는 학습자의 성장 · 발달에 지나치게 개입하여 행동을 형성하려고 하지 말고 스스로 자신의 길을 찾아가도록 도와주기만 하면 된다.

둘째, 모든 교육은 학습자중심으로 이루어져야 최대의 효과를 거둘 수 있다. 즉, 학습자를 따뜻하게 대하고, 긍정적이고 수용적인 태도로 받아주면 그들은 스스로 자신을 가르칠 수 있는 능력을 키운다.

셋째, 학습자에게 긍정적 자아개념을 갖도록 도와주는 것이 곧 교육이다. 교육은 인지학습이 아닌 아동들의 정의적 성장에 강조점을 두어야 한다. 따라서 교사는 학습자의 학습을 처방해 주고 행동을 조절하고 강요하는 것이 아니라, 학습자의 학습과 성장을 돕고 격려하고 촉진시키며, 친구처럼 대해야 한다.

넷째, 인본주의 학습이론에서는 사고(인지), 감정(정의), 기능의 세 가지 요소를 구분하지 않고 함께 조화롭게 발달시키려는 목적을 갖고 있다. 인본주의는, 교육은 통합적이어야 하며 각 개인의 독특함을 최대로 발달시켜 주어야 한다고 주장한다. 이러한 맥락에서 학습자를 객관적으로 이해하여 측정하거나 평가하는 일은 무의미한 것이다.

다섯째, 인본주의 학습이론에서 가장 중요한 것은 학습자 스스로 자신의 신념과 태도와 가치를 분명히 의식하여 행동하도록 도와주는 것이다. 특히 오늘날과 같이 선택과 판단이 끊임없이 요구되는 사회에서는 이것이 교육의 가장 중요한 요소라 할 수 있다.

인간주의 학습이론을 정리해 보면 다음과 같다. ① 내적 인간에 대해 관심을 갖는다. ② 인간성과 자아실현을 강조한다. ③ 교육의 적합성을 강조한다. ④ 학생중심의 교육관이다. ⑤ 촉진자로서의 교사의 역할을 강조한다.

5. 구성주의 학습이론

구성주의 학습이론의 하나인 상황학습이론은 학생들이 학교에서 배운 지식을 일상적인 상황에 적용하는 데 어려움이 있다는 학교교육의 문제를 보완하고 해소하기 위해서 학습자에게 단순한 사실적 지식을 제공하기보다는 현실상황에서 활용 가능한 지식을 제공해 주어 문제해결력을 증진시키고자 하는 데 관심을 둔다. 또한 학습자가 정보나 지식, 사물을 학습할 때 다양한 관점에서 해석하도록 해 주고, 풍부한 사례와 문제상황이 제시되는 환경의 구성을 강조한다.

상황학습이론에서 추구하는 교육의 목적은 사실, 개념 또는 원리들을 지식의 요소로 알도록 하는 것이 아니라 학습자가 지식을 활용하여 복잡한 상황을 스스로 해석할 수 있도록 하는 것이다. 비구조화되고 체계적이지 못한 지식들은 개념적으로 복합적이며 상황마다 달리 해석되는 비일관성을 나타낸다. 그러므로 교수-학습상황에 앞서 이미 만들어진 고정된 자료로는 지식을 효과적으로 습득하기 어렵다. 따라서 학습자가 교수-학습상황에서 자신이 이미 가지고 있는 지식이나 새로운 지식들을 다양한 방식으로 결합하여 상황의 정의를 의미 있게 구성할 수 있도록 융통성을 인정해야 한다. 왜냐하면 교육이 개인의 구체적이고 실제적 상황 속에서 일어날 때 개인의 의미구성과 해석, 그리고 전이를 촉진시켜 효과적인 학습이 일어날 수 있기 때문이다.

1) 교수설계 측면에서의 객관주의와 구성주의

(1) 객관주의

교수설계 측면에서의 객관주의는, ① 지식은 인식의 주체와 독립되어 외부에 존재하다. ② 지식구성은 외부의 지식을 발견 또는 수용하여 체계적으로 구조화함으로써 이루어진다. ③ 지식은 개인의 부단한 반복적인 암기를 통해 단기기억에서 장기기억으로 저장된다.

(2) 구성주의

교수설계 측면에서의 구성주의는, ① 지식은 기존 경험으로부터 개개인의 마음속에서 구성된다. ② 지식구성은 자신이 속한 사회 구성원의 영향을 받는다. ③ 지식은 역동적이며, 개인적 · 사회적 · 합리적으로 창출된다.

(3) 객관주의와 구성주의 비교

객관주의와 구성주의를 기본 관점과 교수-학습원리 측면에서 비교해 보면 〈표 2-1〉 〈표 2-2〉와 같다.

표 2-1 … 객관주의와 구성주의의 기본 관점 비교

구 분	객관주의	구성주의
지식의 정의	고정되어 있고 확인될 수 있는 현상, 개체	개인의 사회적 경험을 바탕으로 개인의 인지적 작용으로 구성, 재구성되는 것
최종 목표	절대적 진리와 지식의 추구	개인에게 의미 있고 타당하고 적합한 것이 곧 진리
주요 용어	발견(discovery/find), 일치(correspondence)	창조(creation), 구성(construction)
지식의 특징	초역사적, 우주적, 초공간적	상황적, 사회적, 문화적, 역사적
교육목표	진리와 일치되는 지식의 습득	개인에 의한 개별적 의미 형성의 사회적 적합성과 융화성
현실의 특성	규칙으로 규명 가능하며 통제와 예측 가능	불확실성, 복잡성, 독특성, 가치들 간의 충돌

표 2-2 … 객관주의와 구성주의의 교수-학습원리의 비교

구 분	객관주의	구성주의
교수-학습 원칙	1. 추상적인 지식과 상황에 관계없이 적용될 수 있는 지식 제공	1. 구체적인 상황을 배경으로 한 지식 제공
	2. 수업 전 계획에 따라 구조화, 순서화, 체계화하여 제시	2. 현실의 복잡함을 그대로 제시하여 인지적 도전 유도
	3. 교사는 지식전달자, 학생은 습득자	3. 교사는 학생의 학습을 도와주는 조언자이자 촉매자, 학생은 적극적이고 책임감 있는 학습의 주체자
	4. 개별적 학습환경: 개인과제, 개인활동, 개인의 성취 중시	4. 모든 지식과 과제는 실제적 상황을 전제로 전개, 다루는 과제는 실제 사회에서 대면하게 될 특성을 지닌 것으로 제시
	5. 지식의 암기와 축적	
설계와 분석	1. 누가: 수업설계자 / 교사	1. 학생 개개인 스스로
	2. 언제: 수업 전	2. 수업과정 중
	3. 어느 정도: 세분화, 순서화, 연계화	3. 전체적으로 학습목표만 설정
수업평가	1. 누가: 수업설계자/ 교사	1. 학생 본인, 동료학생, 교사
	2. 언제: 학습목표 설정 시 계획, 수업 후 실시	2. 수업과정 중에 지속적으로 실시
	3. 객관적 평가	3. 다양한 형태(객관식, 주관식, 관찰, 포트폴리오, 프로젝트 등)

2) 구성주의 교수-학습원리

(1) 체험학습(learning by doing)

학습의 주체자로서 학습자의 역할을 중시한다.

(2) 자아성찰적 사고(learning by reflection)

자신의 경험내용에 대해 무심코 지나치지 않고 사건과 경험의 의미와 중요성에 대해 항상 의문을 가지고 분석하는 인지적 습관을 말한다.

(3) 협동학습(learning by collaboration)

구성주의의 지식구성은 사회적 요소와 개인적 요소의 통합으로 이루어지므로 학습자가 속해 있는 협동학습이 전제된다는 것을 의미한다.

(4) 실제적 성격의 과제중심학습(learning by authentic task)

교육과 실생활과의 연계성을 중시한다. 실제생활의 문제를 풀어 가는 구체적 상황이 전제되어야 하며, 내적 동기부여에도 중요하다.

(5) 조력자(facilitator), 동료학습자(co-learner)

교사의 역할이 학생에게 이양되어 역할 변화가 있어야 한다.

3) 구성주의 교수-학습모형

(1) 인지적 도제 모델

① 전통적 의미의 도제원리를 통해 전문가의 수행의 성격을 밝히고, 그러한 수행을 적절히 학습할 수 있는 방법을 고안하는 것에서 비롯되었다. 즉, 특정 사회집단의 전문가들이 지닌 지식과 사고과정을 학습한다.

② 학습절차

- 모델링(modeling): 전문가가 구체적으로 시범을 보이는 단계
- 교수적 발판 제공(scaffolding): 문제해결을 위한 인지적 틀을 제시하는 단계

- 교수지원 중단(fading): 학습자가 문제를 스스로 해결할 수 있도록 교수적 도움을 점차 줄여 가는 단계

(2) 문제중심학습

문제중심학습은 의과대 교수인 배로우스(Barrows)가 제시했는데, 학습자가 어떤 문제나 과제에 대한 해결안 혹은 자신의 견해나 입장을 전개(develop)하여 제시(present)하고, 설명(explain)하며, 나아가 옹호(defense)하도록 한다.

문제중심학습의 특징을 보면, ① 관련분야에 실재하는 복잡하고 비구조적인 문제해결, ② 학습자중심(교사의 역할 축소, 자기주도적 학습능력의 강조), ③ 구조적 특성으로서 협동학습, 자율학습, 협동학습의 세 과정으로 이루어진다.

구체적인 학습과정은 ① 문제사례의 제시, ② 자기주도적 학습, ③ 소집단 학습, ④ 일반화, ⑤ 반성적 사고 등으로 구성되어 있다.

제3장

교수이론

1. 교수의 의미

교수의 개념은 상황에 따라 의미가 다르게 사용된다. 여기서는 가르치는 직업이나 일반적인 교수활동이 아니라 구체적인 교수행위를 중심으로 설명하고자 한다.

교사와 학생이 어떤 주제에 함께 참여하여 상호작용 속에서 교사가 학생을 가르치는 활동이 교수(teaching)다. 교수활동은 논리적 활동, 전략적 활동, 제도적 활동으로 구분할 수 있다. 논리적 활동은 교과와 관련된 사고 및 추론 등의 지적 활동을 의미한다. 전략적 활동은 교사의 계획과 교수 중 학생들을 지도하는 방법을 의미한다. 제도적 활동은 책임자가 교사의 직무를 조직하는 방식을 의미한다. 그렇다고 해서 모든 활동이 이 세 부류 중 어느 하나에 정확하게 속하는 것은 아니다. 왜냐하면 상황에 따라 또는 해석에 따라 의미가 달라지기 때문이다.

논리적 활동, 전략적 활동, 제도적 활동 중에서 논리적 활동과 전략적 활동 없이는 학생들을 가르치는 것이 불가능한 반면에, 제도적 활동은 없어도 가르치는 것이 가능하다. 예를 들면, 영어교사가 교사회의에 참석하거나 청소검사 등의 제도적 활동을 하지 않고도 학생들에게 영어를 가르칠 수 있다. 그러나 영어교사로서 논리적 활동과 전략적 활동을 회피하는 것은 불가능하다. 이런 활동들을 하지 않는다면 그를 교사라고 말할 수 없다. 따라서 논리적 활동과 전략적 활동은 교수의 근본 요소다(Hyman, 2001). 대부분의 교수이론은 교사의 논리적 활동과 전략적 활동만을 다루고 있다. 이를 구체적으로 살펴보면 〈표 3-1〉과 같다.

표 3-1 … **교수활동의 세 영역**

논리적 활동	전략적 활동	제도적 활동
• 추론하기 • 결론 내리기 • 설명하기 • 비교하기 • 정의하기 • 정당화하기	• 질문하기 • 동기유발하기 • 평가하기 • 테스트하기 • 강화하기 • 격려하기 • 신뢰하기 • 존중해 주기	• 교사회의 참석하기 • 출석 부르기 • 복도 순시하기 • 보고하기 • 청소 검사하기

출처: Hyman, R. T. (2001), p. 26.

2. 교수의 기본자세

교수에 수반되는 기본자세는 선전이나 조건화와 같은 활동과는 다르다. 교수는 교사가 임의대로 실행하는 일방적인 교육활동이 아니라 학생들의 지적인 판단능력을 존중하면서 쌍방적으로 이루어지는 교육활동이다. 교사의 활동이 교수라고 불리기 위해서 교사는 독자적 판단에 필요한 학생의 지적인 통합능력을 존중해야 한다. 이런 면에서 교수는 선전이나 교화와 다르다. 후자의 활동들은 학생에 영향을 미치는 것이 목적이지만, 교사와 학생 간의 관계에 관한 근원적인 문제에 대해서는 답을 주지 못한다.

학생이 학습하려는 의지가 없을 때 수행된 교수활동과 학생이 목적에 대한 수단으로 이용되는 교수활동은 지적 강탈에 비유될 수 있다(Grote, 1975). 교사의 활동이 교수로 불리기 위해서는 교사는 학생을 존중하는 자세로 학생의 학습을 도와주어야 한다. 이 같은 기본자세를 도외시한 모든 교육활동은 교수가 될 수 없다.

3. 교수의 3요소

교수가 이루어지기 위해서는 교사, 학생, 교과내용이 있어야 한다. 교수의 개념 속에는 이 3요소 간의 관계가 포함된다. 3요소 중 하나라도 빠지면 나머지 두 요소는 서로 단절되어 교수가 불가능해진다. 교사가 학생의 학습을 유발시키려면 3요소 간의 상호관계가 성립되어야 한다. 교사의 행동이 학생의 학습을 유발시키려 하지 않는다면 학생과 교사의 관계는 교수관계가 아니다. 이렇게 볼 때 '교사'와 '학생'이라는 호칭은 교수상황에서 생기는 사회적 관계라 할 수 있다.

교수의 3요소 간의 관계성보다 더 중요한 것은 3요소의 역동적 특성이다. 이러한 역동적 교수개념에 의하면 지식체계, 즉 교과목의 변화는 교사의 활동에 영향을 미친다. 변화된 교사의 활동은 다시 교사와 학생 간의 관계에 변화를 가져온다. 교과목과 학생의 관계가 변화되면 교사 또한 변화되어야 한다. 과학 영재학생의 경우, 학생이 빠른 속도로 교과내용을 이해할 때는 그 속도에 맞추어 교수활동을 변화시켜야 한다. 이런 교사의 행동 변화가 다시 교과목과 학생과의 관계도 변화시킨다.

교수의 3요소 중 어느 하나라도 배제되거나 또는 교수를 정적인 것으로 생각하게 되면 교수의 본질을 이해할 수 없다. 교수활동 중에 일어나는 상호작용을 이해하기 위해서는 이 3요소 모두를 고려해야 한다. 각 요소는 서로 영향을 주며, 동시에 다른 두 요소들 간의 관계에 영향을 준다. 또한 3요소 간의 관계도 항상 변화한다. 이런 교수활동의 3원적이고 역동적인 관계를 인식하는 것은 교수를 이해하는 데 반드시 필요하다. 효율적인 교수가 이루어지기 위해서는 교사가 단지 학생의 행동만을 이해하는 데 그쳐서는 안 된다. 교사는 학생과 교사, 학생과 교과목 간의 관계뿐만 아니라 교사 자신과 교과목의 관계도 분석해야 한다. 교사가 삼원적 관계를 이해하면, 교수방법을 선택하거나 교수활동을 전개하는 데뿐만 아니라, 학생과의 바람직한 관계를 형성하는 데도 많은 도움이 된다. 즉, 효율적인 교수의 필수조건이다.

4. 교수모형

1) 글레이저의 교수모형

글레이저(Glaser, 1962)는 교수의 과정을 하나의 체계적이고 조직적인 체계로 보고 처음으로 교수-학습과정의 모형을 체계적으로 개발하였다. 그는 교수-학습을 네 단계로 구분하여 설명하였는데, [그림 3-1]과 같다.

이 교수모형의 특징을 살펴보면, ① 개별화 원리, ② 학습자 스스로 알맞게 조정 가능, ③ 자발성의 원리, ④ 수업목표 내용을 구체적으로 세분화한 조직화, ⑤ 네 가지 과정이 상호작용할 때 효과적인 학습성취 습득 가능으로 볼 수 있다.

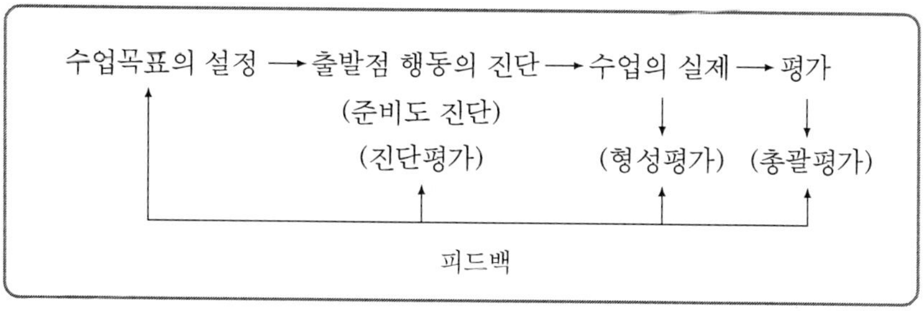

[그림 3-1] 교수-학습의 단계

각 수업단계를 살펴보면 다음과 같다.

(1) 수업목표 설정(specification of learning outcomes)

교수-학습과정을 통하여 학습자가 달성해야 할 것을 구체적으로 세분해 놓은 것을 말한다.

① 교사가 설정
② 학생 수준에 맞춤
③ 수업을 통해서 변화된 학생의 행동특성 상태
④ 구체적이고 명확하게 설정

(2) 출발점 행동(entry behavior)

학습에 임하는 학습자의 현재상태를 말한다. 학습자의 지능, 적성, 흥미, 이전 학습에서의 성취 정도, 현재 배울 내용에 대한 지식 정도를 파악하는 것이다.

① 학습의 경향성, 준비성 고려
② 선수학습의 성취상태 파악
③ 학습성취의 가능성, 자신감, 흥미, 동기유발 촉진

④ 학습의 장애나 결손요인의 파악으로 적절히 제거, 결손 보충

(3) 수업의 실제(instructional alternatives)

수업목표를 학습자에게 어떤 순서에 따라서 어떤 방법으로 가르칠 것인지의 문제를 다룬다.

① 구체적 수업목표 달성을 위해 구체적 교수활동 전개
② 학생에게 적극적인 학습동기 유발 촉진
③ 완전학습을 위해 가장 중요한 단계
④ 성취도 평가
⑤ 수업전개과정의 일부로서 교육목표 달성도 파악

(4) 평가(evaluation)

교수-학습이 바르게 진행되었는지 확인하는 것으로, 최초에 설정한 수업목표가 교수활동을 통해서 어느 정도 달성되었는지 결정하는 것이다. 이 단계의 평가활동은 형성평가와 구별하기 위해서 일반적으로 총괄평가라고 부른다. 총괄평가는 학생들에게 최종적인 성적을 제시하고 교사에게는 자신의 수업의 효과성을 최종적으로 확인시키는 단계다.

이러한 성취도 평가는 피드백(feedback)이 되어 앞선 각 단계의 적정성 여부에 대한 정보를 제공하며, 한편으로 다음 단계의 교수과정 설계에 대한 중요한 자료가 된다. 성취도 평가와 수업목표는 가장 밀접한 관계를 맺고 있으나, 이는 또한 출발점 행동의 여러 변인이 올바르게 평가되었는지를 보여 줄 뿐만 아니라 교수절차와 교수자료의 적합성에 대해서도 중요한 정보를 제공해 준다.

2) 캐롤의 교수모형: 학교학습모형이론

캐롤(Carroll, J. B.)의 학교학습모형은 학교교육과정에서 행해지고 있는 다양한 형태의 학습 가운데 특히 지적 학습과 관련된 주요 변인들을 추출한 다음, 그 변인 간의 상호관계를 기초로 학교학습의 방안을 조직적으로 체계화한 것이다. 그리고 이 학교학습모형은 학습의 정도에 대하여 그가 설정한 독특한 명제에서 출발하고 있다. 한 학습자가 달성한 학습의 정도는 그가 주어진 과제를 학습하는 데 필요한 시간을 분모로 하고, 그 과제를 학습하기 위하여 그가 실제로 사용한 시간을 분자로 한 시간비율에 따라 결정된다는 것이다.

여기서 말하는 학습의 정도란 수업목표에서 설정한 도달기준에 비추어 실제로 성취된 수준을 의미한다. 학습에 필요한 시간은 주어진 학습과제를 완전히 학습하여 진술된 수업목표까지 도달하는 데 필요한 시간을 의미하고, 학습에 사용한 시간은 학습자가 학습과제에 능동적으로 주의를 집중하여 학습에 열중한 시간을 가리키며, 학습을 하는 동안 수동적으로 보낸 시간은 제외한다.

또한 그는 분모에 해당하는 학습에 필요한 시간을 결정하는 변인은 적성, 교수이해력, 교수의 질이라고 하였고, 분자에 해당하는 학습에 사용한 시간을 결정하는 변인은 학습기회와 지구력이라고 하였다.

이와 같은 캐롤의 교수모형을 방정식으로 나타내면 [그림 3-2]와 같다.

$$\text{학습 정도} = f\left(\frac{\text{학습에 사용된 시간(학습기회, 지속력)}}{\text{학습에 필요한 시간(적성, 수업이해력, 교수의 질)}}\right)$$

[그림 3-2] 캐롤의 학교학습모형

캐롤의 학교학습모형에 관계되는 5개 요인을 좀 더 상세히 설명하면 다음과 같다.

(1) 학습기회

학습기회란 특정 과제를 학습할 때 학습자에게 실제로 주어지는 시간을 말한다. 교육평등, 민주성 이념에 따라 균등한 학습참여 기회가 제공되어야 한다. 구체적으로 교사가 학생들에게 주는 학습할 수 있는 기회, 학습과제의 학습을 위해 허용되는 시간이다.

(2) 수업의 질

주어진 학습과제를 가장 빠른 속도로, 즉 가장 효율적으로 학습할 수 있도록 해주는 적절성을 의미한다. 구체적으로 교사가 사용하는 언어의 적절성, 즉 학습자들이 무엇을 어떻게 해야 하는지를 이해할 수 있도록 적절히 설명해 주는 언어의 적절성, 그리고 학습자 개개인이 학습자료와 적절히 접촉할 수 있게 하는 것, 즉 학습자료를 포함한 수업매체들을 적절한 순서로 제시해 주는 것, 그리고 전 수업과정이 학습자들의 특정한 욕구와 성격에 적절히 조절되는 것 등이다. 수업의 질이야말로 학습에 필요한 시간을 최소화하는 데 일차적으로 교사가 할 수 있는 유일한 길이다.

(3) 학습지구력(수업에 대한 주의집중력)

학습지구력이란 학습자가 얼마만큼의 시간을 학습에 투입하기를 원하느냐와 관계된다. 즉, 일정한 학습성취를 위해서 학습활동을 전개할 때 오직 학습성취만을 위해서 전력투구한 시간을 말하며, 이는 학습성취 효과를 크게 좌우하는 변인이다.

(4) 적성

적성이란 최적의 수업조건에서 주어진 과제를 완전히 학습하는 데 필요한 시간을 뜻한다. 어떤 과제를 학습하는 데 적성이 높으면 주어진 과제를 좀 더 빨리 학습할 수 있고 반대로 적성이 낮으면 그만큼 학습하는 데 소요되는 시간이 늘어난다. 즉, 학습자가 최상의 학습조건에서 학습과제를 학습하는 데 걸리는 시간으로, 교사는 학생의 인지능력에 따라서 알맞은 속도로 수업을 전개해야 한다.

(5) 수업이해력

학습자가 교사의 교수내용이나 설명을 이해하는 능력을 수업이해력이라고 한다. 다시 말하면, 교사가 수업한 내용을 부담 없이 소화할 수 있는 능력이다. 이는 교사가 학생의 수준에 맞는 언어를 구사하여 교과내용의 이해를 도와야 한다는 뜻이다.

캐롤의 학교학습모형에서 다음과 같은 교육적 시사점을 찾을 수 있다. 즉, 수업의 질이 좋으면 그만큼 학습자의 수업이해력이 높아질 것이며, 수업의 질은 주어진 과제에 대한 학습자의 지속력에 상당한 영향을 미친다. 한편, 학습기회와 지속력이 다소 낮다고 할지라도 적성이 높으면 주어진 과제를 일정한 시간 내에 학습할 수 있다. 그러나 적성이 낮은 학습자가 주어진 과제를 다른 학습자들과 같은 시간 내에 학습할 수 있도록 하려면, 수업의 질을 적절히 조정하여 수업이해력을 촉진시켜야 할 뿐만 아니라 학습기회와 학습에 대한 지속력도 증대시켜야 한다.

3) 블룸의 교수모형: 완전학습이론

완전학습이란 한마디로 학급 내의 약 95%의 학생들이 주어진 학습과제의 약 90% 이상을 완전히 학습하는 것이라고 정의할 수 있다. 블룸

(Bloom, B.)은 지금까지 학교수업에서 약 3분의 1은 충분한 학습을 할 것이고, 또 약 3분의 1은 배우기는 하지만 충분히 배우지는 못할 것이며, 그 나머지는 실패하거나 실패를 모면할 것이라고 보았다. 또 이러한 기대는 학기가 끝났을 때 불완전학습이 이루어질 것이라는 추측과 거의 같다고 보았다. 이 같은 결과는 교육의 가장 큰 낭비이며, 교사의 사기와 포부를 저하시키고, 결국 많은 학생에게 부정적인 자아개념을 형성시킨다.

블룸은 캐롤의 학교학습모형을 기본으로 하여 완전학습을 위한 수업전개의 절차를 크게 수업 전 단계, 본수업 단계, 수업 후 단계의 3단계로 나누고, 이를 다시 세분하여 모두 10단계로 구분하였다.

(1) 수업 전 단계

- 1단계: 기초학력의 진단평가단계
- 2단계: 기초학습 결함의 보충지도단계

(2) 본수업 단계

- 3단계: 수업목표의 명시단계
- 4단계: 수업활동이 활발하게 진행되는 수업단계
- 5단계: 여러 가지 자료를 제시하는 수업활동을 위한 보조활동단계
- 6단계: 형성평가단계
- 7단계: 형성평가의 결과에 따라 피드백이 이루어지는 보충학습단계
- 8단계: 심화학습단계
- 9단계: 자율적, 협력학습의 기회가 주어지는 제2차 학습기회단계

(3) 수업 후 단계

- 10단계: 수업이 종결된 후에 학습의 진전도를 평가하는 총괄평가단계

완전학습의 수업과정은 학습결손 처리단계에서 학생들에게 중요한 학

습결함이 발견되었을 경우, 이 학생들에게 학습결함의 제거를 위한 적절한 학습기회를 주어야 한다. 그러나 학교의 전체 수업시간 수에 한정이 있기 때문에 일률적인 집단수업을 통해서 학급 전원을 대상으로 한 학습결함의 교정을 실시한다는 것은 비효율적이거나 불가능한 경우가 많다. 따라서 원칙적으로 이런 결함교정을 위한 학습은 자율적인 가정학습방법을 채택하는 것이 좋다. 그리고 심화학습과 보충학습단계에서는 일부의 학생들은 잘 학습하고 있는 반면에 일부의 학생들만이 학습곤란을 겪고 있는 것으로 판명되면 전자의 학생들에게는 심화 · 확충과정을, 후자의 학생들에게는 보충과정을 주어 각각 다르게 처치하는 것이 이상적이다. 여기서 보충과정은 학교의 전체 수업시간 수에 비추어 부진학생만을 위한 과외보충수업이나 적절한 프로그램 교재를 통한 자율적인 가정학습으로 실시할 수 있다. 부진학생 집단이 보충과정을 신행하는 동안 그외 집단은 다양한 심화 · 확충과정을 진행할 수 있게 함으로써 학습시간의 낭비가 없도록 해야 한다.

4) 가네의 교수모형: 학습위계모형

가네(Gagné, 1985)는 『학습의 조건(*The Conditions of Learning*)』에서 학습의 법칙과 원리를 분류하고 종합하는 데 네 가지 전제를 두었다. 첫째, 선행단계가 성취될 때 후행단계의 성취가 가능, 둘째, 모든 학습과제를 구체적으로 세분화하고 조직화, 셋째, 하나의 목표가 성취되면 다음 목표 성취, 넷째, 학습자의 능력에 따라 적절한 교수처방을 해야 한다는 것이다.

이와 같은 가정에서 출발한 가네는 학습유형을 각각 신호학습(signal learning), 자극-반응학습(stimulus response learning), 연쇄반응학습(motor chaining learning), 언어-연결학습(verbal association learning), 변별학습(multiple discrimination), 개념학습(concept learning), 규칙학습

(rule learning), 문제해결학습(problem solving learning)의 여덟 가지로 분류하였다. 이들 유형은 위계가 낮은 것부터 차례로 열거된 것이다.

가네에 의하면, 학습과제는 위계적으로 구성되어 있고, 위계 순위가 다른 학습과제는 유형이 다른 학습형태를 요구하기 때문에 주어진 학습과제를 효율적으로 학습시키려면 무엇보다 먼저 그 학습과제를 면밀히 분석하여 그것을 학습하는 데 필요한 학습유형을 밝히고, 그다음 위계적 순서에 맞추어 정리해야 한다. 또한 가네는 여러 종류의 학습된 능력을 축적하기 위해서는 각기 다른 학습조건이 수업을 통해 제공되어야 하며, 이러한 수업이 행해지기 위해서는 각 학습단계에서 학습자를 자극하고 지원하는 내적 및 외적 조건이 선행되어야 한다고 주장하였다.

여기서 내적 조건이란 선행학습, 학습동기, 자아개념, 주의집중 등을 말하며, 외적 조건은 자극과 반응의 연결 및 제시방법, 반복과 연습, 강화계획 등을 말한다. 특히 가네는 학습의 결과로 획득된 능력을 학습된 능력이라 하고, 이를 언어적 정보(verbal information), 지적 기능(intellectual skill), 운동기능(psycho-motor skill), 태도(attitude), 인지전략(cognitive strategy)의 다섯 가지 영역으로 분류하였다.

(1) 언어적 정보

언어적 정보는 자신의 생각을 말할 수 있는 학습된 능력이다. 언어로 표현될 수 있는 정보들로 사물의 이름이나 사실에 대한 진위를 언급하는 단일명제와 그러한 명제들이 유의미하게 조직된 지식을 의미하며, 그 형태는 명제적 지식 또는 선언적 지식으로 표현된다. 이러한 능력은 한 교과 내에서의 계속적인 학습 및 일반적 사고의 발달을 위해서 필요하다.

(2) 지적 기능

지적 기능은 문자나 숫자와 같은 상징적 부호를 이용할 수 있게 되는 개인 내부의 지적 작용을 말한다. 방법적 지식 또는 절차적 지식이라 할 수 있으며, 여러 기호나 상징을 사용하여 환경과 상호작용할 수 있는 능력이다.

(3) 운동기능

운동기능은 비교적 단순한 운동반응 계열이 보다 복잡한 운동으로 통합된 신체적 기능이다. 동그라미 그리기, 네모 그리기와 같은 단순한 수준에서 자전거 타기나 피아노 치기처럼 복잡한 수준에 이르는 능력을 말하며, 이러한 기능은 장기간의 반복적 연습으로 잘 학습될 수 있다.

(4) 태도

태도는 특정한 사물이나 인물에 대한 개인의 반응에 영향을 미치는 학습된 내재적 상태를 말한다. 즉, 여러 종류의 활동 중 어느 것 하나를 선택하는 데 영향을 주는 능력으로서, 대상에 대한 찬성 혹은 반대, 선호 혹은 불호 등 개인의 반응경향을 말한다. 이것은 연습이나 유의미한 언어적 설명으로 학습되는 것이 아니며, 행동에 대한 보상이나 대리적 강화의 방법으로 획득할 수 있는 능력이다.

(5) 인지전략

인지전략은 개념이나 원리를 이용하는 지적 기능의 특수한 영역으로 개인 자신의 행동을 지배하는 전략적인 지적 기능이다. 즉, 개인의 학습, 기억, 사고, 행동을 지배하는 내적으로 조직된 기능인데, 다시 말하면 '자신의 머리를 활용하는 방법' 을 터득하는 것이라 할 수 있다.

여러 종류의 성취행동은 이 다섯 가지 형태의 학습된 능력의 범주 속에 포함시킬 수 있으며, 이미 설명한 바 있는 여덟 가지 학습유형은 지적 기능 영역의 과제를 학습하는 데 주로 적용된다. 이와 같이 인간의 학습된 능력을 나눌 때에는 학습된 능력에 따라 학습조건이 달라져야 하는 것은 물론이고, 학습결과 역시 다섯 가지 유형으로 구별될 수 있다.

따라서 효율적인 교수를 위해서는 무엇보다도 주어진 학습과제를 학습위계에 따라 하위 학습과제들로 분석하고, 학습자가 그 과제를 학습하는 데 필요한 선행학습력, 즉 내적 조건을 어느 정도 갖추고 있으며, 이를 새로운 과제의 해결에 얼마나 적용시켜 활용할 수 있는지를 파악해야 한다. 그런 다음 이를 토대로 적절한 외적 소건을 마련하여 제시해 주어야 한다.

한편, 가네(1979)는 자신의 교수이론을 다음과 같이 제시하였다. 교수의 첫 단계에서 교사가 할 일은 학생의 주의를 환기시키고 통제하는 것이다. 다음 단계는 학습자에게 학습과제의 목표, 즉 교수목표를 알려 주고 학습자의 호기심을 자극하거나 동기를 유발해 학습에 대한 기대감을 높이도록 한다. 이때 교사는 학습자와 대화를 통하여 학습자가 학습한 후에 할 수 있는 성취행동을 말해 줄 필요가 있다. 왜냐하면 교사의 이러한 행동은 학습자에게 자신이 새로운 능력을 습득할 수 있고, 그것이 자기효율성에 기여할 수 있다는 기대(expectancy)를 확립시켜 주기 때문이다. 학습자가 주의를 집중하고 적당한 기대감을 갖게 되면 교사는 학습자가 새롭게 학습할 내용과 관련된 기존의 지식을 상기할 수 있도록 자극한다. 그리고 학습자의 기존지식과 관련하여 학습할 성취행동의 방향을 결정하는 데 도움이 되는 자극으로서 다양한 교수자료를 제시한다. 즉, 새로운 학습과제에 내재한 자극을 학습자에게 제시하는 것이다.

교사는 기존지식 중에서 중요한 부분을 요약하여 제시한다. 이때 새로운 정보는 학습자의 단기기억이나 작동기억 속에 받아들여진 상태이므로 장기기억에 저장하기가 용이해진다. 이 시점에서 교사는 적절한 학습지도를 수행한다. 그다음 제공한 정보를 학습자가 올바르게 이해하고 있는지 확인하기 위해 반응을 점검한다. 학습자의 반응에 대해 교사는 학습자의 이해 정도를 파악하고, 강화를 주거나 교정을 해주는 등 결과에 대한 피드백 활동을 수행한다. 피드백을 제공한 후 성취행동을 다시 평가하고 분석한다. 평가를 한 후에는 평가결과를 기초로 전이력 또는 일반화 능력을 높이기 위한 활동을 제공한다. 끝으로, 교사는 학습자가 새로운 상황에서 학습한 지식을 적용하고 인출할 수 있도록 다양한 상황에서 연습시켜야 한다. 즉, 과제의 소단원이나 대단원이 끝나면 교사는 그 자료를 다시 복습시키는데, 학습내용의 전이나 파지는 연습이나 복습으로 촉진될 수 있기 때문이다.

5. 교수-학습상황에 관련된 요인

1) 학생과 관련된 요인

교수-학습의 궁극적인 목적은 학생의 인지구조와 행동의 변화다. 이 변화에 영향을 미치는 요인은 다양하지만 가장 큰 것은 학생 자신이다. 학업성취에 영향을 미치는 요인 중에서 학생과 관련된 요인을 정리하면 다음과 같다(전성연, 2001).

(1) 지적 능력

지적 능력을 표현하는 방식에는 세 가지가 있다. 첫째는 흔히 IQ(Intelligence Quotient)라고 하는 지능의 관점이다. 둘째는 선수능력인데, 이는 어떤 과제를 학습하기 위해서 사전에 학습되어 있어야 하는 능력이다. 정보처리과정에서 보면 이전에 학습되어서 장기기억에 저장되어 있는 인지구조라고 볼 수 있다. 학습은 누적된다는 관점에서 보면, 선수학습의 완성은 다음 후속학습의 성취를 위한 필수조건이라고 볼 수 있다. 셋째는 학습된 능력으로서, 교육내용과 교수를 중개하는 개념이다. 만일 학생이 두 자리 곱셈문제를 해결할 수 있다면 그는 지적 능력 중에서도 규칙을 사용하는 학습된 능력을 획득한 것이다.

(2) 학습전략

학습전략이란 학습자가 학습목표를 달성하기 위해 사용하는 학습을 관리 · 조정하는 능력이다. 학습목표를 달성하는 데에는 단순히 지능만 좋다고 가능한 것이 아니라 공부를 하면서 스스로 혹은 타인에게서 배운 학습전략들을 활용해야 한다. 어떤 사람들은 적절한 절차를 학습하고 사용하는 데 다른 사람들보다 더 유능하다. 그러나 명석하게 보이는 사람들도 학교학습 이외의 다른 학습을 할 때는 우둔해 보일 수도 있다. 학습목표에 따라 다른 방식의 학습전략이 필요하기 때문이다. 성공적인 학습자란 모든 상황에서 올바른 과정을 발견하거나 숙달된 사람을 의미하지는 않는다. 그보다는 여러 전략들을 개발하고 그중에서 특정 상황에 맞는 것을 적절히 선택하여 융통성 있게 적용할 수 있는 사람이다. 따라서 성공적인 학습자는 자신이 무엇을 하고 있는지 알아야 하고, 자신의 학습양식을 파악해야 하며, 적절한 결정을 내리기 위해 학습을 점검해야 한다. 또한 자신의 학습이 비효율적일 때는 선택한 것을 바꿔야 한다. 결론적으로 성공적인 학습자란 자신의 복잡한 학습양식을 잘 조정하는 사람, 학습요구를 파악하는 데 민감한 사람, 자신의 학습양식에 적용할 전략들을 개발하는 사람이라 할 수 있다. 학습효과가 극대화되려면 교사가 효율적으로 잘 가르치는 것도 중요하지만, 학습자 스스로 효율적인 학습전략을 잘 활용하는 것이 중요하다(이병석, 박완성, 2004).

(3) 학습동기

학습동기는 학습활동을 의미 있고 가치 있는 것으로 보고 학습활동에 기반한 학습의 이익을 얻고자 하는 학생의 경향성이다(Brophy & Good, 1986). 학생들이 학습하고자 하는 마음이 충만하여 수업에 임하면 교사는 가르치기가 쉬울 것이다. 그러나 대부분은 그렇지 않다. 따라서 학생들의 학습동기 수준이 어느 정도인지를 파악하여 수업을 진행시켜야 한다. 학생들의 학습동기가 낮은 경우 교과목의 진도만 나가기보다는 학생들이 자발적으로 수업에 참여하는 분위기를 조성해야 한다. 교사의 강요로 끌려가는 학습이 아니라 스스로를 교육하는 자세, 즉 내적 동기를 가지고 학습하는 자세를 갖도록 도와주어야 한다.

(4) 자신에 대한 지각

이 세상에 존재하는 모든 것은 지각된 것이지만, 학습자가 자기 자신을 어떻게 지각하고 있느냐는 학습상황에서 매우 중요한 문제다. 수많은 종류의 자기지각이 있을 수 있지만 학습상황에서 중요하게 생각되는 것은 자아개념, 자아존중감, 자아효능감 등이다. 자아개념은 자신의 능력, 성격, 태도 등 모든 것에 대한 견해이며 비교적 유동적이고 상황적이다. 긍정적 자아개념은 성취와 상관이 있지만, 성취를 예언할 수 있을 정도로 정교한 개념은 아니다. 학습상황에서는 일반적 자아개념보다는 학문적 자아개념, 교과관련 자아개념 등이 학업성취도와 좀 더 관련이 있다. 자아존중감은 일반적으로 자기 자신에 대한 긍정적이고 적극적인 자아개념이다. 즉, 한 개인이 자신을 어느 정도로 가치 있는 존재로 생각하고 있느냐 하는 자신에 대한 평가적 판단이다. 자아존중감은 자신감을 가지고 과제를 수행하도록 한다는 점에서 교수-학습에서 의미가 있는 요인이다. 자아효능감은 자아존중감과 유사한 개념이지만, 구체적인 상황에서 목표를 달성하는 데 필요한 행동을 조직하고 수행하는 데 대한 개인능력의 판단이란 점에서 좀 더 목적지향적이고 구체적이다.

(5) 학습 준비성

학습자의 개인차 변인 중에서 학습과 가장 밀접하게 관련된 것이 학습 준비성이다. 학습 준비성이란 특정 과제를 학습하기 위해서 학습자가 어느 정도로 심리적인 준비를 하고 있느냐를 말한다. 우선 학습자의 과제에 대한 주의집중도는 학습 준비성의 한 단면이다. 개별화된 학습상황뿐만 아니라 집단적인 수업상황에서도 주의집중은 과제수행의 시발점이 된다.

대체로 학습에서 능률을 올리고 성취목표를 빨리 달성하는 학습자의 특징 중 하나는 주의집중력이 뛰어나다는 것이다.

학습자의 수업목표에 대한 인식과 이해 정도는 학습 준비성의 또 다른 측면이다. 수업목표는 앞으로 학습할 내용에 대한 선행조직자 역할을 한다. 학습자가 수업목표를 인식하고 이해한다는 것은 학습을 할 수 있는 최소한의 준비가 되어 있다는 말과 같다. 학습자는 또한 특정한 과제를 학습하기 위하여 전 단계까지의 학습이 완성되어 있어야 하고 학습결손이 없어야 한다. 특히 위계성이 있는 교과에서 전 단계의 학습과제는 다음 단계의 학습을 위한 선수학습 요소가 되는 경우가 많다. 이때 전 단계 학습과제에서 결손이 있다면 그 결손을 치료한 후 다음 단계로 나가야 한다.

2) 교사와 관련된 요인

교사는 교수-학습과정에서 학생과 함께 중요한 당사자이며 학습효율에 직접적으로 영향을 준다. 효율적인 교사는 자신이 가르치는 교과목에 대한 풍부한 지식을 가지고 있을 뿐만 아니라, 효율적인 교수방법을 활용하여 학생들에게 잘 전달한다. 또한 열성과 사명감을 가지고 교수활동을 한다. 이런 효율적인 교사와 관련된 요인으로는 자신에 대한 지각, 지식과 언어능력, 교수방법, 학생이해 능력, 직무만족도, 교수-학습과정의 시간관리 등을 들 수 있다(전성연, 2001).

(1) 자신에 대한 지각

교사의 자아관, 즉 자기 자신을 어떤 교사 유형으로 보는가 하는 자기인식은 교사 자신은 물론 학생들에게도 영향을 미친다. 이 같은 교사의 자기인식은 자신의 사고, 태도, 그리고 교수활동에 직접적으로 영향을 준다. 교사의 일반적인 자아개념, 자아효능감, 자아존중감 및 교과에 대한 자아개념도 학습과 관련된 중요한 개념이다. 만일 교사가 부정적인 자아개념을 가지고 있고 자신이 가르쳐야 할 교과에 자신감을 가지고 있지 못하면, 그러한 상황에서 교육적 효율을 기대하기는 어렵다. 특히 교과에 대한 자아개념은 교수활동을 수행하는 데 매우 중요하다. 초보교사는 교과에 대한 자아개념이 비교적 낮지만, 교수경험이 축적됨에 따라 긍정적인 자아개념을 갖게 된다. 그러나 교직경력이 많다고 저절로 자신감이 향상되는 것은 아니다. 자신이 가르치는 교과목에 대한 노력에 비례하여 자신감도 향상된다.

학생에 대한 신뢰감은 교과에 대한 지식 못지않게 중요한 요인이다. 학생이 많은 가능성을 가지고 있어도 교사에게는 미숙하게 보일 수 있다. 이 미숙성을 있는 그대로 인지하고 그것을 기대하는 방향으로 변화시키는 것이 교사의 임무다. 그러나 교사가 학생의 발전 가능성을 인식하지 못하면, 교사는 의식적 또는 무의식적으로 그것을 드러내어 학생의 발전잠재력을 훼손시킨다. 반면, 교사가 학생을 신뢰하면 학생도 교사를 신뢰하게 되고, 그러한 상황이 지속되면 신뢰의 폭이 넓어지고 깊이가 깊어진다.

(2) 지식과 언어능력

풍부한 교과지식을 지닌 교사일수록 교과내용을 보다 효율적으로 전달하며, 적절한 교수전략을 사용하고, 학생들과의 언어적 상호작용에서 보다 자신감을 보이는 경향이 있다. 교사가 자신이 가르치는 교과목에 대한 지식이 부족할 때는 그 내용을 정확하게 전달하지 못하기 때문에 학생들이 개념을 이해하는 데 혼란을 겪는다. 학생들이 이해하지 못하는 대부분의 경우는 교사가 부정확하고 불완전한 정보를 전달할 때다. 교과목에 충분한 지식을 가진 교사라면 학생들의 오해나 어려움을 예상하거나, 학생들의 말이나 행동에서 그 오해나 어려움을 찾아낼 수 있다. 반면, 교과목에 대한 지식이 부족한 교사는 수업 중 발생하는 학생들의 문제를 확인하고 제거 혹은 교정하는 전략을 수립하는 데 어려움을 겪는다(임규혁, 1996).

학생들에게 정보를 효율적으로 전달할 수 있는 언어능력은 훌륭한 교사의 중요한 자질 중의 하나다. 이러한 능력은 교사의 말이나 피드백 같은 의사소통과 관련된다. 효율적인 교사는 명쾌하게 설명하고 적절한 예를 들면서 정확한 피드백을 제시할 수 있는 언어능력을 가지고 있다.

(3) 교수방법

"아는 것과 가르치는 것은 별개다."라는 속담이 있다. 대학에서 전공과목 성적이 우수했다고 반드시 효율적인 교사가 되는 것은 아니다. 효율적인 교사가 되기 위해서는 자신이 가르치는 교과목에 대해 자신의 지식을 학생들에게 정확하게 전달하는 능력, 즉 교수방법에 대한 능력이 있어야 한다. 일반적으로 교수방법을 잘 구사하는 능력이 있는 교사는 수업목표의 진술, 학습자의 요구분석, 주의집중 유도, 과제제시와 정보제공, 멀티미디어의 활용, 평가 등을 할 수 있는 능력이 있다. 또한 다양한 교수방법에 대한 지식을 가지고 있어, 교수상황에 적합한 교수방법을 선택하여 사용할 수 있다. 교수상황에 따라 개인적, 집단적, 대중적으로 수업을 진행할 것인지 또는 교수자중심 방법, 상호작용적 방법, 개별적 방법, 경험적 방법 중 가장 적합한 방법을 선택할 수 있는 능력도 있어야 한다(이대교육공학과, 2001).

(4) 학생이해 능력

교사가 교과목에 대한 지식이 아무리 많고 다양한 교수방법을 구사해 가면서 잘 가르친다고 해도 학생을 정확하게 이해하지 못하고 학생의 수준에 맞게 가르치지 않으면 학습효과를 거두기가 힘들다. 따라서 학생을 이해하는 것은 교사의 기본자세다. 인지적 측면에서 학생의 지적 능력, 정의적 측면에서 학생의 학습동기, 성격, 자신감, 흥미 등을 이해하여 그에 맞게 가르칠 때 학습효과를 극대화할 수 있다.

(5) 직무만족도

직무만족도는 교직에 대하여 교사 자신이 얼마나 만족하느냐를 말한다. 교사의 직무만족도는 학생의 학업성취에 직접적으로 영향을 미치는 요인은 아니다. 그러나 교사가 학생들을 가르치는 일과 학생들과 지내는 일에 만족한다면, 이들은 가르치는 일에 높은 책무성을 갖고 열정적으로 학생들을 가르칠 개연성이 높다. 이런 교사는 수업준비를 더욱 철저하게 하고 성실하게 가르쳐 수업의 효율성을 높일 수 있을 것이다.

(6) 교수-학습과정의 시간관리

효율적으로 교수하는 교사들은 시간을 효율적으로 사용한다. 교수의 효율성을 논의하는 데 시간은 중요한 변인이다. 즉, 같은 시간을 사용하더라도 수업의 효율은 교사들이 시간을 사용하는 방법에 따라 크게 달라진다. 수업목표를 달성하기 위해서 배정된 시간이나 수업시간도 중요하다. 그러나 가장 중요한 것은 수업 중 학생들이 주의집중을 함으로써 실제 학습을 수행하는 시간인 학문적 학습시간이다. 효율적인 교사라면 학생들의 학문적 학습시간을 가능한 한 최고 수준으로 끌어올려 주어 학습을 성공하도록 해줄 것이다(임규혁, 1996).

3) 교과내용과 관련된 요인

교과내용은 학생들이 교수-학습과정을 통해서 학습해야 하는 내용을 말한다. 행동주의 관점에서 보면, 교과내용은 그리 중요하지 않은 요인이다. 그러나 교과내용은 인간의 학습에서 단순한 자극이 아니라 사고력을 발달시키기 위한 소재가 되어야 하기 때문에 매우 중요하다. 따라서 교과내용을 선정할 때는 다음과 같은 요인들을 고려해야 한다(진싱언, 2001).

(1) 적합성

교과내용이 학생들에게 충분히 적합한지를 고려해야 한다. 종종 교과내용이 달성하고자 하는 수업목표와 부조화를 이루는 경우도 있다. 예를 들어, 애국심을 고취하고자 하는 수업목표를 달성하기 위해 제시된 과제의 내용이 온통 이웃나라의 교과서 왜곡문제로만 가득 차 있다면, 제시된 교과내용은 적합하지 않은 것이다. 교과내용은 대체로 일정한 구조로 조직되어 있지만, 그것이 교육적 의미를 가지려면 교수–학습활동이 실제로 일어나기 전에 매번 검토되고 수정 · 보완되어야 한다.

(2) 흥미도

교과내용이 학습자의 흥미를 자극할 수 있어야 한다. 그러기 위해서는 학습자의 연령에 맞도록 구성되어야 한다. 대체로 흥미를 느끼는 교과내용에는 주의집중을 잘하기 때문에 흥미를 높일 수 있는 다각적인 방안을 연구해야 한다. 교과내용을 순수한 이론만으로 구성하기보다는 그 이론이 실제 사회에서 어떻게 적용되는지에 대한 사례를 들어 제시하는 것도 학생의 흥미도를 높이는 방법이 된다.

(3) 제시방법

교과내용은 다양한 방식으로 제시한다. 전통적으로는 인쇄매체인 책을 통해서 주로 제시된다. 문자에 의한 제시는 가장 정확하고 왜곡될 우려가 적다는 점에서 교사들이 선호한다. 또 학교교육과정 자체가 문서의 형태로 되어 있기 때문에 가장 자연스럽고 실용적인 형태다. 그러나 교과내용은 학생의 수준에 따라 만화, 영화, 도표, 그림, 슬라이드, 비디오 등 영상적인 형태로 제시될 수도 있고 율동, 연극, 음성적 표현 등 행동적으로 제시될 수도 있다.

(4) 위계성

교과의 특성에 따라 정도의 차이는 있지만 모든 교과내용에는 위계성이 필요하다. 특히 수학이나 과학과 같은 교과는 위계성이 매우 중요하다. 이처럼 위계성이 강한 교과는 전 단계의 성취가 매우 중요하기 때문에 이와 같은 교과를 가르칠 때에는 복습이 중요하다. 전 단계를 충분히 숙지한 후 다음 단계의 진도를 나가야만 결손학습이 누적되지 않고 학습의 효율을 얻을 수 있다. 전 단계의 학습이 불충분한 경우는 보충학습의 기회를 제공하고 다음 단계의 학습을 준비하도록 해야 한다.

4) 교수-학습 지도원리

교수원리는 학습활동을 지도할 때 기준이 되고, 또 학습지도를 바람직한 방향으로 이끌어 나가기 위한 교육방법의 기준이 된다. 즉, 학습지도에서 전개되는 교사의 여러 가지 활동을 규제하는 원칙적인 기준을 말한다.

교수원리의 내용은 학자에 따라서 약간씩 다르지만 몇 가지 기본원리는 다음과 같이 일반화되어 있다.

(1) 자발성의 원리

교육이나 지도라는 말의 어감은 학습자의 활동은 소극적이고 교육자의 활동은 적극적이라고 생각되기 쉽다. 특히 구교육에서는 모든 교육활동이 성인인 교사중심이었다. 그러나 현대의 교육사조는 경험적인 입장과 학습자중심의 입장을 강조하고 있다. 따라서 교사의 책임은 자발성에서 키워지고 발달해 가는 학습자중심의 입장이 주를 이룬다. 결국 교사의 책임은 이 같은 학습자를 옆에서 도와주는 학습의 보조자가 되어야 한다. 학습자중심에 서서 학습자 그 자체가 갖고 있는 본래의 특성을 발견하여 그 특성이 최대한 발달할 수 있도록 지도해 나가야 하는 것이다. 학습자의 여러 특성 중 자발성의 원리가 가장 중요하다.

자발성이란 인간 내부에서 모든 방면으로 자라나려는 능력, 충동 또는 가능성으로서, 교육자는 이를 이해하고 최대한 발전시킬 수 있도록 항상 노력해야 한다. 인간의 성장 · 발달은 이처럼 자발성에 의한 것이며, 이것이 외부환경의 영향을 받아서 인격이 완성되는 것이다.

학습지도는 학습자 스스로 배우고자 하는 자발적인 의욕을 가지고 있을 때 이루어진다. 즉, 동기가 내재된 학습을 하는 것이 지극히 중요한 학습지도의 원리이며, 이것이 곧 자발성의 원리다.

이와 같이 자기활동을 촉진시키는 것이 '동기부여'이며, 그러기 위해서는 '어떻게'라는 방법(동기부여의 방법)이 문제가 된다. 먼저 학습자 자신이 목적을 가질 수 있도록 지도하는 데 성공하거나 또는 학습자가 흥미를 갖도록 지도하는 데 성공하면 학습자의 학습은 자발적이 된다.

학습자가 학습하고 있는 것은 장차 어른이 된 다음에 필요한 것이며, 그것이 장래의 생활을 행복하게 만들어 준다는 설명을 납득시키고자 하는 방법을 쓰는 경우가 있다. 미래에 대한 목적을 가지고 자율적인 학습을 시키려는 것이다. 그러나 학습자는 현재 당면한 생활에 관심을 갖고 면 장래를 위한 현재의 고통스러운 일은 회피하려는 것이 보통이다.

학습을 유도하기 위해 상벌을 주거나 또는 경쟁심을 일으키도록 하는 방법도 때때로 사용한다. 그리고 크게 교육적 효과를 올릴 수 있는 사례도 많다. 그러나 그것이 학습자의 노력의 대가로 교사가 인정해 주고 다른 학생에게도 하나의 자극으로 받아들여졌을 때 비로소 적절한 효율을 발휘할 수 있다.

요약하면, 자발성의 원리는 학생이 학습활동에 높은 동기를 가지고 적극적으로 참여하게 하는 원리다. 또한 학습동기 유발과 학습의 지속력을 유지시키는 데 효율적이며 학생중심의 열린 수업원리요, 민주적 수업원리, 아동중심 수업원리라고 볼 수 있다. 학습자의 내적 동기의 시발점이 되며 경험중심 교육과정, 진보주의 교육사조와도 관련된다. 말을 물가로 데려갈 수는 있어도 강제로 먹일 수는 없는 것과 마찬가지로, 학습자를 교실에 잡아 둘 수는 있어도 억지로 공부하게는 못한다는 의미다. 이와 관련된 학습으로는 프로젝트법, 문제해결학습, 발견학습 등이 있다.

(2) 개별화의 원리

학습은 학습자의 발달과 이해의 정도에 따라서 이루어진다. 학생 개인은 지능, 특성, 흥미, 가정적 배경 등 모든 면에서 차이가 있으므로 교육은 먼저 학습자의 이와 같은 개인차를 이해하고 이것을 교육목표 달성에 유기적으로 통합하여 가능한 데까지 그 능력을 충분히 발전시켜야 한다. 학습지도에서 개별화는 학습자의 개인차와 교재의 성질 파악, 교사의 기능과 한계의 자각 및 당면한 교육목적 또는 목표의 명확한 파악 등이 유기적으로 통합되어 비로소 행해지는 것이다.

교육이 개별화되어야 한다는 원리는 목적적인 원리인 동시에 방법적인 원리다. 목적적인 원리가 되는 것은 민주주의적인 인간관에서 나온 것이다. 민주주의는 무엇보다도 개인을 존중하는 사회개념이다. 그러므로 집단적인 교육체제를 갖추고 있는 학교에서도 소중한 것은 집단이 아니라 집단을 형성하고 있는 개인이다. 따라서 개인을 존중하는 교육이어야 한다.

한편, 개별화의 원리가 방법적인 원리가 된다는 것은 민주교육의 기본이념인 개성에 따른 교육을 통해서만 개성적인 자기실현이 가능하기 때문이다. 20세기 초부터 심리학의 발달과 개인차의 발견 및 개인주의의 고조에 따라 개인차의 존중은 능력별 학습의 강화라는 형식으로 나타났다.

개별화의 원리를 요약하면, 학습자가 지니고 있는 각자의 요구와 능력에 알맞은 학생활동의 기회를 마련해 주어야 한다는 것이다. 다시 말해, 학생의 능력, 소질, 적성, 가치관, 흥미와 같은 개인차를 최대한 고려해야 한다는 원리다. 이와 관련된 학습으로는 IPI(Individually Prescribed Instruction), ATI(Aptitude-Treatment Interaction), TTTI(Task, Trait, Treatment Interaction), PSI(Personalized System of Instruction)-Keller

Plan, Dalton plan, Programmed learning, CAI(Computer-Assisted Instruction) 등이 있다.

(3) 직관의 원리

직접경험의 원리라고도 하며, 서적중심의 교육방법을 지양하고 감각을 통해서 지식의 기억만을 존중하는 언어주의에서 탈피한 교육의 원리로, 사물이나 실물에 대한 직접관찰을 통한 교육을 말한다.

어떤 사물에 대한 개념을 인식시키는 데 언어로 설명하는 것보다는 구체적인 사물을 직접 제시하거나 경험시킴으로써 효과를 볼 수 있다는 원리로, 오늘날 시청각교육이 강조되고 있는 근본입장이 바로 여기에 근거한다. 이 직관교육은 근대 교수이론의 원조라고 볼 수 있는 코메니우스(Comenius)의 교수론에서 대두된 것이다. 즉, 직관의 원리를 구체화하여 코메니우스의 교수론이 이루어졌고, 교육사상에 매우 큰 비중을 차지하고 있다. 코메니우스 이후 페스탈로치가 직관의 개념을 더욱 강조하여 언어주의 교육에서 구체적인 실물이나 그림, 모형 등을 교구로 이용하는 직관교수를 실시하게 되었다. 그러나 직관교육이 현실적인 여건에서는 완전무결하게 이루어지기가 거의 불가능하다. 따라서 사진, 모형, 표본, 슬라이드 등 여러 가지 시청각 교구를 활용한 대리경험으로 직관교육을 실시하거나 가능한 범위 내에서 현장학습을 실시하여 교육의 효과를 거두고 있다.

직관의 원리는 앞에서 말한 자발성의 원리와 연관되는 점이 많은데, 양자가 모두 추상적인 언어가 아닌 구체적인 직접경험 또는 그에 가까운 대리경험을 할 수 있다는 점에서 상관성이 높고 그 방법적인 면에서 약간의 차이가 있을 뿐이다. 그래서 직관의 원리와 자발성의 원리를 묶어 경험의 원리라고 부르기도 한다.

직관의 원리를 요약하면, 구체적인 사물을 직접 제시하거나 경험하게 함으로써 큰 효과를 볼 수 있다는 것으로서 실물교수, 시청각교육을 중시하는 원리다. 관련학습으로는 에라스무스(Erasmus, D.)의 '실물교육이론', 코메니우스(Comenius, J. A.)의 '세계도회', 루소(Rousseau, J. J.)의 '인간 · 자연 · 사물 · 조화', 페스탈로치의 '감각교육', 프뢰벨(Fröbel, F. W. A.)의 '감각교육'이 있으며, 직접경험으로 지도하려는 전형적인 학습형태로는 시청각교육, 실험실습, 관찰학습, 견학, 토의학습 등이 있다.

(4) 통합의 원리

오늘날의 교육은 지식이나 기능보다도 그것을 포함한 전인교육 전체로써 환경에 적응할 수 있는 내재적인 모든 능력을 조화롭게 발달시킬 것을 요구하고 있다. 따라서 학습자가 경험한 사실을 구체화하고 적절하게 재구성함으로써 자기가 속하는 사회에 참여하여 사회적 활동을 할 수 있게 지도할 것을 요구하는데, 이 지도원리는 요즘 강조되는 지역성의 원리와도 상통한다. 학습지도에 임하는 교사는 사회문제에 민감해야 하고, 또 사회를 보는 통찰력도 지니고 있어야 하며, 올바른 견해로 사회문제를 다루어야 한다.

교수원리로서의 통합성은 다음과 같은 세 가지 의미를 지니고 있다(박인학, 1995).

① 교재의 통합성

학교학습은 이론적으로 분석되어 이루어진 교과를 학습재(學習材)로 하여 교과별로 학습을 전개하고 있다. 그러나 이론적인 계통이 그대로 심리적인 질서가 되지는 않는다. 이와 같은 견지에서 교과를 통합하여 교육과정을 편성하는 광역교육과정, 중핵교육과정 등이 이루어지고 있다.

② 지도방법의 통일

교과지도와 생활지도의 상호 밀접한 관련을 도모하여 문제해결의 진행방식을 통합적으로 지도할 필요가 있다.

③ 지도목표의 통합 및 일관성

교사마다 서로 다른 생활의 방향을 제시하는 것은 학생들의 생활태도와 행동양식에 혼란과 갈등을 야기할 수 있다. 또한 교사가 때에 따라서 서로 다른 방향을 제시하는 경우도 마찬가지다.

통합의 원리를 요약하면, 지덕체와 같은 학생의 행동을 골고루 발전시켜야 한다는 원리, 지적 기능과 정의적 기능을 결합해야 한다는 원리다. 또 교과의 기본을 유지한 상태에서 교과 간의 상호 관련성을 맺어야 하는 원리, 교육목표와 내용과 방향을 하나로 통합하며 전인양성을 위한 수업의 원리, 한 개인의 생활 전체를 하나로 통합해야 한다는 원리다.

(5) 목적의 원리

인간의 모든 행동에는 반드시 원인이 있으며, 이는 다른 말로 목적이 있다고 말할 수 있다. 목적이 없는 행동은 의미가 없는 활동이며 적극성과 발전을 기대할 수 없다. 자기 나름대로 목적이 있을 때 그 행동이나 활동이 민첩하고 활발하며, 활동의 결과를 자기가 평가하려고 하고, 그 결과에 따라서 자기 행동에 수정을 가하여 의도한 바의 목적에 도달할 수 있다.

학습지도는 일정한 목적을 달성하기 위하여 의도적으로 활동하는 것이다. 교육은 목적을 가진 의식적인 활동이며 학습지도는 그 목적을 실현하기 위한 구체적인 방법이다. 그런데 학습지도에서 목적의 원리는 학습자의 입장과 교사의 입장 등 양면에서 고찰할 수 있다(박인학, 1995).

① 학습자의 입장에서는 학습목표가 분명히 인식되었을 때 적극적으로 학습활동을 하게 된다. 인간의 모든 행동에는 반드시 목적이 있다고 말할 수 있다. 학습장면에서 학습자가 분명한 목적의식을 가지고 자기의 행동목표를 지향하여 스스로 통제하고 학습의 성과를 목표에 비추어 평가한 뒤 다시 자기 행동을 수정하는 계속적인 탐구활동으

로 자율적인 목표추구활동을 하도록 해야 한다. 자기활동에 관한 투철하고 분명한 목표의식은 학습의 자발성을 추구하게 되고 학습성과를 높인다.

② 교사에게 목적의 원리는 수업목표 내지 교육목표를 설정하는 데 기준과 지침을 제시해 줄 뿐만 아니라 목적에 합당한 교육내용의 선정, 조직의 타당성과 과학성의 준거를 제공해 준다. 교육의 과정은 일정한 목적하에 학습자의 바람직한 행동변화를 기대하는 의도적, 계획적, 유목적적인 교육행위인 것이다.

목적의 원리를 요약하면, 수업목표가 분명할 때 학습자의 적극적인 학습활동이 이루어지고 교사의 입장에서 그 목표를 달성시킬 수 있는 제반 교수활동이 이루어진다는 원리라고 할 수 있다.

(6) 사회화의 원리

학생의 학습은 사회를 떠나서는 존재할 수 없다. 사람은 자기가 속해 있는 집단의 사상이나 행동에 크게 영향을 받기 때문이다. 사회화의 원리는 학습내용을 현실사회의 사상과 문제에 기반을 두어 선정하고, 학교에서 경험한 것과 학교 밖에서 경험한 것을 교류시키며, 이것을 공동학습을 통하여 협력적이고 우호적인 학습상태로 꾸며 진행하는 것이다.

사회화의 원리는 학습자가 자기 활동을 전개하려고 할 때 개별화의 문제도 중요하지만 동료들과 협력하는 사회성도 중요하다고 본다. 이 원리에서 학습이란 개인의 인격 완성을 목적으로 하는 의도적 활동인 동시에 개인을 사회화하는 동화작용이며, 사회인으로 형성해 나가는 사회작용의 하나로 보고 있다. 학습자가 하나의 독립된 인간으로서 그들이 속한 각종 사회에 참여하여 원만한 인간관계를 맺어 가면서 개인적으로 발전하고, 사회적으로 유용한 일원이 되도록 학습을 지도해야 한다는 전제에 입각한 원리다. 그러므로 아동의 교육은 한 독립된 인간으로서 그들이 속한 사회에 참여하여 사회적 활동을 원만히 할 수 있도록 지도해야 한다.

개별화의 원리와 사회화의 원리는 서로 모순되는 것 같지만, 개별화 또는 개성화의 방향이 사회적인 공헌을 전제로 하기 때문에 상보적인 관계라고 할 수 있다. 즉, 개개인의 사회적 공헌은 자기의 개성을 통하여 이룩되며, 개성의 가치는 사회화과정에서 인정받게 되는 불가분의 관계가 있는 것이다.

학습지도에서 사회화의 원리를 구현하는 방법은 다음과 같다(한방교, 윤길근, 2002).

① 전인적인 지도의 관점에서 학습의 개별화와 사회화의 균형을 유지시켜야 하며, 두 원리의 조화를 이루어야 한다. 지나치게 사회화에 중심을 두어 획일적인 지도가 되어서는 안 된다.
② 학교에서의 지도와 가정에서의 지도 사이에 간격이 벌어져서는 안 된다.
③ 사회화의 원리를 실천하는 데 어떠한 학습형태를 취하든지 학생 상호 간의 인간관계를 잘 조정해야 한다.

사회화의 학습을 가능하게 하는 학습지도 형태로는 토의법, 분단학습(group study), Buzz 학습, 협동학습, 문제해결법, 구안학습법(project method), 자치활동, 동아리활동 등이 있다.

제4장

생애단계별 학습지도

학습자가 아동이든, 청소년이든, 성인이든, 노인이든 상관없이 학습이 효율적으로 이루어지기 위해서는 학습과정에서 적절한 노력이 수반되어야 한다. 모든 연령층에 공통적으로 적용할 수 있는 학습지도방법이 있을 것이다. 그러나 여기서는 각 연령층에 맞는 학습지도방법과 원리, 학습지도자의 역할이나 교수-학습방법에 대하여 살펴보고자 한다.

1. 영유아의 학습지도

1) 영유아 교사의 역할

영유아 교사들은 영유아들의 신체적 발달, 인지적 발달, 정서적 발달을 돕기 위해 학습지도자, 상담자, 발달전문가로서의 역할을 해야 한다. 이러한 여러 역할 중에서 가장 분명한 것 중 하나는 학습지도자로서의 역할이다. 영유아들은 자신의 주위에 대한 무한한 호기심을 가지고 있기 때문에 호기심을 충족시켜 인지적 발달을 돕는 학습지도가 매우 중요하다.

영유아를 가장 잘 가르치는 교사는 자신의 장점을 잘 활용하여 영유아들과 친밀한 상호작용을 하면서 효율적으로 가르치는 교사다. 이렇게 효율적으로 가르치기 위해서는 영유아들과의 상호작용, 학습환경 준비, 동료들과의 협력이 필요하다.

(1) 영유아들과의 상호작용

영유아 교사는 대부분의 시간을 영유아들과 상호작용을 하면서 보낸다. 영유아들은 교사와의 일상적인 상호작용을 통해서 인지적·정서적으로 발달하게 된다. 민감한 교사는 언제 영유아와 상호작용을 해야 하는지 또는 언제 상호작용을 멈추어야 하는지를 안다.

잘 가르치는 영유아 교사는 소집단 또는 대집단으로 영유아들을 가르칠 수 있다. 이런 교사는 수업을 시작하기 전에 영유아들의 주의를 집중시키고, 영유아들이 지속적으로 수업내용에 호기심을 갖도록 한다. 또한 한 활동에서 다음 활동으로 자연스럽게 넘어가며, 교과내용을 효율적으로 제시한다.

(2) 학습환경 준비

영유아들은 교재교구를 적극적으로 사용할 때 가장 효율적으로 학습한다. 실제로 참여하여 행동하는 과정을 통해 영유아들은 자기 주위의 세상을 제대로 이해하게 된다. 따라서 교사는 영유아들의 발달단계에 따른 흥미와 요구를 잘 이해한 다음, 수업계획을 철저하게 수립하고 수업 중에 사용할 교재교구를 구입하거나 정성껏 제작해야 한다. 또한 날씨와 교과내용에 따라 실내학습과 실외학습을 균형 있게 조합하여 학습환경을 마련한다. 철저하게 준비된 학습환경은 다음 날의 수업을 효율적으로 진행할 수 있도록 해준다.

(3) 동료들과의 협력

교사는 학생들하고만 생활한다고 생각하기 쉽다. 그러나 교사들은 동료교사들과도 상호작용을 많이 한다. 영유아 교사들은 원장, 동료교사, 주방아주머니, 버스기사, 사무원, 특기적성교사들과 직·간접적으로 협력해야 할 때가 많다. 동료들과의 원만한 협력은 영유아들을 좀 더 효율적으로 지도할 수 있도록 해준다.

2) 영유아 학습지도의 고려사항

(1) 수업 준비

질 높은 수업환경은 저절로 생기지 않는다. 치밀한 계획과 많은 노력이 필요하다. 수업 시작 전에 가장 먼저 고려해야 할 것은 교실공간의 크기와 특징이다. 햇빛이 잘 들고, 냉난방이 잘 되며, 카펫이 잘 깔려 있는 포근한 물리적 공간이 기본적으로 준비되어야 한다. 두 번째로는 수업의 목표를 고려하는 것이다. 수업목표에 따라 수업장소와 준비해야 할 교재교구가 달라지기 때문이다. 마지막으로는 수업목표에 따라 교실 안의 비품을 배치하는 것이다. 수업의 목표와 형태에 따라 의자, 책상, 교재교구함, 컴퓨터, 융판 등을 수업 중에 원활하게 이용할 수 있게 배치해야 한다.

(2) 집단 형성

수업의 형태에 따라 영유아들을 대집단, 소집단 또는 개인별로 나누어 수업을 진행할 수 있다. 동화책 읽기나 음률활동 등은 영유아 전체가 참여하는 대집단으로 진행한다. 영역별 또는 센터별 활동은 소집단으로 나누어 진행한다. 쓰기나 셈하기 같은 개별화된 학습을 할 때는 개인별로 활동을 진행한다.

(3) 영역별 수업 진행

영유아 교실은 대부분 영역별로 구성되어 있다. 미술영역, 조작영역, 언어영역, 블록영역, 가정생활영역, 극놀이영역, 음악영역, 과학영역, 창의영역 등으로 구분되는데, 각 영역을 꾸밀 때는 영유아의 연령이나 수업 내용에 따라 조금씩 수정하여 활용하면 된다.

(4) 영유아의 연령

교실환경을 구성할 때는 연령을 고려해야 한다. 0~2세까지의 영아들은 사물을 입으로 빠는 습관이 있으므로 모든 교재교구가 위생적이고 안전해야 한다. 또한 깨지기 쉽거나 삼킬 수 있을 정도로 작은 교재교구를 놓아 두어서는 안 된다. 영아들은 먹고, 잠자고, 배변활동을 하는 것이 일과의 중요한 부분이므로 이에 대한 계획을 잘 수립해야 한다.

3~5세까지의 유아들에게는 놀이가 학습의 가장 중요한 부분이므로 영역별 환경이 잘 구성되어야 하고, 수업도 영역별로 이루어져야 한다. 6~7세까지의 유아들에게도 영역별로 수업을 진행하지만, 쓰기나 읽기, 셈하기와 같은 영역의 수업을 좀 더 늘린다. 수업의 형태도 4~6명 정도의 소집단으로 구성해 협동학습의 기회를 확대시켜 나간다.

(5) 교재교구의 선택

각 영역에는 그 영역의 특성에 맞는 교재교구가 필요하다. 교사가 직접 만들 수도 있고 기존의 상품을 구입할 수도 있다. 교재교구의 선정기준은 다음과 같다.

- 영유아의 흥미를 끄는가?
- 다양하게 사용할 수 있는가?
- 영유아가 지속적으로 관심을 가질 수 있는가?
- 협동놀이를 촉진하는가?

- 견고한가?
- 안전한가?

(6) 물리적 환경의 변화

영유아들을 위한 놀이환경은 일관성을 유지하면서도 종종 변화도 주어야 한다. 어린 영아들을 위해서는 자주 환경을 변화시키기보다는 집과 같이 편안한 환경을 지속적으로 유지시키는 것이 좋다. 그러나 좀 더 큰 유아들을 위해서는 가끔씩 환경을 바꾸어 주는 것이 좋다. 매주 영역별로 새로운 장난감을 교체한다거나, 수업의 목적에 따라 책상과 의자의 배열을 다르게 할 수도 있다(Henniger, 2009).

2. 청소년의 학습지도

청소년이 장차 삶의 역할을 소중히 하고 동시에 현재의 삶을 즐겁게 하는 지도방법이 부모와 교사에게 필요하다. 그 방법은 청소년들이 즐겁게 미래의 삶을 위해 공부하도록 하면 된다. 박영태(2004)는 이러한 방법을 '사랑을 통한 학습지도방법' 이라고 하였는데, 이는 따스한 분위기 조성, 청소년에 대한 관심, 올바른 판단, 그리고 그에 따른 실천으로 이루어진다. 또한 사랑을 통한 학습지도는 통합적으로 이루어진다. 전체적으로 보면 사랑을 통한 학습지도는 친밀감 가지기, 관심 가지기, 의사결정하기, 실행하기 등 모두 네 가지 요소로 이루어진다. 이러한 요소들은 시작점과 마지막점이 있는 것이 아니라 상호 연관적으로 작용하면서 전체적으로 자기발전, 타인(학생)의 발전이라는 목적을 향해 나아가고 있다. 즉, 일정한 순서에 따라 학습지도가 진행되는 체계적 학습지도가 아니라 모든 요소가 복합적으로 이루어지는 체제적 학습지도다.

- 친밀감 가지기: 사랑을 통한 학습지도는 우선 청소년에게 친밀감을 가져야 한다. 친밀감을 가지는 것은 청소년을 존중하는 것이며 신뢰할 수 있는 관계를 유지시키는 것이다. 이러한 존중과 신뢰의 관계는 효과적인 학습지도를 위한 학습분위기를 형성한다. 마치 씨앗을 뿌렸을 때 싹이 트기 위해서는 그에 적합한 온도와 습도 등의 조건이 필요한 것과 같다. 엄동설한에 얼어붙은 땅속에서 싹이 돋아나기를 기대하는 것은 잘못된 것이다. 마찬가지로 친밀한 관계없이 효과적인 학습지도를 기대하는 것은 모순이다. 또한 친밀감 없이 자녀의 세계를 이해할 수도 없다. 그러므로 청소년을 존중해 줌으로써 친밀감을 형성하는 것은 바람직한 학습분위기를 조성함은 물론, 청소년에게 관심을 가지는 전제조건이 된다.
- 관심 가지기: 사랑을 통한 학습지도는 청소년에게 열정적인 관심을 가지고 그들을 위해 많은 시간을 투자해야 한다. 이를 통해 청소년이 처해 있는 조건을 정확하게 파악하고 분석할 수 있다. 청소년이 처해 있는 조건을 파악한다는 것은 그들에 대하여 좀 더 많이 안다는 것을 의미한다. 그들의 웃음 뒤에는 어떠한 고민이 숨겨져 있고, 축 처진 어깨 뒤에는 어떠한 고통이 있으며, 꿈이 무엇이고, 현재 능력은 어느 정도인지 더 잘 알게 된다. 이와 같이 청소년이 처해 있는 조건을 정확하게 파악하는 것은 올바른 의사결정을 위한 전제조건이 된다.
- 의사결정하기: 사랑을 통한 학습지도는 청소년이 처해 있는 조건을 고려하여 올바른 학습지도방안을 강구해야 한다. 다시 말하면, 청소년이 처해 있는 모든 조건과 그 조건들 간의 상호작용을 분석하고, 나아가 바람직한 결과를 얻기 위하여 조작 · 활용할 필요가 있는 최선의 조건을 선택하여야 한다. 청소년에게는 매우 많은 조건이 개입되어 있으므로 할당된 시간 내에 모든 조건들을 조작 · 활용하기는 무척 어렵다. 따라서 적합한 조건을 바르게 선정하는 것은 매우 중요

하다. 잘못 내려진 판단은 청소년의 학습을 도와주기보다는 앞길을 망칠 수 있다. 흔히 판단은 바람직하게 내리기보다 자신의 감정에 따라 내리는 경우가 많은데, 올바른 의사결정은 올바른 실행의 전제조건이 됨을 명심해야 한다.

- 실행하기: 사랑을 통한 학습지도는 생각한 학습지도방안을 직접 청소년에게 의지적으로 실행해야 한다. 생각으로만 또는 말로만 지도하는 것은 사랑을 통한 학습지도방법이 아니다. 청소년을 직접 의지적으로 지도한다는 것은 자신이 시간을 내어 몸소 지도한다는 뜻이 아니라 올바른 지도방안으로 생각하는 것을 실천하는 것이다. 다시 말하면, 선정된 조건들을 청소년의 학습활동에 활용하거나 유리하게 조작하는 것이다. 학습지도방법이란 이러한 조건들의 선정, 조작, 활용이다.

종합적으로 말하면, 사랑을 통한 학습지도는 청소년과 신뢰감을 쌓아 상호 간에 장벽을 없애고, 이러한 분위기 속에서 보다 많은 시간을 투자하여 그들이 처해 있는 여러 조건을 파악하고, 이 중 학습효과를 상승시킬 수 있는 조건을 선정하여 학습에 도움을 주는 방향으로 활용하거나 고쳐 나가는 것이다.

3. 성인의 학습지도

1) 성인학습 지도자의 자질

로드코프스키(Wlodkowski, 2008)는 지도자가 충분히 동기화되어 있는 상태에서 이들이 가져야 할 기술과 자질을 크게 전문성, 공감적 태도, 열정, 명확성 그리고 문화적 반응성의 범주로 구분하여 제시하였다.

(1) 전문성

지도자의 지식수준과 교육활동에 대한 준비능력을 포함한다. 무엇보다도 지도자가 학습활동을 지원하는 데 필요한 전문적인 지식과 기술을 충분히 가지고 있을 때, 지도자 자신뿐만 아니라 학습자도 학습활동에 대해 신뢰하고 적극적으로 참여할 수 있다.

(2) 공감적 태도

학습자의 입장을 이해하고 학습자의 심리적 상태와 의견을 경청하고 수용함으로써 학습자의 학습목표 성취를 도울 수 있는 요소를 포함한다. 지도자가 일정한 목표의식을 가지고 참여하는 학습자의 입장에 공감하고 함께할 수 있을 때 학습자의 교육에 대한 동기수준이 지속적으로 유지될 수 있다.

(3) 열정

지도자의 교육에 대한 관심과 헌신적인 자세를 학습자에게 효과적으로 표현하는 요소를 포함한다. 학습자의 학습활동에 대해서 진지한 관심을 가지고 있으며, 학습자가 필요한 경우 적극적으로 도움을 제공하고 지원할 수 있는 준비가 되어 있음을 표현하는 것은 학습자의 동기수준 상승뿐만 아니라, 실제 학습성과의 증대에도 영향을 미친다.

(4) 명확성

학습활동을 체계적으로 조직할 수 있는 능력과 학습활동 중에 학습자에게 요구되는 사항을 언어적으로 명확하게 전달할 수 있는 능력을 포함한다. 지도자가 탁월한 전문적 지식과 기술을 가지고 있고, 열정을 지녔다 하더라도 학습자에게 정확하게 전달할 수 있는 능력이 부족하면 학습지도의 효과는 반감될 수밖에 없다.

(5) 문화적 반응성

학습자에 대한 인간적인 존중 태도와 학습장면에 내재되어 있는 다양성을 수용함으로써 모든 학습자에게 친화적일 수 있는 학습환경을 조성하는 능력을 포함한다. 학습자의 다양한 배경에 대한 충분한 고려와 인간적인 배려가 배제된 상태에서 획일화된 기준으로 학습활동을 전개할 때 학습자의 동기유발과 학습 참여를 기대하기란 어렵다.

2) 성인학습의 방법원리

성인의 발달특성을 전제로, 그리고 성인교육의 참여특성을 감안하여 성인학습의 방법원리를 제시하면 다음과 같다(권두승, 2000).

(1) 자발적 학습의 원리

자발적 학습이란 학습자가 타인에 의해 강제된 것이 아닌 스스로의 의지로 행하는 학습을 말한다. 이 원리는 성인의 '자아개념의 변화'에서 도출되는 것이기도 하다. 아동은 생리적, 정신적, 사회적으로 성인에 의존하지 않으면 안 되는 성인의존적인 존재다. 그러나 성장해 가면서 아동은 성인의존적인 상태에서 벗어나 성인에 의지하지 않아도 되는 자립적인 자기개념을 확립한다. 그리하여 사회생활에서 자신의 모든 행동에 책임과 자존심을 가진 존재가 된다. 이와 같은 특성은 학습활동에도 그대로 영향을 미친다. 아동의 학습은 아동의 중심적 역할이 교육을 받는 데 있다는 것을 전제로 전개된다. 그러나 성인의 경우 자립적이고, 주체적인 자기개념을 거부하거나 그것과 갈등을 일으킬 소지가 있는 학습에 대해서는 대체적으로 저항하거나 거부하는 경향을 나타낸다. 성인학습에서는 성인의 자립적인 자아개념에 입각한 흥미, 관심에 기초하여 학습활동이 전개되도록 하는 것이 핵심적인 과제라고 볼 수 있다.

(2) 자기주도적 학습의 원리

자기주도적 학습이란 학습자가 주체적으로 학습의 목적 및 방법을 결정하고, 자신의 향상을 도모하기 위하여 학습하는 것을 말한다. 이것은 '경험의 역할' 이 강조되는 것에서 도출되는 원리이기도 하다. 성인이 성장해 가면서 축적한 경험의 양이라든지 그 다양성은 아동의 그것과는 비교가 되지 않는다. 축적된 경험으로 성인은 풍부한 학습을 체험할 수 있으며, 새로운 학습을 전개해 나갈 수 있다. 또한 성인은 자율적인 존재이기 때문에 자발적으로 학습활동에 참여하게 됨은 물론, 구체적인 학습계획을 세우고, 이에 기초하여 학습을 전개하고, 자기 스스로 학습활동을 평가하는 자기주도적인 학습이 가능하다.

(3) 상호학습의 원리

상호학습이란 교수자와 학습자 사이에 서로 배우고 가르치는 활동이 일어난다는 것뿐만 아니라 동일한 목적을 지닌 학습자 상호 간에도 가르치고 배우는 활동이 전개된다는 의미다. 상호학습에는 크게 두 가지 형태가 있다. 하나는 학습자가 전원 동일한 입장에서 상호학습하는 경우이며, 다른 하나는 주제에 따라 학습자 가운데 특정한 자를 선발하여 타인의 도움 없이 학습을 진행하는 것을 말한다. 이와 같은 원리는 아동과는 달리 성인의 경우 다양한 통로로 축적된 경험이 그 개인의 인격을 형성하기도 하고 타인과 구별되는 개성을 형성하기도 한다는 것에서 도출된다. 말하자면, 성인학습에서는 학습자가 지닌 풍부한 경험을 학습자원으로 공유함으로써 상호학습이 가능하다는 것이다.

(4) 생활적응의 원리

성인이 생활 속에서 당면하게 되는 과제 및 요구에 기초하여 학습을 전개하고, 그 과제 혹은 요구가 충족된 후 생활에 직접 활용하기도 하고 적용하는 것을 생활적응의 원리라고 한다. 이 원리는 성인의 발달특성에서

'학습의 준비도'와 관련하여 나타나는 것으로서, 성인의 학습활동이 아동교육과는 달리 실제 생활에 당면하는 문제를 중심으로 전개된다는 것에서 도출된다. 말하자면, 성인의 학습활동은 생활 속에서 끊임없이 나타나는 제반 문제를 중심으로 학습활동이 전개되며, 학습의 성과도 즉각적으로 적용할 수 있는지의 여부 혹은 요구 충족의 정도에 따라 결정된다는 것이다.

3) 성인학습의 지도원리

이제까지 심리학과 교육학 분야에서 수행되어 온 연구결과 중에는 성인학습의 지도에 적용할 수 있는 법칙이 있다. 성인학습의 지도원리는 여러 차원에서 제시될 수 있으나, 여기에서는 뢰너트(Kroejnert)가 제시한 9개의 성인학습 지도원리를 살펴보았다. 물론 이 원리는 성인뿐만 아니라 아동, 청소년의 학습지도에도 적절하다고 보는데, 영어의 머리글자를 따서 'RAMP 2FAME'의 원리라고도 한다(권두승, 2000).

(1) 근접성의 원리

근접성의 원리(law of recency)는 선행하는 학습과 후행하는 학습이 시간적, 공간적, 표상적으로 근접 또는 유사성을 띠게 될 때 보다 쉽게 학습된다는 것이다. 또한 여기에는 가장 최근에 학습한 것이 잘 기억된다는 시간적 접근성의 의미도 있다. 이 원칙은 두 가지의 학습상황, 즉 수업종료 부분과 학습자들의 기억에 가장 참신하다고 생각되는 내용에 적용된다. 이를 위해서 학습상황에서 교수자는 자주 요점을 정리해 주고 중요한 내용은 수업종료 시점에 다시 한 번 더 강조하는 것이 좋다.

(2) 적합성의 원리

적합성의 원리(law of appropriateness)는 모든 교육, 정보, 교육용 보조자료, 사례연구, 기타 다른 모든 것이 학습자의 요구에 잘 부합되어야 한다는 것이다. 학습자들은 교수자들이 자신들의 요구에 부합된 자료를 사용하지 않는다는 것을 알면 쉽게 의욕을 상실해 버리는 경우가 많다. 학습상황에서 교수자는 학습자들이 이미 알고 있는 지식과 새로운 것이 어떻게 연계되어 있는지 계속 자각하게 함으로써, 그들로부터 모르는 것에 대한 두려움을 제거할 수 있어야 한다. 이를 위해 우선 교수자는 성인학습에 참여하는 학습자들의 요구를 분명히 파악하고 있어야 하며, 학습자들이 익숙하게 느끼는 사례나 삽화를 적절하게 활용할 수 있어야 한다.

(3) 동기부여의 원리

동기부여의 원리(law of motivation)는 학습자들이 배우기를 원하고, 배울 준비가 되어 있고, 배울 이유가 있어야 한다는 것이다. 학습상황에서 교수자는 학습자들이 배우고자 하는 동기부여가 되어 있고 목적의식이 강한 경우 학습효과가 높다는 사실에 주목해야 한다. 일단 동기부여가 되면 학습분위기는 자연스럽게 조성된다. 이를 위해서는 무엇보다도 학습상황에서 학습자들이 잘 아는 내용에서 시작해 모르는 부분으로 수업을 전개해 나가는 것이 좋다. 그리고 학습이 진행됨에 따라 학습자들 모두가 자신이 어느 수준에 있는지 알 수 있도록 분위기를 조성해야 한다.

(4) 우선성의 원리

우선성의 원리(law of primacy)는 일반적으로 처음에 배운 내용이 가장 잘 학습된다는 것이다. 따라서 학습상황에서 교수자에 대한 첫인상이나 그로부터 학습한 내용이 매우 중요하다. 따라서 수업 도입부에 중요한 사항을 포함시키는 것은 좋은 시도라고 볼 수 있다. 중요한 내용부터 시작해서 연관된 분야로 범위를 확대한다. 무엇보다도 수업 도입부는 학습자들이 귀를 기울이는 매우 중요한 부분이므로 도입부를 흥미롭게 구성하고, 중요한 내용을 초반에 많이 배치하는 것이 중요하다.

(5) 쌍방향 커뮤니케이션의 원리

쌍방향 커뮤니케이션의 원리(law of two-way communication)는 교수-학습과정이 학습자들과 함께 의사소통하면서 진행된다는 것이다. 어떠한 형태의 발표라도 쌍방향 커뮤니케이션이 되어야 한다. 그렇다고 전체 수업이 토론방식으로 진행되어야 하는 것은 아니며, 교수자와 학습자 간, 그리고 학습자들끼리의 상호작용이 반드시 이루어져야 한다는 의미다. 여기에는 비언어적 의사소통(body language)도 포함된다. 따라서 비언어적 의사소통이 말하는 내용과 일치해야 함은 말할 나위도 없다.

(6) 피드백의 원리

피드백의 원리(law of feedback)는 교수-학습과정에서 교수자나 학습자 모두 서로에 대한 정보가 필요하다는 것이다. 교수자는 학습자들이 의도하는 방향으로 학습이 잘 진행되고 있는지, 진행속도는 적절한지를 파악하고 있어야 하며, 학습자들은 자신의 학습활동이 기준에 맞는지 알고 싶어 한다. 피드백과 함께 학습자들의 학습참여활동을 촉진시키기 위하여 적절한 강화를 사용할 수 있어야 한다. 학습자들이 학습활동의 결과로 보상(긍정적 강화)을 받게 되면, 바람직한 결과를 가져올 수 있는 행동을 하도록 그들을 변화시킬 수 있는 기회가 된다.

(7) 참여학습의 원리

참여학습의 원리(law of active learning)는 학습자들이 학습에 능동적으로 참여할 때 더 많은 것을 학습하게 된다는 것이다. 일찍이 공자는 "나는 들은 것은 잊어버리고, 본 것은 기억하며, 행한 것은 이해한다."라고 강조한 바 있다. 성인들은 온종일 수동적인 학습에만 매달려 있을 수 없으며, 그런 이유로 그들이 늘 정신을 바짝 차리고 학습에 임할 수 있게 된다.

(8) 다중감각을 활용한 학습원리

다중감각을 활용한 학습원리(law of multiple-sense learning)는 학습자들이 자신의 오감 중 1개 이상을 학습에 사용하게 되면, 더 효율적인 학습이 이루어진다는 것이다. 따라서 학습자들에게 어떤 것을 설명할 때 말로만 하지 말고 그것을 보여 주고자 노력하는 것이 필요하며, 학습하는 데 도움이 되는 범위 내에서 학습자들의 감각을 활용하는 다양한 방법을 도입해야 한다.

(9) 반복학습의 원리

반복학습의 원리(law of exercise)는 반복학습한 내용이 가장 잘 기억된다는 것이다. 학습자들이 새로운 지식을 연습하고 반복하면, 나중에 그것을 활용할 수 있는 가능성이 증가하게 된다. 학습의 목적은 단지 학습 그 자체에만 있는 것이 아니라 그 활용에 있다. 따라서 교수자는 학습상황에서 연습을 조장하거나 다양한 방식으로 지식을 반복 습득케 함으로써 충분한 학습을 유도하는 것이 좋다. 반복학습의 원리는 충분한 학습 또는 의미 있는 반복학습으로 표현할 수 있다.

4. 노인의 학습지도

청소년들의 생활은 준비와 전진과 개척과 발전의 생활이지만, 노인들의 생활은 정리와 정지와 쇠퇴 및 지루한 생활이 되기 쉽다. 따라서 노인교육은 원칙적으로 교실의 벽을 헐어버리고 지역사회 전체를 교실로 삼아서 교육 전체에 활력소를 불어넣는 방법으로 진행되어야 한다. 즉, 교실수업과 교실 밖에서 이루어지는 수업을 구분하지 말고 노인들의 흥미를 자극하는 교육방법이 모색되어야 한다.

1) 노인교육방법의 원리

노인교육방법의 기본적인 원리라고 할 수 있는 몇 가지를 살펴보면 다음과 같다(김선숙, 2000; 김종서, 1980).

(1) 자발성의 원리

노인교육은 강압적, 타율적으로 이루어져서는 안 되며, 노인들의 흥미에 입각한 자발성에 기초를 두어야 한다. 그들은 풍부한 경험을 가지고 있기 때문에 자발적으로 학습할 수 있는 능력이 충분하며 교육방법에서는 이러한 장점을 살리도록 한다. 예를 들면, 일반적인 강의는 될 수 있는 대로 줄이고 노인중심으로 발표, 토의, 제작, 연극, 견학 등의 자발적인 활동을 진행한다.

(2) 경로의 원리

노인학교의 교사는 일반학교의 교사와는 그 특성이 판이하게 달라야 한다. 일반학교에서는 교육자가 학습자보다 나이가 많은데, 노인학교는 대부분의 경우 학습자가 교육자보다 나이가 많으며, 경우에 따라서는 학습자가 특정 분야의 경험이 더 많을 수도 있다. 노인들은 좌절감과 소외감을 해소하기 위하여 노인학교나 노인정을 찾는데, 만일 그곳에서도 노인들이 소외를 당한다면 노인들의 문제는 더욱 심각해진다. 따라서 교사는 누구보다도 경로(敬老)사상에 투철해야 한다.

(3) 사제동행의 원리

노인들은 풍부한 경험을 가지고 있으며, 많은 자원에 익숙하기 때문에 노인들과 같이 계획을 세울 때에 보다 성공적인 교육이 이루어질 수 있다. 문자 그대로 사제동행의 교육이 이루어져야 한다.

(4) 생활화의 원리

노인교실에서 가르치는 내용이나 방법은 노인들의 생활과 밀접하게 관련되어 있어야 한다. 노인들은 노후의 생활을 정신적, 신체적으로 건강하고 평안하게 보내기 위하여 노인교실을 찾는다. 그렇기 때문에 추상적인 이론이나 학문적인 지식은 노인들이 알아듣지도 못할 뿐만 아니라 관심도도 낮다. 노인들의 일상생활 속에서 나타나는 문제를 중심으로 노인교육이 이루어져야 한다.

(5) 다양화의 원리

강의중심의 노인교육은 별로 효과가 없다. 왜냐하면 대개의 경우 강의는 암기를 요구하는데, 노인기에 이르면 암기력이 감퇴하기 때문이다. 물론 필요하면 강의도 해야겠지만 여러 가지 활동을 다양하게 전개하는 것이 바람직하다. 예를 들면 만들기, 꾸미기, 견학하기, 토론하기, 연극하기, 영화나 슬라이드 보기, 발표하기 등 다양한 학습활동이 전개될 수 있도록 계획을 세워야 한다.

(6) 직관의 원리

직관이라고 하는 것은 문자를 통해서가 아니라 직접 보고, 듣고, 만지고, 맛보고, 냄새를 맡아 봄으로써 감각을 통하여 외계의 사물을 인식하는 것이다. '백문이 불여일견' 은 직관의 원리를 나타내는 말이다. 만일 직접 경험을 할 수 없는 경우에는 대리경험을 해야 하는데, 이때에는 시청각 교재를 사용한다.

(7) 개별화의 원리

인생에서 개인차가 가장 큰 시기가 노년기다. 그러므로 똑같은 교육내용이라도 개인마다 알아듣고 해석하는 것이 다를 수 있다. 따라서 노인들의 집단교실은 매우 어렵다. 가능한 한 적은 인원으로 학습집단을 구성하고 개개인의 욕구를 충족시켜 줄 수 있는 교육방법을 찾아야 한다.

(8) 경험의 원리

노인들은 추상적인 내용의 강의를 듣는 것보다는 직접적으로 경험하면서 배우기를 좋아한다. 즉, 이론적인 것보다는 실제적인 것, 추상적인 것보다는 구체적인 것에 유의하면서 지도해야 한다.

(9) 사회화의 원리

노인교육의 일부는 사회봉사와 관련되어 있어야 한다. 이것은 노인의 입장에서 보면 사회를 위해서 일한다는 긍지와 자부심을 갖게 하며, 일반 사회인의 입장에서 보면 노인들이 일하는데 우리가 게을리할 수 없다는 마음을 갖게 하는 데 도움을 준다. 사회화의 또 다른 측면은 급격한 사회 변화에 적응할 수 있도록 교육이 이루어져야 한다는 것이다. 가치관, 생활양식, 가정구조, 인간관계 등이 너무나 갑자기 변하기 때문에 이 측면의 교육을 소홀히 하면 보존성, 전통성이 강한 노인들은 현대사회에서 점점 살기가 힘들어진다. 노인들이 행복하게 살기 위해서는 사회변화에 적응하는 방법을 배워야 한다.

2) 노인 교수-학습방법의 유형

교수-학습방법에 대해서는 다양한 분류방법이 있는데, 크게는 면대면 교수방법, 매체기법 교수방법, 원격교육이 있다(남기민 외, 2003). 면대면 교수방법에는 교수-학습상황에서 가장 일반적으로 사용되는 강의, 토론, 사례분석법 등이 있고, 매체기법 교수방법으로는 컴퓨터 보조수업법(Computer Assisted Instruction: CAI) 등이 있다.

규모에 따라서는 대집단과 개별 · 소집단 형태가 있다. 대집단 학습형태에는 강의법, 문답법, 토의법이 있고, 개별 · 소집단 학습형태에는 소집단 토의 · 발표학습, 협동학습, 구안학습, 역할학습, 문제해결학습, 실험 · 실습학습, 발견학습, 브레인스토밍 등이 있다.

이 중 어떤 하나의 방법이 노인교육에 적합하다고 말하기는 어렵다. 교육내용에 알맞은 수업방법이 가장 좋은 방법이라고 할 수 있을 것이다.

제5장

영재아동 이해와 교육방법

예화

초등학교 6학년인 영석이는 학교에선 한 마디도 하지 않는다. 『앵무새의 정리』 『골드바흐의 추측』과 같은 성인용 과학서적을 이미 독파한 영석이는 학교수업이 시시할 뿐이다. 과학선생님은 열심히 설명하는데 다른 책을 꺼내 놓고 공부할 수도 없고, 듣자니 자꾸 엉뚱한 생각을 하게 된다. 시간이 지날수록 주의도 산만해지고 자세도 흐트러지게 된다. 이런 영석이의 학습태도를 보고 선생님은 매번 꾸짖는다. 과묵한 성격에 선생님의 꾸중까지 들은 영석이는 더욱 말이 없어지고, 멍하니 자기만의 생각에 빠지곤 한다. 친구들은 이런 영석이를 '바보'라고 놀리기도 하고, 재미있는 놀이에 끼워 주지도 않아, 영석이는 자연스레 왕따가 된다. 영석이는 어머니에게 다른 학교로 전학을 시켜 달라고 조른다. 영석이 어머니는 어떻게 해야 할지 몰라 담임선생님과 상담을 한다.

1. 영재교육의 필요성

우리가 살고 있는 21세기는 국제화, 정보화, 다양화의 시대다. 미시적인 차원에서는 더욱 세부적으로 다양화되어 가지만, 최첨단 정보통신망으로 세계가 하나의 사회로 통합되어 가는 현상이 나타나고 있다. 미래학자들은 획일화, 표준화, 대중화를 주축으로 하였던 산업사회는 지나가고 미래는 과학기술을 바탕으로 하는 정보화 사회가 될 것이라고 주장한다.

미래의 변화모습을 정근모(1993)는 다음과 같이 요약하였다.

첫째, 지식정보가 급격하게 팽창할 것이다. 지식정보는 유사 이래 기하급수적으로 증가해 왔지만, 인류 역사에서 대부분의 지식정보는 현대에서 창출된 것이라고 할 만큼 지식정보의 증가가 빠르게 진행되고 있으며, 미래사회에는 지식정보량이 엄청나게 증가하여 '정보의 홍수' 시대를 맞게 될 것으로 예상된다.

둘째, 과학기술의 발달이 더욱 빠르게 진행될 것이다. 앞으로 지식정보의 팽창이 급속히 이루어지면서 과학기술의 발달을 더욱 촉진하고, 이는 산업발전을 촉진하게 될 것이다. 기술발달 중에서는 지식과 정보를 저장하고 전달하는 정보통신기술이 현저히 발달할 것이다.

셋째, 산업발달이 급속히 이루어질 것이다. 과학기술의 발달이 산업발달을 촉진함으로써 산업구조의 고도화가 급속히 진행되고, 이에 따라 취업구조와 경영방식 등에도 많은 변화가 나타날 것이다. 예컨대 1차 산업이 급감하고 3차 산업이 급증할 것이며, 문화산업이 부상하고, 정보 및 기술집약형 산업의 고도화가 촉진되며, 공장자동화의 급진전이 이루어질 것이다.

넷째, 국가 간 문화개방이 급속히 이루어질 것이다. 과학기술의 발달, 교통통신의 발달 및 이데올로기의 붕괴는 국가 간의 장벽을 낮추었고, 자유무역주의의 팽창은 국가시장을 개방시킴으로써 세계경제를 출현시켰다. 이처럼 국가 간 문호가 개방되면서 지구촌 실현이 조기에 가시화될 것으로 예상된다.

다섯째, 사고의 다양화가 더욱 촉진될 것이다. 지금까지는 과학적 합리주의에 바탕을 둔 근대주의 사상의 영향으로 합리성이라는 단일의 관점이나 양자택일의 논리가 강조되어 왔으나, 앞으로는 다원적 사고방식으로 발전하게 될 것이다. 이에 따라 종래의 인간중심의 사고에서 자연과의 조화를 강조하게 되고, 인간본성 중에서도 지성과 이성 외에 감성을 강조하는 경향을 띠게 될 것이다.

여섯째, 사회 전반의 분화현상이 더욱 빠르게 진행될 것이다. 개인의 다양한 가치를 추구하고 다양한 사고방식으로 접근하게 되면서 사회제도 전반에서도 다양한 가치를 수용하기 위한 분화현상이 촉진될 것이다.

정보통신이 발달하지 않았던 시대에는 지역단위나 한 국가 안에서 경쟁을 하는 정도였으나, 이제는 보이지 않는 세계인들이 모두 경쟁 대상자가 된 것이다. 대부분의 나라에서는 생존하기 위한 세계적인 경쟁력 확보를 우수한 인재양성에서 그 해답을 찾고 있다. 날로 치열해지는 국제경쟁에 능동적으로 대처해 나가기 위해서 창의적 · 생산적 능력을 가진 영재의 양성이 필요하다. 이런 측면에서 영재교육은 국가의 인적자원(human resource)을 계발하는 국가전략으로까지 생각하지 않으면 안 되는 상황이 되었다. 인터넷의 발달로 세계는 더욱 좁아지고 정보의 확산 속도가 급속도로 빨라져, 세계는 점점 제일만이 생존할 수 있는 지구촌이 되어 가고 있다. 지구촌 내에서 이념전쟁은 끝나 가고 있다. 대신 두뇌전쟁이 시작되고 있다. 두뇌전쟁은 곧 아이디어 전쟁이다. 특히 과학과 기술, 문화, 사회 각 분야에서 새로운 아이디어를 생산해 내는 능력만이 높은 과학 장벽, 기술 장벽을 뛰어넘을 수 있다. 세계의 여러 나라들은 고급 두뇌자원의 개발만이 자국의 살 길임을 인식하고, 각종 영재교육방법을 동원하여 영재들이 잠재력을 최대한 계발할 수 있도록 기회를 제공하고 있다.

개인적 측면에서도 영재교육은 필요하다. 개인의 행복추구권이 존중되는 현대사회에서 모든 국민은 누구나 자신의 능력에 맞고 자신의 잠재력을 최대한 계발시켜 줄 수 있는 교육을 받을 권리가 있다. 능력이 뛰어난 영재들은 여러 면에서 평재(일반아동)들과는 다르다. 그들이 어떻게 다른지를 이해하고, 나아가 이를 인정함으로써 영재교육의 필요성을 인식하게 된다. 학업능력이 뛰어난 영재들에게 일반적으로 평이한 학습내용만을 강요하는 것은 지능이 떨어지는 특수아에게 일반적인 학습내용을 제시하는 것과 마찬가지로 교육적으로 부당한 일이다. 영재들에게는 그들의 능력수준에 걸맞은 다양하면서도 지적 도전감을 주는 교육과정과 교수방법이 제공되어야 한다.

영재교육의 특징은 한 학생의 뛰어난 능력에 적절한 교육기회를 개인적으로나 소집단으로 제공하도록 계획하는 데 있다. 학생의 학습의욕을 억제하지 않고 발달로 이끌어 가기 위해서는 학교와 교사가 학생에게 맞추어야지, 학생이 학교에 일방적으로 맞추기만을 기대해서는 안 된다. 능력이 뛰어난 영재들은 많은 학생들을 획일적으로 가르치는 학교교육에서 불이익을 당한다. 학교에서 이미 다 알거나 너무 쉬운 학습내용을 가르쳐 주게 되면 지적 도전감을 갖지 못하고, 잠재성을 계발하기는커녕 학습 자체의 흥미까지 잃어버린다. 개개인의 잠재력이나 창의성을 최대한으로 계발시켜 개인적으로는 인간으로서 행복한 삶을 영위할 수 있도록 도와주고, 국가적으로는 훌륭한 인적자원으로 활용하기 위해서도 영재교육이 필요하다.

2. 영재의 개념

영재교육을 시작하기 전에 가장 먼저 고려해야 할 것은 영재성의 개념 정립이라고 볼 수 있다. 영재성의 개념을 어떻게 정하느냐에 따라 영재 판별, 영재교육방법, 영재 프로그램 개발 등 영재교육과 관련된 제반 내용들이 영향을 받기 때문이다.

우리나라도 2002년 3월 1일부터 영재교육진흥법이 시행됨에 따라 영재교육이 국가적인 차원에서 이루어지게 되었다. 그러나 아직 학자들마다 영재성의 정의가 달라서 영재 판별이나 영재 프로그램 개발 등에 많은 어려움과 혼란이 있다. 여러 영재교육학자들이 주장하는 영재에 대한 주요 개념들을 종합적으로 정리해 보면 다음과 같다.

'영재아(the gifted)'와 유사한 의미로 사용되는 용어들에는 '재능아(the talented)' '신동(prodigy)' '조숙아(precocious child)' 등이 있다. 신동은 어린 나이에 상당한 수준의 재능을 보인 어린이를 지칭하고, 조숙아는 같은 연령의 아동에 비해 상대적으로 빠른 성숙도를 보이는 어린이를 지칭한다. 이 두 용어에 대해서는 별 혼동 없이 사용되고 있다. 그러나 영재아와 재능아는 흔히 혼용되고 있으며, 학자들 간에도 아직 의견의 일치를 보지 못하고 있는 실정이다.

일반적으로 영재아는 어떤 능력을 선천적으로 부여받은 아동을 의미하고, 재능아는 그림, 노래, 춤, 동작 등을 잘하는 아동을 의미한다. 그러나 어떤 학자는 두 용어를 구분하여 사용하기도 하고, 어떤 학자는 두 용어를 '/'로 연결하여 사용하기도 한다.

가네(Gagné, 1990)는 평균 이상의 능력을 '영재성', 평균 이상의 수행을 '재능'이라고 주장했다. 콕스(Cox, 1986)는 영재성과 재능은 연속선상에 존재하는 개념이며, 영재성이 재능보다 더 높은 수준의 특성을 나타낸다고 함으로써 두 용어가 동일 내용의 다른 수준을 지칭한다고 주장했다. 반면, 위너(Winner, 1996)는 두 용어를 구분하는 것은 별 의미가 없으므로 통일하자고 주장하였다.

이와 같이 학자들 간에도 영재성과 재능에 관해 다른 주장을 펼치고 있지만, 영재성은 타고난 능력을 의미하고 재능은 획득되어 표출되는 기술이나 기능을 의미하는 것으로 사용하는 학자들이 가장 많다. 그러나 일반적으로는 두 용어의 의미가 구분되지 않은 채 사용되고 있다.

앞에서 살펴본 영재성과 관련된 여러 용어는 영재성의 어느 측면을 강조하느냐에 따른 다른 이름이라고 볼 수 있다. 천재는 타고난 능력을, 신동은 영재성이 나타나는 시기를, 조숙아는 발달속도를, 영재성은 지적 능력 또는 타고난 능력을, 재능은 예술이나 기술과 같은 비지적 능력이나 획득된 능력을 각각 강조하였을 뿐, 탁월한 능력을 가리키는 것에는 차이가 없다. 말랜드(Marland, 1972)는 "전문가에 의해 능력이 뛰어나 탁월한 성취를 보일 수 있는 자로서 그들이 사회에 공헌하고 자기성장을 해나갈 수 있도록 하기 위해서 그들의 잠재능력을 계발시킬 특수한 교육 프로그램을 제공해 줄 필요가 있다고 판단된 자"라고 영재아를 정의하고 있다. 그러나 우리나라에서는 일반적으로 영재성과 재능을 합쳐 포괄적인 의미에서 영재성이라 하고, 이런 영재성을 가진 아동을 영재아라고 부른다.

3. 영재아의 특성

1) 인지적 특성

영재아들이 일률적으로 같은 특성을 지니고 있지는 않다. 그들은 신장, 외모, 인지능력, 언어능력, 흥미, 학습양식, 동기, 성격, 정신건강, 자아개념, 습관과 행동, 생활배경과 경험, 교육적 요구 등에서 개인차가 크다. 학자들도 조금씩 다르게 영재아의 특성을 설명하고 있다.

롬브로소(Lombroso, C.)는 "천재들은 점차 퇴화되는 조짐을 보이고 있는데, 그 대표적인 특징으로는 어눌한 말씨, 작은 키, 쇠약한 몸, 창백한 얼굴색, 구루병(곱사등, 만곡족, 절름발이), 대머리, 기억상실, 불임, 심각한 두뇌 퇴화(특히 좌뇌) 등을 보인다."라고 주장하였다. 이러한 주장은 보통 사람들로 하여금 보통 사람이라는 사실에 만족하도록 하였다. 그러나 터먼(Terman, 1981)은 영재아가 나약하고 매력이 없으며 정서적으로 불안정하다는 롬브로소의 주장을 일축했다. 터먼의 주장에 따르면, 영재아는 아동기부터 다양한 환경에 잘 적응하고, 정서적으로 안정되어 있을 뿐만 아니라, 자아존중감이 높고, 직업세계에서 성공적이다. 그는 영재아의 특성을 다음과 같이 요약하였다.

> 영재아들의 신체적 조건은 평재아들보다 더 좋다. 영재아들은 평재아들에 비하여 언어 사용, 수 추리, 문학과 예술 등에서 우수하지만 산수 계산, 철자 쓰기, 역사와 사회의 사실적 정보기억은 그렇게 우수하지 않다. 영재아들은 다양한 흥미를 갖고 있으며 매우 자발적이다. 그들은 평재아들보다 읽는 법을 더 쉽게 배우며 더 많은 책을 읽는다. 동시에 그들은 수집하는 것을 좋아하고, 취미가 다양하며, 놀이와 게임에 관해서도 많은 지식을 갖고 있다. 영재아들은 자신의 지식을 자랑하거나 과장하는 경향이 적다. 그들은 남을 속이려는 유혹을 받을 경우에도 자제력이 강하고, 사회적인 태도가 아주 건전하며, 정서적 안정성 검사에서도 높은 점수를 받았다.

이와 같이 터먼은 영재의 긍정적인 측면을 강조하였다. 또한 지능이 높은 영재아들을 연구한 결과를 토대로 성인이 되었을 때 성공하는 아동들의 특성은 높은 지능보다는 자신감, 리더십, 인정에 대한 민감성, 인내력, 수월성에 대한 욕구, 지구력, 목표지향성 등이라고 주장했다. 터먼의 연구에 참여한 영재아들의 지능지수는 거의 유사했는데, 다양한 방법으로 피험자를 선발하였다. 우선 교사들이 영재아라고 지목하는 대집단을 구성하고 그 대집단에서 1,528명의 아동을 선발했다. 이때 교사들은 명랑하고, 행동이 바르고, 순종적이고, 성적이 좋고, 매력적이고, 단정하고, 인기가 있고, 비싼 옷을 입고, 표준말을 사용하는 아동을 영재아로 지목하는 경향이 있었다. 터먼의 연구에서 노벨상 수상자인 루이스 앨버레즈(Luis Alvarez)와 윌리엄 쇼클리(William B. Shockley)가 지능이 낮다는 이유로 연구에서 제외되었다는 것은 지능이 영재성과 상관관계가 높지 않다는 것을 보여 주는 한 예다.

월버그(Walberg, 1988)도 영재성이 지능 이외의 다른 요인의 영향을 더 많이 받는다는 연구결과를 발표했다. 그는 14~20세기에 태어난 예술, 과학, 종교, 정치 분야에서 두드러진 업적을 남긴 인물 200여 명의 아동기 특성을 조사했다. 그들의 공통적인 특성은 다재다능, 집중력, 인내력, 우수한 의사소통기술, 보통 이상의 지능지수 등으로 나타났다. 또한 그들 중 대다수는 윤리적이고 민감할 뿐 아니라 낙천적이고 매력적인 것으로 평가되었다. 이들은 어린 시절에 성취지향적인 가정환경과 교육적이고 문화적인 조건에서 양육되었다. 그들 중 약 80%는 학교 공부를 잘했으며 공부하기를 좋아했다. 약 70%는 부모의 기대를 수용했으나 대부분은 학생 시절에 상당히 자율적이었다. 월버그는 유명인사들에게는 공통된 특성이 있는 반면에 서로 다른 특성도 많다는 사실도 발견하였다. 예를 들면, 정치가는 설득력, 대중적 인기, 경제적 감각이 있었으며, 종교지도자는 학자답고 윤리적이며 감각적이었다. 군인은 키가 크고 외적 요인으로 동기화되는 경향이 있었다. 역사학자와 논설가는 인내심이 많고 지적이며 편모슬하에서 성장한 경우가 많았다. 시인과 극작가는 신경질적이고 독자이며 편모슬하에서 성장한 경우가 많았다. 과학자는 단순하고 기회주의적이며 편부슬하에서 성장한 경우가 많았다.

영재교육학자인 렌줄리(Renzulli, 1978)는 역사적인 인물들의 문헌을 분석한 결과, 평균 이상의 지적 능력, 창의성, 과제집착력이 이들의 주요 특성이라는 것을 확인하였다. 이에 따라 영재성은 이 세 요소가 상호작용하여 나타난다고 주장하였다. 세 요소 간의 관계를 그림으로 나타내면 [그림 5-1]과 같다. 세 요소가 만나는 부분이 영재성을 가리킨다. 즉, 이 세 요소가 영재성의 필요조건이라는 뜻이다. 세 요소는 비슷한 비중을 차지하지만, 적어도 각 특성이 85% 이상이면서 어느 한 가지에서는 98% 이상이 될 때 높은 성취를 나타낸다고 보고 있다. 이렇게 볼 때 15~20%가 영재교육의 대상이 된다는 것이다.

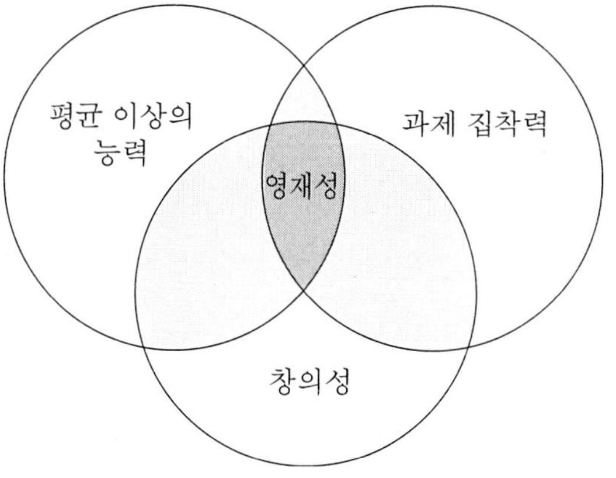

[그림 5-1] 렌줄리의 세 고리 모형

월버그(1988)는 과학과 예술 분야에서 최우수상을 받은 고교생들을 연구한 결과 다음과 같은 공통점을 발견했다.

- 도서관에서 교과와 관계없는 책을 읽고, 집에 책을 많이 소장하고 있으며, 전문서적을 즐겨 읽는다.
- 어릴 때부터 예술, 기계, 과학 분야에 흥미가 많다.
- 상세한 내용을 요구하는 과제에 흥미를 갖는다.
- 어떤 일을 끝까지 추진하는 지구력이 강하며 휴식시간이 적다.
- 학교를 좋아하고, 열심히 공부하며, 보통 학생들에 비해 과제를 더 빨리 완성한다.
- 창의적이고, 상상력이 풍부하며, 호기심이 많고, 표현력이 좋다.
- 아이디어를 창의적으로 표현하기를 좋아하고 창의적인 것이 중요하다고 생각한다.
- 부와 권력보다 창의성을 가장 중요한 목표로 꼽는다.
- 친구들보다 이해력이 높고 명석하다고 생각한다.

• 자신의 능력에 맞는 금전적인 대우를 기대하며 대학원을 졸업하려고 한다.

이와 같이 과학영재와 예술영재 사이에 많은 공통점도 발견했지만, 많은 차이점도 발견했다. 과학영재들은 사람보다는 사물에, 느낌보다는 아이디어에 더 많은 관심을 보인다. 또한 과학영재들이 지구력과 추진력이 강해서 어려움에 직면해도 과제를 잘 완성하는 경향이 있었다. 반면, 예술영재들은 사물보다는 사람의 감정이나 느낌에 관심을 많이 보이고, 지적이고 논리적인 측면보다는 창의적인 측면을 더 높이 평가했으며, 과제도 계획을 세워 체계적으로 추진하기보다는 즉흥적으로 추진하는 경향이 강했다.

흔히들 영재아는 지능지수가 높은 아동이라고 생각하여 IQ검사의 결과로만 영재아를 선발하는 경향도 많았다. 그러나 렌줄리의 주장처럼 평균 이상의 지적 능력 정도이면 영재가 될 수 있는 필요조건은 갖추었다고 볼 수 있다. 뛰어난 지능지수를 가지고 있지 않은 음악과 미술 영재들을 무수히 볼 수 있다. 지능지수는 높지 않으나 그들은 영재의 고유한 특성들을 갖고 있다. 낮은 지능지수를 가지고 있음에도 그들은 피아노 연주, 그림 그리기, 계산하기 등에서 특별한 재능을 나타낼 수 있다.

영재성에서 지적 능력 이외의 다른 요인들이 중요하고, 지능을 측정하는 지능검사의 한계점 때문에 지능지수만으로 영재를 판별할 수는 없다. 지능지수는 인간특성에 대한 망라성의 부족으로 인간에 대한 정확한 설명을 하지 못한다. 영재 판별의 준거로 단순한 지능지수의 고집은 영재에 대한 패러다임의 변화를 막는 결과를 낳을 수 있다.

최근의 영재에 관한 연구들은 영재를 정의할 때, 단순히 지적인 특성만을 고려하지 않고 창의력을 비롯한 보다 포괄적인 준거들을 포함시키려는 경향을 띠고 있다. 이때 고려되는 능력은 일반 지적 능력, 학업적성, 창의성, 지도력, 예술적성, 정신운동능력 외에 사고능력, 기민성, 호기심,

욕구 등이 포함된다.

따라서 지능지수만 높다고 영재아라고 볼 수는 없다. 그러나 과학이나 수학과 같이 상대적으로 인지적 능력이 많이 필요한 분야의 영재아들은 높은 지능지수를 나타낸다.

전경원(2000)은 이 분야 영재아의 인지적 특성을 다음과 같이 설명하였다.

- 높은 수준의 언어 발달: 어휘수준이 발달되어 있고, 언어적인 표현이 유창하다.
- 풍부한 지식 보유: 풍부한 독서수준과 또래보다 2년 정도 앞선 높은 수준의 독서 및 광범위한 독서로 풍부한 지식을 보유하고 있다.
- 비상한 기억력: 영재의 기본적인 특성으로 한 번 보고 들은 것에 대해 자세하게 기억한다.
- 뛰어난 학습능력: 또래에 비해 학습에 대한 이해력이 높아 쉽고 수월하게 학습한다.
- 뛰어난 사고능력: 논리적, 비판적으로 사고하고 추상적, 상징적 사고를 즐긴다. 또한 단순한 것보다는 복잡한 생각을 즐긴다.
- 광범위한 흥미영역: 다양한 흥미와 취미가 있고, 다양한 것을 수집한다.
- 탁월한 성취능력: 특정 분야에서 반드시 성취하고자 한다.
- 탁월한 문제해결: 효율적인 방법으로 복잡한 문제를 해결하는 것을 좋아한다.

한편, 조석희(1996)는 영재아의 인지적인 행동의 특성을 다음과 같이 요약하였다.

① 언어적 특성

- 이야기나 동요, 동시, 역사적인 사실, 다른 일상적인 일 등을 쉽게 기억한다.
- 일찍 읽기 시작한다.
- 시, 동화나 낙서 등을 좋아한다.
- 상황에 적절한 어휘를 사용하여 조리 있게 말하는 편이다.
- 사전이나 백과사전을 즐겨 찾는다.
- 즐겨 읽는 책이 많다.
- 말을 일찍 한다.
- 또래 아이들과 이야기하는 것보다는 어른들과 이야기하기를 더 좋아한다.
- 지적인 대화능력이 우수하다.
- 친구들과 이야기할 때 잘 듣는다.
- 어느 장소에 가더라도 책을 찾아서 읽고 있다.
- 장래에 소설가나 시인 또는 기자가 되고 싶다고 말한다.
- 어른용 신문이나 잡지를 읽는다.
- 어른과의 대화에서도 상당히 의미 있게 주제를 전개한다.

② 논리수학적 특성

- 한번 풀기 시작한 문제는 끝까지 풀어 내려고 노력한다.
- 수와 관련지어 생각하기를 좋아한다.
- 과학실험을 즐긴다.
- 수리적 개념을 쉽게 이해한다.
- 숫자 세기를 즐긴다.
- 물건이 어떻게 작동하는지, 자연의 이치에 대한 질문이 많다.
- 자연이나 과학과 관련된 TV 프로그램이나 책을 즐겨 찾는다.
- 블록이나 장난감을 가지고 놀 때도 원인, 결과를 놓고 실험하기를 즐

긴다.
- 패턴이나 규칙을 찾아내려고 애쓴다.
- 여러 가지 자연현상에 대해서 관심이 많다.
- 물건들이 어떻게 작동하는지를 알아내려고 한다.

③ 공간적 특성
- 그림을 그리거나 물감놀이를 즐긴다.
- 특별히 좋아하는 색이 있다.
- 퍼즐이나 기계장난감들을 분리하고 다시 끼워 맞추기를 좋아한다.
- 레고나 블록 쌓기 또는 모래성 쌓기와 같은 만들기를 즐긴다.
- 꿈 이야기를 자주 한다. 꿈을 선명하게 기억한다.
- 길눈이 밝고 방향감각이 뛰어나다.
- 동화책을 볼 때 그림에 더 관심이 많다.
- 그림을 그릴 때 매우 세밀하게 그린다.

2) 정의적 특성

영재아의 지적인 특성에 대해서는 학자들의 주장이 대체적으로 유사하다. 그러나 영재아의 정의적 특성에 대한 연구는 많지 않을 뿐 아니라 색다른 주장들이 많이 제기되고 있다. 상당기간 영재아는 지적 민감성 때문에 평재아에 비해 사회적으로나 정서적으로 잘 적응하지 못한다는 주장이 지배적이었다. 최근 들어서는 영재아도 평재아처럼 잘 적응한다는 연구결과가 많이 나오고 있다. 영재아 간에도 개인차가 심해 영재아의 일관된 정의적 특성을 주장하기는 쉽지 않은데, 여기서는 일반적으로 많이 거론되고 있는 영재아의 정의적 특징을 정리해 본다.

영재아는 대인관계나 과세를 대할 때 아주 민감하게 대응한다. 이러한 민감성 때문에 대인관계가 악화되고, 친구 사이에서 고립되고 소외되어

스트레스를 심하게 겪기도 한다. 그러나 영재아의 정의적 민감성이 잘 절제되면 잠재력 계발과 자기실현에 긍정적인 요소로 작용하기도 하고, 과도한 흥분은 긴장을 해소하는 역할을 하여 정서적 안정에 도움을 주기도 한다.

영재아는 지적 능력이 정의적 측면의 능력보다 더 빠르게 발달하는 경향이 있다. 그래서 지적 능력과 정의적 능력이 균형을 이루지 못하는 현상이 나타나는데, 이는 지적 능력은 나이에 비해 빠르게 발달하지만 그에 적합한 정서적 경험이 부족하기 때문이다. 정신연령이 생활연령을 훨씬 앞서기 때문에 두 연령 사이의 부조화로 정서적으로 민감해지거나 과도하게 흥분하게 된다. 이 같은 상황을 정확하게 인식하고 그 정신연령에 적합한 사회적 · 정서적 경험을 풍부하게 쌓도록 도와주면, 영재아의 민감성은 오히려 영재성을 신장시키는 데 도움이 될 수 있다.

데이비스(Davis, 1991)는 영재아의 정의적 특성을 다음과 같이 정리하여 설명하였다.

① 사회적응력, 자아개념

영재아에게 두드러지게 나타나는 독특한 정의적 특성은 정서적 예민성과 과도한 흥분이다. 이들은 열정적이기 때문에 말을 빠르게 하고 일에 지나치게 집착한 나머지 중독증세를 나타내기도 한다. 또한 시각적으로 구체화하여 상상을 잘하고 감각적 경험을 즐긴다. 이들의 정서적 반응은 극단적으로 유쾌할 때도 있지만, 평재아보다 더 두려워하고 우울해하는 경우도 있다.

② 독립심, 자신감

영재아의 중요한 성격특성 중의 하나는 자신감이 높고 독립심이 강하다는 점이다. 이런 특성으로 인해 스스로 높은 목표를 설정한다. 자신이 설정한 목표를 성취하지 못했을 때 실망, 좌절, 무능력을 경험하게 되고 자기비판적인 성향을 나타내기도 한다.

③ 학습양식

영재아는 타인에 의해 동기화되기보다는 자기 스스로 동기화된다. 이들은 구조화된 과제보다는 구조화되어 있지 않고 융통성이 요구되는 과제를 좋아한다. 또한 학습에 능동적으로 참여하며 통합된 지각력을 가지고 있다. 이것은 이들이 다양한 지각통로, 즉 청각, 시각, 촉각, 운동감각 등을 사용해서 학습한다는 의미다. 더욱이 이들은 평재아보다 책임감이 높고 독자적으로 학습하는 것을 선호한다.

④ 도덕적 사고 및 동정심

일반적으로 영재아는 가치와 도덕적 문제에 상당히 민감하다. 이들은 선한 행동과 악한 행동을 직관적으로 이해한다. 또한 타인의 권리를 인정하고, 타인의 감정과 기대에 민감하며, 공정하고 타인의 어려움에 공감을 잘한다.

3) 창의적 특성

창의성의 형태와 창의적인 사람의 유형은 매우 다양하기 때문에 창의적인 사람의 성격특성을 일반화하기란 쉽지 않다. 영재아의 창의적인 특성은 다음과 같다.

(1) 창의성에 대한 의식

창의적인 영재아는 자신의 창의성을 알고 있다. 이들은 창의적으로 일하는 습관을 가지고 있고 더욱 창의적인 사람이 되고자 노력한다.

(2) 자신감과 모험심

창의적인 영재아는 자신감이 높고, 독립적이며, 창의적인 모험을 즐긴다. 이들은 변화를 추구하고, 전통에 도전하면서 규칙을 바꾸려고 한다.

(3) 무한한 에너지와 도전감

창의적인 영재아는 대단히 정력적이며, 자발적이고, 열정적이다. 이들은 자신의 아이디어에 완전히 몰입해서 그 일을 끝마칠 때까지 중단하지 않는다.

(4) 호기심

창의적인 영재아는 강한 호기심과 궁금증을 가지고 있다. 이들은 자신들을 둘러싸고 있는 세상에 대해 호기심이 많다. 호기심은 흔히 폭넓은 관심과 특별한 취미를 갖게 하고 다양한 수집을 하게 만든다.

(5) 유머와 장난기

창의적인 영재아는 어떤 문제에 신선하고 즐겁게 접근할 수 있는 능력인 유머를 즐긴다. 많은 발명품과 예술적 창조물은 아무런 제약이 없는 편안한 상황에서 이루어진 놀이의 산물이다.

(6) 이상주의와 반성적 사고

창의적인 영재아는 자신의 역할과 인생의 목적에 대해 많은 생각을 한다. 이들은 이상주의와 개인주의적 성향이 강해서 보수적인 집단을 심하게 비판하며 고등학교나 대학을 중퇴하는 경우도 많다.

(7) 고독

창의적인 영재아는 반성적 사고나 창의적인 문제해결을 위해서 혼자 고독하게 생각하는 것을 즐긴다.

(8) 예술적, 심미적 관심

창의적인 영재아는 예술적 감각이나 예술에 대한 관심이 높다. 이들은 미술관, 연극, 음악회, 극장 등에 많은 관심을 보인다.

(9) 새롭고 복잡하고 신비로운 것에 대한 흥미

창의적인 영재아는 복잡한 것을 선호하고 신비로운 것에 매력을 느낀다. 창의적인 예술영재들은 불명확하고 복잡하고 비대칭적인 그림을 선호한다. 이들은 새로운 것에 직면했을 때 의구심이나 적대감을 갖는 평재아와는 다른 흥미를 갖는다.

(10) 애매모호함의 수용

창의적인 영재아는 문제해결을 애매모호함을 통해 이루어 낸다. 문제해결과정에서 생기는 아이디어는 계속적인 변형, 추측, 개선 등을 통한 통찰에서 나온다.

(11) 충동성

창의적인 영재아는 충동적이고 변화과정을 매우 흥미로워한다. 이들은 반성적인 사고를 하는 경향이 있기 때문에 과제나 의사결정을 매우 조심스럽게 수행한다. 그러나 청소년기가 되면 자신감과 모험심을 갖게 되어 충동적으로 변한다.

(12) 지각과 직관

창의적인 영재아는 더 지각적이고, 사물의 관계를 직시하며, 정신적인 비약을 즐기는 경향이 있다.

4) 영재의 심리적 욕구

영재들은 심리적 욕구에서도 평재들과는 다르다. 조석희(1996)는 영재의 심리적 욕구를 다음과 같이 설명하였다.

(1) 지적 자극을 받고 싶어 한다

지능이 높은 영재들은 지식에 대한 욕심이 많고, 그 욕심만큼 잘 받아들인다. 영재들은 많은 양의 정보를 쉽게 받아들이고 이를 정리해 둔다. 또 자기들이 알고 있는 모든 것을 마구 이야기하고 싶어 한다. 영재교육 프로그램에서 같이 공부하는 영재들은 서로 이야기할 기회를 가지려고 다투는 경우도 있다. 또 다른 아이의 이야기는 듣지 않고 자기만의 이야기를 계속하려고 해서 고립되기도 한다. 영재들이 모여서 공부할 때에는 친구들에게 지적 자극을 받는 경우도 많이 있다. 부모나 교사들은 어느 한 분야에만 골몰하고 있는 아이를 고집이 세다고 비난하기보다는, 오히려 높은 지능에 의한 이러한 욕구를 채워 주도록 노력해야 한다.

(2) 자극과 도전을 받고 싶어 한다

영재들은 너무 쉽거나 너무 어려운 것보다는 생각을 해야 하는 책을 읽거나 과제를 해결할 때 가장 즐거워한다. 능력에 비해서 너무 쉬운 것은 지루함을 가져다줄 수 있고, 노력하는 태도를 길러 주지 못한다. 너무 어려운 것은 좌절감을 주어 감히 엄두도 내지 못할 것으로 생각하게 된다. 특히 영재들은 이미 알고 있거나 쉬운 것을 반복적으로 학습하기를 싫어하고, 늘 새로운 것을 배우고 싶어 한다.

(3) 지나친 일반화를 싫어하고 창의적이고 혁신적인 것을 좋아한다

영재들은 일상생활에서 혁신적이고 창의적인 방법을 시도해 보려는 경향이 있다. 그 결과가 긍정적인가 하는 것은 문제가 안 된다. 단지 영재들이 이렇게 일상적인 일을 하는 데 새롭고 혁신적인 방법을 시도하는 이유는, 그들의 뛰어난 능력이 이러한 행동을 요구하기 때문이다.

(4) 정의적인 발달과 인지적인 발달 간에 괴리가 있을 수 있다

영재들은 대체로 지식을 순식간에 흡수할 수 있고, 논리적인 생각을 잘하기 때문에 가치관에 대하여 비상한 관심을 갖는다. 그들은 명예, 진리, 절대성 등에 대해 확신을 갖는다. 또한 글 속에 나타난 이러한 가치들에 대해 민감한 반응을 보이고 정직성, 통합성, 자기가 세운 기대수준에 맞는 생활, 특정한 미덕에 의거한 생활 등을 강력히 주장한다. 이렇게 어른스러운 생각을 할 수 있는 아이들 중에도 때로는 어린아이에 불과한 행동을 자주 하는 경우가 있다. 이처럼 정의적인 발달과 지적인 발달 간에 차이가 있는 영재들을 이해하고 정서적인 부분은 어린아이로 대하되, 지적인 면에서는 자신의 능력을 충분히 발휘할 수 있는 기회를 주어야 한다.

4. 영재아 교수-학습 프로그램

영재교육진흥법이 제정되어 실행되고 있는 상황에서 외적인 영재교육 시스템은 정비되어 가고 있다고 할 수 있다. 문제는 영재교육이 일어나는 교실현장에서의 교육적 효율성이다. 영재교육은 기존의 우수한 학생들을 모아 놓고 하는 지적 우수아들을 위한 특별수업의 한계를 벗어나야 한다. 그러나 아직은 영재학생들의 잠재력을 계발시키고 사고능력이나 학습전략 구사능력을 계발시켜 새로운 상황에서 지식의 생산자로서의 역할을 할 수 있게 하는 교수-학습 프로그램이 부족하다. 트래핑거(Treffinger, 1986)는 영재교육 프로그램의 구성요소를 다음과 같이 정리하였다.

① 프로그램 철학과 목적

- 영재아들에 대한 어떤 태도를 갖고 있는가?
- '왜' 이러한 학습활동을 하는가?
- 달성하고자 하는 교수목표는 무엇인가?

② 정의와 판별

- 영재성은 무엇을 의미하는가?
- 이 영재 프로그램은 어떤 영재아들에게 도움이 되는가?

③ 수업진행방법(집단편성, 속진, 심화학습)

- 영재아들의 요구는 무엇인가?
- 어떻게 이런 요구들을 최대로 만족시킬 것인가?
- 어떻게 수업지도안을 작성할 것인가?

④ 평가와 교정

- 영재 프로그램은 성공적으로 운영되었는가?
- 올바로 수행된 것과 잘못 수행된 것은 무엇인가?
- 교정해야 할 것은 무엇인가?

트래핑거가 주장한 내용 가운데 가장 핵심이 되는 부분은 수업진행방법이다. 수업을 진행하기 위해 영재 프로그램을 통해 달성하고자 하는 교수목표를 분명히 하고 이 프로그램이 영재아들에게 어떤 도움을 주는지 구체적으로 예상해야 한다. 그렇게 되기 위해서는 영재아들이 학습해야 할 교과내용이 다양하게 준비되어야 한다. 그들의 흥미를 유발시키고 창의력을 최대한 신장시킬 수 있는 교과내용의 준비, 교과내용의 계열 및 제시방법 등이 다각적으로 연구되어야 한다.

최근에는 영재 프로그램과 일반 프로그램을 통합시켜 개발하는 경향이 있다(Renzulli, 1995). 이 두 프로그램을 통합시켰을 때의 이점은 크게 두 가지를 들 수 있다. 첫째, 두 프로그램을 통합시킴으로써 장점만을 잘 활용할 수 있고, 영재교육 전문가들도 일반 프로그램 개발에 참여할 수 있다. 둘째, 일반학생들도 고차원 사고기술을 개발하고, 좀 더 도전적인 내용을 추구하며, 탐구적인 활동에 참여할 수 있는 기회를 가질 수 있다. 이제 영재 프로그램은 단순히 영재성이 있다고 판별된 학생들에게만 제공하는 것이 아니라 잠재적 영재성이 있는 학생들의 영재성을 계발하는 데 활용해야 한다.

렌줄리(1995)는 기존의 학교환경에 적용할 수 있는 학교전체 심화학습(Schoolwide Enrichment Model)을 개발하였다. 그 내용을 구체적으로 살펴보면 다음과 같다.

먼저, 교육과정 변형기법은 '교육과정 축약' '교재 분석 및 반복내용 삭제' '정규 교육과정에 심화내용 첨가' 등으로 나눌 수 있다.

'교육과정 축약'은 이미 숙달된 학습내용을 반복적으로 학습하지 않도록 하기 위해 정규 교육과정의 주요 내용을 체계적으로 정리하고, 정규 교육과정의 수준을 높여서 도전감을 고취시키면서, 적절한 심화활동시간을 배정하는 것이다. 이때 가장 중요한 것은 교과내용에서 핵심적인 내용을 잘 구조화하는 것이다. 교육과정 축약은 ① 단원의 학습목표를 정하고, ② 학생들이 학습목표를 이미 숙달했는지를 진단하고, ③ 숙달했을 경우는 좀 더 도전적이고 생산적인 교과내용을 제공한다. 이렇게 할 수 있는 구체적인 활동으로는 속진학습, 개인 또는 소그룹 프로젝트, 협동학습, 교과외 활동 참여 등이 있다.

다음은 '교재 분석 및 반복내용 삭제' 방법으로 학생들이 이미 학습한 내용을 삭제하고 배우지 않은 내용으로 교재를 재구성한다. 그리고 복습이 필요한 내용, 요약이나 설명이 필요한 내용, 심층학습이 필요한 내용을 따로 준비한다. 이런 작업은 교사 혼자서는 힘들기 때문에 동료교사나 교과전문가들과 함께해야 한다.

마지막으로 '정규 교육과정에 심화내용 첨가' 방법은 교과내용에서 가장 대표적인 개념과 아이디어를 강조하는 것이 학문의 정수를 이해하는 가장 좋은 방법이라는 가정에 기초하고 있다. 대표적인 개념과 아이디어는 주제, 유형, 주요 특성, 계열, 구성원리와 구조, 논리 등으로 구성된다. 대표적인 개념과 아이디어는 다학문적 연구의 기초가 되어 이것을 단서로 하여 다른 학문과 연계되는 부분에 대해 심화학습을 할 수 있다. 이 방법을 사용할 때는 다음의 세 가지 원칙을 지켜야 한다. 첫째, 교수자료들은 지식의 위계에 맞게 선택되어야 한다. 즉, 단순한 사실에서 추상적이고 복합적인 이론으로 전개되어야 한다. 둘째, 최고 수준의 이론을 제시하는 과정 속에서도 낮은 수준의 내용을 자연스레 주기적으로 포함시켜야 한다. 예를 들어, 단순한 사실도 통합된 이론이나 원리 속에서 이해될 수 있도록 제시되어야 한다. 셋째, 사고기술이라고 언급되는 지식습득과 관련된 다양한 절차들도 내용의 한 형태로 간주되어야 한다. 이런 사고기술은 다른 학습내용과 학습상황에 전이될 수 있으므로 중요한 학습목표가 될 수 있다.

5. 부모의 영재자녀 교육방법

영재아를 가진 부모는 영재아의 인지적 · 정의적 특성을 잘 이해하여 부모의 역할을 올바르게 감당할 때 자녀의 영재성이 보다 잘 계발될 것이다. 영재아가 어릴 때는 인지적인 측면도 잘 지도할 수 있다. 그러나 영재아가 성장해 가면서, 특히 초등학교 고학년만 되어도 인지적인 측면은 지도하기가 어렵다. 인지적인 측면은 교수전문가인 영재교사와 상의하면서 학습을 간접적으로 도와주는 정도로 지도하면 된다. 이렇게 인지적 측면에서의 부모 역할이 줄어 가면서 정의적 측면에서의 역할은 더욱 중요해진다. 특히 영재아의 민감한 정서를 잘 이해하면서 지도해야 한다. 영재아의 민감성을 이해하지 못하고 그에 적절한 반응을 해 주지 못하면 심리적으로 부모와 갈등을 겪어 영재성이 고사될 수도 있다. 부모가 가정에서 영재아를 지도하는 방법을 학습상황, 생활지도상황으로 구분하여 살펴본다.

1) 학습상황

부모의 역할 중 하나는 영재들이 끊임없이 물어오는 끈질긴 질문에 대해 반응하는 것이다. 질문에 대해 부모가 백과사전식으로 정보를 제공하여 영재아의 인지활동을 위축시키는 것은 바람직하지 않다. 그보다는 직접 그 의문에 대한 해답을 찾아보려고 애쓰는 과정을 통하여 자녀가 스스로 해결해 나가도록 유도해야 한다. 해답을 찾는 방법을 부모가 직접 가르쳐 주기보다는 여러 가지 대안을 시도해 보는 과정을 통해 알아내도록 도와주어야 한다. 영재아에게 쉽게 지식을 제공하는 것이 아니라 함께 공동연구를 해나간다는 태도를 견지해야 한다. 영재아가 상황에 맞지 않는 엉뚱한 질문이나 어려운 질문을 했을 경우에도 질문을 무시하거나 간과해서는 안 된다. 영재아가 충분히 이해할 때까지 답을 당장 제공해 줄 수 없는 이유를 상세히 설명해 주어야 한다.

영재아의 학습활동을 지도할 때는 강요해서는 안 된다. 부모 위주로 강요하는 과정에서 영재아의 탐구심과 학습의욕은 상실되기 쉽다. 영재아를 강요함으로써 비생산적이고 불행한 개인으로 만들기보다는 격려와 칭찬으로 영재성이 잘 계발되도록 해야 할 것이다. 간섭이나 선의의 도움이 영재자녀의 자신감, 독립심, 성취동기의 계발을 방해할 수도 있으므로 영재자녀가 도움을 청해올 때까지는 혼자서 해내도록 인내하며 지켜보아야 한다. 델프(Delp, 1980)는 완벽주의자인 영재를 둔 부모들에게 다음과 같은 점을 경고한다. 영재가 지나치게 능력에 넘치는 과제를 시작하려 하거나 너무 심심하게 하려 할 때는 자신의 능력을 현실적으로 판단할 수 있도록 도와주어야 한다. 또 부모의 기대와 격려도 중요하지만, 지나친 기대로 좌절을 느끼는 일이 없도록 해야 한다.

결국 영재아의 부모는 지적으로 도전적이지만 지적으로 위축시키는 분위기를 조성하지 않도록 주의해야 한다. 또한 가능한 한 영재자녀가 자발적인 행동을 취할 수 있도록 허용적인 분위기를 만들어 주어야 한다. 학습활동에 게으름을 피우면 영재자녀와 상의하고 약속을 하여 그 약속을 스스로 지켜 나갈 수 있도록 지도한다.

2) 생활지도상황

영재자녀도 역시 아동이기 때문에 때때로 바람직하지 못한 행동을 할 수 있다. 이러한 상황에서 부모는 교육적 민감성으로 영재자녀를 잘 지도해야 한다. 부모는 자녀가 영재라는 이유만으로 특별한 권리를 갖도록 허용하거나 거부해서는 안 된다. 가정에서의 지도는 주로 자녀의 독립심 신장에 초점을 맞추어야 한다.

휘트모어(Whitmore, 1980)는 영재자녀의 독립심을 기르기 위한 지도의 방법으로 네 가지 전략을 제안하였다.

① 대화를 자주 한다.
② 자녀가 자신의 문제행동을 스스로 이해할 수 있게 한다.
③ 가족회의를 통하여 자기반성의 기회를 갖도록 한다.
④ 자기관리기능을 계발하도록 유도한다.

휘트모어는 긍정적 대안 선택법도 제안하였다. 자녀가 불합리한 요구를 할 때, 부모는 자녀가 요구하는 것보다 더 바람직한 대안들을 제시하고, 그 대안들 중 하나를 선택하도록 유도하는 것이다. 이러한 방법은 일시적으로 자녀의 욕구를 충족시켜 더 이상 떼를 쓰지 않게 할 수는 있으나, 계속적인 효율을 기대하기는 어려울 수도 있다. 이처럼 일시적인 효율만을 추구하는 방법보다는 어떤 형태든지 스스로 자신의 행동의 원인과 그것이 가져올 수 있는 영향 등을 이해하도록 하는 것이 모든 지도에 우선되어야 한다.

제6장

학습부진아를 위한 교육

아이가 주위 사람들로부터 "넌 머리는 좋은데 왜 공부를 못하니?" "왜 이렇게 정신없이 산만하고 집중을 못하니?" "책은 술술 읽는데 더하기 빼기는 왜 못하니?" 와 같은 이야기를 자주 듣는다면 부모는 내 아이가 혹시 학습에 문제를 갖고 있는 것은 아닌지 의심해 봐야 한다.

- 읽기는 잘하는데, 유난히 수학을 못해요.
- 책을 볼 때 글자나 단어를 자꾸 빼먹고 읽어요.
- '너구리' 를 '리구너' 같이 거꾸로 써요.
- 받아쓰기를 할 때 자주 받침을 틀리거나 글자를 한 자씩 빼먹어요.
- 숫자 9와 6을 혼동하고 23을 32로 보고 계산해요.
- 방금 읽은 동화책도 순서대로 제대로 설명하지 못해요.
- 또래에 비해 끈기가 너무 없고 무슨 일이든 쉽게 지겨워해요.
- 질문에 엉뚱하거나 전혀 다른 대답을 해요.
- 딴 생각을 많이 하고 산만하게 계속해서 돌아다녀요.

1. 학습장애를 극복하고 성공한 사람들

- 에디슨: 학습장애로 학교에서 쫓겨났던 에디슨은 어머니의 헌신적인 교육으로 결국 발명왕이 되었다.
- 월트 디즈니: 아홉 살까지 글을 읽지 못했던 학습장애아 디즈니는 자기가 배운 것을 기억하기 위해 열심히 그림을 그렸다. 그는 커서 〈미키 마우스〉 〈101마리 달마시안〉 등 전 세계적으로 유명한 만화영화를 만들었다.
- 아인슈타인: 상대성이론을 발표해 20세기를 떠들썩하게 했던 아인슈타인도 학교에서 쫓겨났던 학습장애아였다.
- 톰 크루즈: 난독증으로 글을 읽을 수 없었던 톰 크루즈는 많은 노력 끝에 배우로서 당당히 성공하였다.

그 밖에도 레오나르도 다빈치, 우피 골드버그, 윈스턴 처칠, 존 F. 케네디, 심지어 피카소도 학습장애로 고생했었다.

2. 학습장애의 개념

로마 역사나 계산법 등 새로운 정보와 개념을 배울 때는 많은 노력과 집중을 해야 한다. 좋은 학습습관과 성공적인 학습경험이라는 기초가 아직 발달하지 못한 어린 아동에게는, 신체적 활동과 비슷하게 특정 학습활동이 특히 더 어려울 수 있다. 부모와 교사는 읽기와 같은 특정 행동에서 일상적이지 않은 어려움을 겪는 것에 관심을 기울여서 원인을 파악해야 한다. 지능검사와 구체적 학문영역에서 능력을 평가하는 다양한 성취검사를 개별적으로 실시해 이 문제를 공식적으로 평가할 수 있다. 읽기, 수학, 쓰기 등의 능력에 대한 표준화검사 중 하나에서 성취점수가 아동의 나이와 학교교육과 지적 능력에 근거해 예상되는 것보다 상당히 낮을 경우 학습장애로 진단할 수 있다.

1988년 학습장애에 관한 국제합동위원회(the National Joint Committee on Learning Disability: NJCLD)에서는 학습장애를 다음과 같이 정의했다. 학습장애는 듣기, 말하기, 읽기, 쓰기, 추론 또는 수학능력을 습득하거나 사용하는 데 현저한 어려움을 나타내는 다양한 장애군을 지칭하는 일반적인 용어다."

국내의 경우, 한국교육개발원(1990)에서는 "학습장애는 여러 다양한 장애그룹을 지칭하는 포괄적인 용어로 듣기, 말하기, 읽기, 쓰기, 논리적 사고나 수학능력을 습득하거나 사용하는 데 심한 어려움을 보이는 경우를 말한다. 이런 장애는 그 원인이 개인에게 내재되어 있는데, 지각-운동 및 그 밖의 신경체계적인 역기능 같은 기본적인 내적 과정의 장애를 보이는 경우다. 그러나 주로 시각 · 청각장애, 운동장애, 정신지체, 정서장애 혹은 문화적 · 환경적 · 경제적 실조(곤란이나 부족함)에 의한 학습문제 아동은 포함하지 않는다."라고 설명하고 있다.

표 6-1 … **DSM-IV 학습장애 진단 준거: 읽기장애, 산수장애, 쓰기표현장애**

A. 개별적으로 실시된 표준화검사로 측정하여, 읽기성취/산수능력/쓰기기능이 그 개인의 생활연령, 측정된 지능, 연령에 적절한 교육에서 기대되는 것보다 대체적으로 낮다.

B. 준거 A에서 장애가 읽기기능/산수능력/글로 쓰인 교재의 작문에서 요구되는 일상생활활동 또는 학업수행에 의미 있게 방해가 된다.

C. 만약 감각손상이 있다면, 읽기/산수/쓰기의 어려움은 흔히 그것과 연결된다고 생각하는 것보다 과도하다.

1) 읽기장애의 진단

우리 사회에서 읽기의 중요성은 다른 어떤 학문적 성공과도 비교할 수 없을 만큼 중요하다. 아동은 자연스럽게 읽기에 매력을 느끼고, 많은 문자신호와 메시지에 둘러싸여 있으며, 대략 다섯살 경에 이 신호의 의미를 알고 싶어 한다.

DSM-IV 정의와 기준에서 알 수 있듯이, 읽기장애는 평균에서 평균 이상의 지능이 있으면서 평균 이하의 읽기능력을 보이는 것으로 명확히 제시되고 있다. 읽기장애는 읽기 정확성, 읽기 속도, 읽은 것을 이해하기 등의 수준이 생물학적 연령이나 측정된 지능을 고려해 예상할 수 있는 것과 차이가 생기는 경우를 말한다.

읽기장애를 가진 아동들의 전형적 실수로는 역전(b/d, p/q), 전치(was/saw, scares/sacred 같은 순서적 실수), 반전(m/w, u/n), 생략(palace를 place로, selection을 section으로 읽는 것) 등이 있다. 또한 한 단어에 대한 느리고 부자연스러운 해독과 인식으로 한 문장의 핵심내용을 파지하는 능력이 떨어지고, 단락이나 절의 핵심의미를 파지하는 능력이 더 저하된다. 읽기장애 아동은 기초적 읽기, 읽은 것의 이해, 철자, 글로 표현하기 등에 필요한 중요한 언어적 능력이 부족하다.

2) 산수학습장애의 진단

수학개념은 무언가를 사려면 돈이 얼마나 필요한지를 알아야 하거나 여름방학까지 기간이 얼마나 남았는지를 알기 위해 수를 세고 더해야 할 때처럼 빠르게 계산하도록 해 준다. 수학개념은 읽기처럼 학교에 입학하기 전에 자연스럽게 이끌어 낼 수는 없다. 하지만 읽기에서와 같이, 아동은 알고자 하는 욕구로 새롭고 어려운 개념을 학습하고 이 새로운 기술로 조금씩 자신의 세계를 더 잘 이해하게 된다. 산수학습장애 아동은 숫자와 상징을 인식하기, 구구단 같은 사실(fact) 기억하기, 숫자를 일렬로 정리하기, 자리 값과 분수 같은 추상적 개념 이해하기 등에 어려움을 가진다.

산수학습장애를 가진 아동과 성인은 산수에서의 어려움과 아울러 추상 개념에 대한 이해나 시각적-공간적 능력에서도 문제가 있다. 산술적 계산과 이과수학 추론능력에서 중요한 결함을 가진다.

3) 쓰기장애의 진단

쓰기장애 아동은 쓰기에서 문법적 실수나 구두점 실수, 형편없는 문장 조직화, 철자 오류와 아주 형편없는 글씨체 등을 포함한 쓰기 산출과 관련된 중요한 결함들의 복합적인 문제를 보인다. 일상적 활동이나 학문적 노력에서 중요한 방해가 없는 경우에는 철자 오류나 나쁜 글씨체만으로 쓰기장애로 진단하지는 않는다.

3. 학습장애의 원인과 특성

학습장애는 지능적 결함이 아니라 정보처리 습득과정의 장애라고 여겨진다. 학습장애는 한 가족 내의 다른 아이들에게도 다양하게 나타날 수 있는데, 이에 대한 연구는 계속되고 있다.

학습장애가 생기는 요인으로는 임신, 분만 또는 유아기 때 있었던 사건 등을 들 수 있다. 예를 들면, 출산 전후에 특정 약물이나 독성물질에 노출되었거나, 호르몬이나 면역체계 장애, 저체중아 또는 영양실조, 유아기에 있었던 화학요법이나 방사능에 의한 것 등이다. 이런 문제와 다른 요인이 결합되어 학습장애가 생기게 된다는 것이다.

모든 부모는 자녀의 건강과 행복에 지대한 관심을 갖고 있으며, 자녀가 겪는 문제에 대해 스스로를 비난하는 경우가 많다. 그러나 연구결과 학습장애는 부모의 능력이 떨어져서, 가정에서 부모의 존재가 없어서, 자녀에게 책을 읽어 주거나 말해 주는 노력이 적어서 생기는 장애가 아니다.

종합해 보면 학습장애의 원인은 ① 유전적 요인, ② 의학적 요인, ③ 환경적 요인을 들 수 있다. 유전적 요인은 가족력과 어느 정도 관련이 있는 것으로 여러 연구를 통해 나타났다. 의학적 요인은 출생 전후와 출생 시 뇌손상, 미세 뇌기능 장애로 신경조직이 제대로 발달하지 못해 장애를 갖는 경우다. 환경적 요인으로는 학습경험의 부족이나 자극 부족으로 각 신경감각세포의 발육이 안 되고, 뇌의 기능이 퇴화되어 그 기능을 완전히 발휘하지 못하는 것이다. 그러나 신경생리학적 요인과 환경적 요인에 의한 뇌의 역기능 사이의 차이를 구분하기 어려운 게 현실이다. 현재 대부분은 뇌중추신경의 이상을 주원인으로 본다.

학습을 정보처리의 과정으로 볼 때는 각 단계별 인지양식과 이와 관련한 문제들로 학습장애아의 특수한 인지양식을 설명한다. 정보처리이론에서는 인간 그 자체를 하나의 정보처리 시스템으로 생각한다. 생체 내부에서 정보처리가 행해지는 것은 주로 대뇌다. 최근 컴퓨터가 급속도로 발달하면서 인간의 사고과정을 컴퓨터의 정보처리과정과 대비시켜 연구하고 있는데, 이는 입력된 정보가 인간이라는 정보처리장치 속에서 어떻게 정리 · 기억되고 변환되는가를 컴퓨터의 논리회로와 비교하여 연구하는 것이다.

학습은 지식과 기술을 습득하는 과정으로 여러 단계를 거친다. 먼저 정보는 뇌에 기록되는데, 이를 입력 혹은 지각단계라고 부른다. 그다음은 조직화되고 이해가 요구되는 과정으로, 통합 혹은 해독단계라고 한다. 일단 기록되거나 이해된 정보는 나중에 재생하기 위해 저장되어야 한다. 이를 보존 혹은 기억단계라고 한다. 마지막으로 뇌의 정보를 가지고 외부세계와 의사소통을 하거나 행동을 고려하게 되는데, 이를 생산 또는 산출단계라고 일컫는다. 이 네 가지 영역 중 학습장애는 어느 곳에서도 나타날 수 있다.

4. 부모가 가져야 할 열 가지 황금률

최근 연구에 의하면, 취학 진 아동기에 적절한 지적 자극과 경험을 제공하면 학교학습에 긍정적인 영향을 미칠 수 있으며, 반대로 이런 지적 자극과 경험이 결핍되면 심각한 학습문제를 유발할 수 있다고 하였다.

따라서 부모는 전문가들과 협조하여 좋은 조력자로서의 역할을 수행해야 한다. 조력자로서의 부모란 부모 역할과 동시에 제2의 치료사가 되는 것을 의미한다. 이는 전문치료팀이 권하는 방식에 따라 가정에서 부모가 할 수 있는 구체적인 방법을 배워 적용하고 훈련시키는 것이다. 이때 특수교사나 기타 협회에서 다양한 정보를 얻고 적극적으로 개입해서 돕겠다는 의지와 노력이 필요하다. 조력자로서의 부모 역할을 제대로 할 수 있는 몇 가지 성공수칙들을 다음에 제시하였다.

1) 지도 및 감독하기

학습장애아의 경우에는 특히 감독이 필요하다. 그들은 기억, 조직, 협응, 행동 등에 문제가 있어서 어떤 일을 수행하는 데 긴 시간이 필요하므로 식사, 목욕, 청소같이 매일 반복되는 행동은 시간과 장소, 필요한 도구들을 일정하게 정해 아이가 규칙적이고 조직적으로 할 수 있도록 지도한다.

부모는 특별한 과제, 예를 들면 옷 입기 등에서 아이에게 좀 더 효율적인 방법을 빨리 터득해야 한다. 때로는 과제를 단순화시키거나 복잡한 일을 여러 단계로 나눠 한 번에 한 가지씩 가르친다. 아이의 기술이 증가하면 그만큼 부모의 감독은 줄어들 것이다.

이 방법은 아이가 전에는 하지 못했던 것을 점진적으로 할 수 있게 만든다. 그러나 이를 위해서는 아이가 무엇을 못하는지 부모가 정확하게 알고 있어야 한다. 아이는 다른 사람이 시킨 것을 이해하지 못하고, 수업시간에 배운 것을 쉽게 잊어버리며, 장난감을 비롯해 주변에 있는 물건 때문에 흐트러지기 쉽고, 단순히 어디서 시작해야 할지 모르는 경우가 많다. 이때 부모는 해결방법을 찾기 전에 문제의 본질을 파악해야 한다.

부모의 감독은 아이들이 잘할 수 있는 것이 무엇인지를 찾아 점차적으로 독립적인 활동을 하도록 돕고, 그들의 과제를 평가해 줄 수 있기 때문에 꼭 필요하다.

2) 처벌과 훈육 구별하기

처벌은 강압적이므로 아이는 스스로를 나쁘다고 생각하게 되며, 어른은 자기보다 강하다고 느끼게 된다. 반면에 훈육은 모델을 제시해 어른에게 좋은 평가를 받기 위한 노력의 중요성을 되풀이해서 가르치는 것이다. 훈육은 설명하거나, 가르치거나, 사랑과 칭찬을 표현하는 것이다.

부모나 매일 돌봐주는 사람만큼 아이에게 중요한 사람은 없다. 그들에게 인정과 칭찬을 받는 아이는 어려운 과제를 해결하거나 자기를 조절하는 능력을 보여 준다. 따라서 훈육은 특히 충동적인 아이나 옳은 일을 해 본 적이 없고 부모를 기쁘게 할 수 없다고 확신하는 아이에게는 꼭 필요하다.

부모가 인내심을 잃고 화를 내거나 좌절감을 표현하게 되면(학습장애아에게 더 잘 일어나는 일) 아이는 자기조절능력을 보여 주지 못한다. 긍정적인 훈육으로 아이의 자기조절능력을 키워 주어야 하며, 이같이 스스로 조절하는 자기훈련은 평생을 통해 이루어야 하는 과정임을 항상 기억해야 한다.

3) 목록화하기

학습장애아는 대부분 예상치 못했던 변화에 불안감을 느낀다. 심지어 기쁜 소식도 아이를 당황하게 만든다. 그들은 모든 것이 제자리에 있고 무슨 일이 일어날지 예측할 수 있을 때 능력을 더 잘 발휘한다.

입학 전 학습장애아들은 일반적으로 잠자리를 정리하거나 장난감, 인형, 옷을 둘 장소를 정하는 일을 부모와 협동해서 할 수 있다. 부모는 결정권을 아이에게 줌으로써 스스로 조직하는 방법을 가르쳐야 한다. 아이는 방을 정돈할 때 제일 먼저 무엇을 해야 하는지 결정하기에 결코 어리지 않기 때문이다.

목록표를 만들어 방 안 잘 보이는 곳에 붙여둔 후 해야 할 목록을 적고 완료한 것을 표시해 나간다. 이것은 아이들이 적당한 곳에 물건을 놓아 스스로 쉽게 찾을 수 있도록 해 준다. 목록을 사용하는 것으로 부모의 감독 역할이 줄어드는 것은 아니지만, 목록은 아이에게 스스로 해야 할 일을 알려 줌으로써 부모가 여러 번 같은 지시를 반복하지 않도록 해 준다.

4) 우선순위 결정하기

학습장애아의 경우에는 부모와 함께 수용되는 행동을 정하고, 수용되지 않는 행동의 결과를 미리 결정해 놓는 것이 훨씬 도움이 된다. 이때 다양한 의견이 나올 수 있는데, 부모가 이런 의견들을 논의해서 먼저 행동 방침을 세우는 것이 좋다.

모든 아이는 감정폭발이나 고집스러운 행동, 거부 등의 방법이 아니라 협상을 통해 원하는 것을 가질 수 있다는 것을 배워야 한다. 가족생활에서는 협상이 가능한 것과 불가능한 것이 있으며, 어린아이일지라도 건강과 안선문제는 협상할 수 없다는 사실을 이해시켜야 한다. 반면에 언제 목욕하는 게 좋은지, 레스토랑에 갈 것인지 아니면 공원에 갈 것인지 등은 아이가 결정할 수 있다.

가족회의를 통해 주말 이벤트를 이야기하거나 감정과 관심을 나누도록 하는 것도 좋다. 학습장애아에게는 이런 모임이 더욱 절실하다. 이것은 그들에게 특정 상황에 어떻게 대처해야 하고 또 무엇을 포기해야 하는지 등을 토론할 수 있는 기회를 주기 때문이다. 이 자리에서 가족은 신발끈 묶기, 그릇 닦기, 화내지 않기 등 무언가 필요한 것을 요구할 수도 있다. 또 가족 모두가 도움을 줄 사람을 선택해서 어떤 도움을 줄 것인지 결정하기도 한다.

자기가 원하는 것에 대해 협상을 잘하는 아이는 결과도 쉽게 받아들인다. 부모는 아이가 한 번에 하나의 문제를 다루도록 우선순위를 세우는 것을 도와야 한다. 무엇보다 건강, 안전, 대인관계문제를 우선적으로 다루어야 하고, 한 문제가 해결되고 나면 다음 문제로 넘어간다. 이런 방법으로 부모는 아이에게 우선순위를 결정하는 것을 가르칠 수 있다.

5) 실수에서 배우기

모든 사람은 실수를 한다. 실패나 재난과는 달리, 실수는 무언가를 배울 수 있는 기회가 된다. 학습장애아의 부모라면 이런 자세를 갖는 것이 절대적으로 필요하다. 아이는 이미 낮은 자존감을 형성하고 있기 때문에 부모는 주저하지 말고 반복적으로 격려해 주어야 한다.

또래의 다른 아이와 비교하기보다는 이전의 수행수준과 비교해 얼마나 발전했는지를 평가해야 한다. 또한 아이의 현재 발달수준에서 좀 더 나은 수준으로 가기 위해 한 번에 한 단계씩 올라가는 것을 목표로 삼아야 한다.

자신의 불완전함을 인식하는 부모는 아이의 상태를 더 쉽게 받아들이며, 아이의 장애나 약점에 대해 스스로를 비난하는 정도가 약하다. 그들은 다른 사람들도 아이에게 영향을 미치고 아이의 상태가 환경, 기질, 성격, 능력 등 여러 요인들의 산물임을 빨리 이해한다.

모든 아이가 실수를 하지만, 특히 학습장애아들은 더 자주 실수를 한다. 따라서 부모가 좀 더 효율적으로 할 수 있는 방법을 찾도록 도와주어야 한다. 실수는 실패와 다르다. 실수를 자연스럽게 받아들이면서 계속 반복되지 않도록 도와야 한다.

6) 좋은 태도 유지하기

아이가 학습장애임을 알았을 때 부모가 절망하고 좌절감을 느끼는 것은 당연하다. 그러나 궁극적으로 이 상황을 받아들여야만 하고 해결하기 위해 무언가를 해야 한다. 문제 때문에 현실을 외면해서는 안 된다. 학습장애를 가진 아이를 돌보는 것 외에 부모는 다른 자녀 또한 잘 돌보고, 친구를 만나거나 자신이 즐길 수 있는 무언가를 통해 생활의 균형을 유지해 나가야 한다.

또한 부모는 삶에서 일어나는 다양한 사건을 반드시 다 드러낼 필요는 없다. 아이가 어떤 사건을 이해하기 위해 부모에게 의지했는데 부모가 문제나 실수, 실패로 스트레스를 받는 모습을 보인다면 아이도 마찬가지로 힘들어하기 때문이다.

7) 지지해 주기

아이가 능력 이상의 것을 해야 할 때 부모는 진정한 지원자가 되어야 한다. 아이를 비난하는 대신 격려해 주고, 신뢰받는 지지자의 역할을 수행해야 한다. 이때 주의할 점은 아이가 어려움에 빠졌을 때마다 무조건 해결해 주려고 해서는 안 된다는 것이다. 특히 학습장애아의 경우에는 상황에 따라 적절한 균형을 유지하는 것이 중요하다.

아이들은 성장하면서 부모의 존재나 보호가 점차 덜 필요하다. 또 부모가 도울 수 없는 곳에 있는 경우도 생긴다. 그때를 위해 아이 스스로 문제를 해결해 나가는 독립성을 키워 주어야 한다.

부모의 지지는 아이에게 힘을 실어 준다. 전폭적인 지지를 받고 안정된 환경 속에서 자란 아이들은 자신감을 키울 수 있다. 지지해 준다는 것은 아이에게 필요한 것들—인정, 도움, 독립, 사생활—을 민감하게 알아차리고 이를 충족시킬 수 있는 방법을 가르쳐 주는 것이다.

8) 다른 형제 고려하기

학습장애아의 형제는 보통 장애가 있는 형제자매 때문에 자신이 손해를 본다고 생각하며 사랑을 덜 받는다고도 느낀다. 또 특별한 도움이 필요한 형제자매는 잘못해도 혼나지 않는 반면, 자신은 오히려 더 크게 꾸중을 듣는다고 생각한다. 그러므로 장애가 없는 아이도 자신이 가족 내에서 사랑받는 존재임을 느낄 수 있어야 한다.

어떤 아이는 학습장애를 가진 형제자매를 부끄러워할 수도 있다. 또 자기 때문에 장애가 생겼다고 상상하거나, 훗날 결혼해 아이를 낳으면 자신의 자녀에게도 같은 문제가 생기지 않을까 두려워한다. 이 밖에도 단순히 함께 놀 수 없다는 사실에 실망하는 아이도 있다.

부모는 다른 자녀가 학습장애를 가진 아이에 대해 책임감을 느끼지 않도록 해야 한다. 예를 들면, 다른 자녀가 학습장애인 형이나 동생을 꼭 데리고 놀게 할 이유는 없다. 그들도 다른 아이처럼 행동할 권리가 있고, 자신만의 사회생활을 즐기며 죄책감, 좌절감, 실망, 분노 등을 표출할 수 있어야 한다. 그들의 부모가 그랬던 것처럼 말이다.

9) 숙제 도와주기

학습장애아는 학교에서 요구하는 어려운 과제를 수행해야 한다. 그렇다면 이런 숙제를 반드시 해야 하는 걸까?

이 질문에 대한 답은 오직 부모와 교사의 토론으로만 결정할 수 있다. 답이 토론할 여지없이 확정적이라면, 즉 아이의 학습에 숙제가 꼭 필요하다면 단순하게 하고 확실한 계획을 세워 숙제를 하도록 도와준다. 이 경우 선생님과 계속적으로 긴밀한 관계를 유지하도록 권한다.

우선적으로 일과가 정해지기 전까지는 부모가 항상 함께 있다는 것을 느낄 수 있도록 해야 한다. 그런 후 아이의 독립심을 계발할 방법을 생각해 내야 한다. 그것이 공부방이든 그들을 위해 마련된 특별한 장소이든, 그들만의 공간에서 과제를 할 수 있도록 해야 한다. 이때 부모가 아이의 숙제를 마무리해 주면 안 된다. 부모의 역할은 아이를 격려하고, 특별한 질문을 도와주고, 선생님과 직접 의사소통할 수 있는 능력을 길러 주며, 정확한 정보를 주는 것이다.

10) 주변의 도움 최대한 활용하기

아이의 행복이 중요하긴 하지만, 부모의 삶이 아이만을 위해 투자되어서는 안 된다. 그럴 경우 쉽게 지쳐 나중에는 아이에게 짜증을 내는 경우가 생긴다.

부모가 된다는 것 자체가 하나의 직업이다. 그것은 결코 쉬운 일이 아니며, 내 아이가 다른 아이와 다를 때는 더욱 힘들다. 그렇기 때문에 부모는 혼자만의 시간을 갖고 또 자기계발에도 적극적이어야 한다. 이를 위해 가능한 모든 도움을 활용해야 한다. 친척과 주변 사람들의 도움을 받아들이고 무엇보다 지원단체의 프로그램에 주저 없이 참여해야 한다. 단체에서 만난 다른 부모와 자신의 두려움이나 성공사례를 나눔으로써 현재 상태를 훨씬 쉽게 이해하게 되고, 나아가 좀 더 효율적인 행동을 취할 수 있다.

학습장애는 부모의 지지뿐만 아니라 가족 이외의 다른 사람들의 도움도 필요하다. 조부모, 이모, 고모, 삼촌, 친구들은 아이가 사랑받고 있다는 확신을 갖도록 도와야 한다. 자신의 삶을 성공적으로 이끈 학습장애를 가진 성인들은 어린 시절 주위 어른들에게 받았던 지지가 큰 힘이 되었다고 말한다. 학습장애아의 부모 또한 자신의 말에 귀 기울여 주고 이해해 줄 친구가 필요하다. 전문가가 아니어도 기꺼이 곁에서 이야기를 들어 주는 친구를 만들어야 한다.

5. 주의력결핍 과잉행동장애(ADHD)

1) ADHD의 정의

지나친 부주의(inattention), 충동성(impulsivity)과 과잉행동(overactivity)의 문제를 보이는 아동에 대한 최근의 정신병리학적 용어는 주의력결핍 과잉행동장애다(Attention Deficit Hyperactivity Disorder, 이하 ADHD)(미국 정신의학협회, 2000). 이 ADHD라는 용어는 실제 모든 교육장면에서 만날 수 있는 다양한 아이들에게 적용된다.

2) ADHD의 핵심특징

(1) 부주의

리사: 부주의 우세형

열일곱 살인 리사는 적절히 행동하고 주의를 잘 기울이려고 아직도 분투하고 있다. 그러나 이것은 언제나 그녀에게는 어려운 일이다. 그녀는 부모님이 그녀의 열 살 생일을 축하해 주기 위해 레스토랑에 데리고 갔던 날 밤에 난처했던 기억이 아직도 생생하다. 그녀는 웨이트리스의 빨간 머리에 정신이 혼란스러워졌기 때문에, 아버지는 그녀가 주문을 생각하기 전에 그녀를 세 번씩이나 불러야 했다.

> 그러자 그녀는 불쑥 말하였다. "당신의 머리 색깔이 끔찍해 보이네요!"
>
> 초 · 중 · 고등학교 시절에, 그녀는 종종 백일몽을 꾸는 것처럼 보이는 것을 제외하고는 조용하고 협조적이었다. 그녀는 아무리 노력해도 성적이 나아지지 않았지만 영리하였다. 그녀는 여러 번 시험에 떨어졌다. 대부분 답을 알고 있음에도 불구하고 시험에 집중할 수 없었다. 부모는 성적이 나쁜 것 때문에 그녀의 특권을 빼앗고 "너는 정말로 게을러. 네가 노력만 한다면 성적을 향상시킬 수 있다."라고 야단을 쳤다. 리사는 숙제하는 것이 몹시 괴롭다는 것을 깨달았다. 그녀는 숙제를 적어두거나 숙제에 필요한 책들을 집에 가지고 가도록 미리 계획하는 것을 자주 잊어버렸다. 그리고 숙제를 하려고 할 때마다 매번 마음이 어느 순간 다른 곳에 있는 것을 발견하였다. 그 결과 그녀는 좀처럼 숙제를 마치지 못하였고, 그녀의 숙제는 실수로 가득하였다. 어느 날 리사가 또다시 시험을 망친 후, 교사는 그녀가 흐느껴 우는 것을 발견하고는 "뭐가 문제지?"라고 물었다.

부주의한 아동은 숙제나 놀이활동에서 정신적인 노력을 유지하는 것이 어렵다는 것을 알게 된다. 그들은 어떠한 한 가지 일에 주의를 유지하거나 요구나 지시에 정신을 집중하는 것이 힘들다. 예를 들어, 축구시합을 하는 동안 팀의 대부분의 아이가 다운필드(공격 측에서 보아 수비 측이 위치한 구역)로 향할 때, ADHD 아동은 운동장 한쪽에서 진흙으로 장난을 하면서 따로 놀 수도 있다. ADHD 아동은 자신이 즐기는 일에는 자동적으로 주의를 기울일 수 있지만, 자신이 덜 즐기는 과제를 완성하거나 혹은 새로운 것을 학습해야 할 때는 다른 아동들보다 훨씬 더 많은 어려움이 있다. 부주의에 대한 부모와 교사들의 공통적인 불평은 아동이 듣지 않으려 하고, 집중하지 않으며, 지시에 따르지 않고, 혼란스럽고, 쉽게 산만해지며, 잘 잊어버리고, 백일몽을 꾸고, 과제나 잡다한 일 혹은 숙제를 끝내지 못하며, 지겨운 일에 대해 관심을 빨리 잃어버리는 것 등이다.

- 선택적 주의는 관련된 자극에만 집중하고, 환경으로부터의 소음에 산만해지지 않는 능력이다. 시험공부를 하고 있을 때(관련 자극들), 다른 방에서 들리는 TV 소리 때문에 얼마나 쉽게 산만해지는가? 선택적 주의의 결핍을 기술하는 데 통상적으로 사용하는 용어는 '산만' 이다.
- 주의용량은 우리가 주의를 기울일 수 있는 단기기억 속에 있는 정보의 양이다. 어떤 사람이 당신에게 지시나 전화번호를 줄 때, 얼마나 많은 양의 정보에 주의를 기울일 수 있고 요약하여 기억할 수 있는가?
- 주의지속은 시간이 지나면서, 혹은 피곤할 때 지속적으로 관심의 초점을 유지하는 능력이다. 피곤할 때, 그리고 시험공부가 너무 하기 싫을 때, 필요한 모든 일을 검토할 수 있을 때까지 당신은 손쉽게 과제에 집중할 수 있는가?

(2) 과잉행동-충동성

마크: 과잉행동-충동형

열네 살인 마크는 대부분의 또래 소년들보다 더 많은 메시지를 가지고 있다. 그러나 그는 언제나 과도하게 행동하였다. 세 살 때 그는 자신이 다니는 길에 있는 모든 것들에 달려들고 혼란을 일으키는 인간 폭풍우였다. 집에서 그는 사용했던 장난감의 흔적을 남기면서 행동을 과격하게 바꾸어 나갔다. 식사 때 그는 접시를 엎고 쉬지 않고 재잘거렸다. 그는 어머니가 위험에 대해 설명을 하고 그를 야단치는 것에는 아랑곳하지 않으며, 차가 달려오는데도 불구하고 도로에 달려드는 무모하고 충동적인 행동을 보였다. 운동장에서는 다른 아이들보다 더 거칠어 보이지 않았다. 그러나 그의 과잉반응 경향은—자신에게 단순히 부딪치는 친구들을 때리는 것과 같은—이미 그를 여러 번 곤경에 빠뜨렸다. 그의 부모는 어떻게 해야 할지 몰랐다. 마크를 지나치게 귀여워하는 할아버지와 할머니는, "애는 애일 뿐이야. 걱정마라. 그애는 잘 자랄 거야."라고 말씀하셨다. 그러나 그는 그렇지 못하였다.

비록 충동성과 과잉행동 증상이 DSM-IV에 개별적으로 기입되어 있다 하더라도, 아동이 이러한 행동유형 중 하나를 나타낼 때 그들은 대개 다른 것도 나타낸다. 따라서 과잉행동과 충동성은 과잉행동-충동성 혹은 행동적 흥분으로 간주되는 행동의 단일차원으로 가장 잘 드러난다.

① 충동성

충동적인 아동들은 자신의 즉각적인 반응을 억제할 수 없거나 행동하기 전에 생각할 수 없는 것처럼 보인다. 그들은 보지도 않고 도로에 달려들거나, 뒤에 그것을 어떻게 다시 정확히 되돌려 놓을 것인지에 대해서는 전혀 생각하지 않고 값비싼 시계를 분해할 수도 있다. 그들이 상황적 요구나 다른 사람들이 원하는 대로 진행 중인 행동을 멈추거나 행동을 조절하는 것은 매우 어렵다. 그 결과 그들은 질문이 아직 끝나지 않았는데도 틀린 답을 제시하거나 부적절한 말들을 불쑥 내뱉기도 한다. 충동적인 아동들은 통상 너무 빨리 반응하거나 너무 자주 반응하면서, 기다리거나 차례를 지키기 어려워한다. 그들은 대화를 자주 방해하고, 다른 사람의 행동을 방해하며, 그리고 그들이 당황하게 되면 좌절해서 심하게 욕을 한다. 또한 즉각적인 유혹에 저항하고 만족감을 지연시키기가 어렵다. 음료수를 엎지르거나 물건을 부수는 것과 같은 사소한 사고는 흔히 일어난다.

주의와 마찬가지로 충동성도 서로 다른 형태들을 가지고 있는데, 인지적 충동성과 행동적 충동성으로 구분할 수 있다.

- 인지적 충동성: 이 증상은 비조직화, 성급한 사고, 그리고 감독에 대한 요구를 반영한다. 숙제를 했음에도 불구하고 제출하지 않을 수도 있다. 작은 책상에 아무렇게나 흩어진 많은 논문, 책, 연필, 개봉되지 않은 편지, 응답이 없는 전화 메시지들은 인지적 충동성의 징후일 수 있다.
- 행동적 충동성: 이 증상은 교실에서 큰 소리로 외치거나 자신의 행동

의 결과를 고려하지 않은 채 행동하는 것이다. 아동이 충분히 알 만한 나이일 때, 난로가 뜨거운지 확인하기 위해 만지는 것은 행동적 충동성을 나타내는 것이다. 행동적으로 충동적인 아동은 상황의 요구에 따라 자신의 반응을 억제하는 데 어려움이 있다.

인지적 충동성과 행동적 충동성은 행동의 차원을 분리시키면서, 전자는 부주의성과 관계가 있으며 후자는 과잉운동행동과 관련이 있고, 둘 다는 학업성취의 문제를 예언할 수도 있다. 행동적 충동성은 반항성과 품행문제에 대한 위험이 증가했다는 구체적인 신호가 될 수 있다.

② 과잉행동

ADHD가 있는 아동들은 끊임없이 움직인다. 교실에서 수업 중에 꾸준히 앉아 있는 일은 불가능할 수 있다. 그들은 안절부절못하고, 몸부림치며, 기어오르고, 목적 없이 교실을 뛰어다니며, 보이는 것은 모두 만지고, 연필을 소리나게 두드리거나, 혹은 다른 아동들을 난폭하게 밀칠 수도 있다. 부모와 교사들은 ADHD가 있는 아동들을 '모터로 움직이듯' 언제나 끊임없이 활동하며 이야기한다고 표현한다. 아동의 행동은 매우 힘이 넘치며, 격렬하고, 부적절하며, 그리고 목표지향적이지 않다. 이러한 아동들은 매우 행동적이기는 하지만, 높은 에너지 수준을 가지고 있는 다른 아동들과는 달리 끝내는 일은 별로 없다.

그런데 흥미롭게도 주의결핍과 ADHD가 있는 아동들이 언제나 혹은 모든 상황에서 과잉행동을 하는 것은 아니라는 데에 주의가 집중되고 있다. 과잉행동은 아동이 자신의 운동반응을 억제하도록 요구받을 때 우선적으로 일어난다는 것을 발견하였다(예: 교실에서).

3) ADHD의 원인

아무도 ADHD를 일으키는 원인을 찾지 못했다. 엄청나게 많은 원인이 있을 가능성이 있고 많은 수의 원인들 중 어느 것이 어느 정도의 확실성을 가지고 있는지 확인하는 것은 불가능하다. 그러나 몇 가지 요인이 장애의 위험요인을 증가시킨다고 확인되고 있다.

(1) 유전적 요인

형제자매의 32%를 포함해서, ADHD가 있는 아동의 방계와 직계가족의 35%가 ADHD를 가질 가능성이 있다. 아동이었을 때 ADHD였던 아버지 중에서, 이들의 자손 중 3분의 1이 ADHD다.

(2) 신경생물학적 원인

대부분의 ADHD가 있는 사람은 뇌량-반구 사이의 정보전달을 돕는 영역이 조금 작은 것으로 드러났다. 또한 ADHD가 있는 아동은 ADHD가 없는 아동에 비해 오른쪽 전뇌피질이 약간 작은 것으로 나타났다.

(3) 임신, 출산 및 초기발달

출산 시 저체중, 유아의 질환, 임신 중 모체의 흡연, 초기 신경학적 충격이나 외상, 영양실조, 그리고 출산 전후의 신경계 발달에 영향을 미칠 수 있는 기타 사실들이 포함된다.

(4) 환경적 독소, 알레르기 및 식이습관

소량의 납에 노출되는 것이 지적 수행과 학급에서의 ADHD 증상과 작지만 의미 있는 관계가 있다. 또한 논쟁의 여지가 있지만, 음식첨가제나 실탕이 함유된 음식이 영향을 미칠 수 있다.

(5) 가족의 영향

첫째, 어머니의 간섭적이고 민감하지 않은 초기양육, 빈곤가정에서 양육된 하위집단의 아동에게서 이후에 ADHD 증상이 나타난다는 몇몇 증거들이 있다. 낮은 사회경제적 지위집단의 아동에게 나타나는 일부 유형의 ADHD 행동은 열악한 양육에서 비롯되었을 가능성이 있다.

둘째, 가족 간의 갈등은 아동의 과잉행동-충동성에 대한 초기 생물학적 취약성과 심각성을 임상수준까지 유도할 수 있다. 유전적 영향에 대한 논의에서 ADHD 아동의 부모는 대부분 장애가 있었다. ADHD 증상이 있는 부모들은 초기 부모-아동 상호작용을 붕괴시킬 것이다.

셋째, 가족문제는 이러한 행동의 원인이라기보다는 충동적이고 다루기 어려운 아동과 상호작용한 결과일 수 있다.

4) ADHD의 치료

ADHD가 있는 아동들을 위해 흔히 사용되는 치료법에는 약물치료, 부모관리훈련, 교육적 중재, 가족상담, 지지집단, 사회적 기술훈련, 인지행동적 자기통제훈련, 개인상담, 집중치료방법이 있다. 각 치료방법을 정리하면 〈표 6-2〉와 같다.

표 6-2 … ADHD 아동을 위해 흔히 사용되는 치료

치 료		치료의 초점
일차치료	자극적 약물치료	학교와 가정에서 ADHD 증상을 관리
	부모관리훈련	가정에서 아동의 파괴적인 행동을 관리하고, 부모-자녀의 갈등을 완화시키며, 앞으로 사회적·자기조절적 행동 고무시키기
	교육적 중재	교실에서의 파괴적인 행동 관리하기, 학업적 수행 증가시키기, 앞으로 사회적·자기조절적 행동 지도하기

부가적 치료	가족상담	기분장애와 부부의 스트레스인을 포함한 ADHD와 관련된 개인 및 가족의 스트레스에 대처하기
	지지집단	ADHD가 있는 다른 아동의 부모와 연계하기, 일반적인 유대에 관한 정보와 경험 나누기, 정서적 지원 마련하기
	사회적 기술훈련	관계에서 갈등을 줄이고, 긍정적인 또래와 성인과의 상호작용을 고무시키기 위한 책략 지도하기
	인지행동적 자기통제훈련	ADHD 증상의 대처전략과 자기보상 및 이러한 상황에 대한 인지행동적 작용과 문제상황을 확인하기 위해 학습하기
	개인상담	아동의 개인적인 관심과 감정을 토론할 수 있는 긍정적 관계 고무시키기
집중치료	하계치료 프로그램	집중 프로그램에서 일차적 및 부가적 치료들을 많이 결합하여 학교에서 미래의 성공과 가정에서 현재의 적응 증진시키기

(1) 약물치료

1930년대에 ADHD가 있는 아동의 증상치료에 자극제가 효과적이라는 사실이 발견된 이래, 수십 년간 자극제 약물이 아동의 ADHD 증상을 치료하는 데 사용되어 왔다. ADHD를 치료하는 데 효과적이라고 알려진 두 가지 자극제는 덱스트로암페타인(덱시드린 혹은 덱시트로스타트)과 가장 흔히 사용되는 약물인 메틸페니데이트(리탈린)다. 자극제는 대뇌의 선조체 기능에 대해 중요한 역할을 하는 최소한 셋 또는 그 이상의 신경전달물질—노어에피네프린, 도파민, 에피네프린 및 세로토닌—에 영향을 줌으로써 이 영역에서의 신경전달물질의 활동을 변경시키는 것으로 보인다. ADHD가 있는 아동의 약 80%에서 자극제는 주의지속, 충동통제 및 작업효과의 지속을 극적으로 증가시키며, 과제와 관련없는 행동과 소음 및 파괴적 행동을 감소시켰다.

약물은 또한 아동이 부모, 교사 및 친구들과의 사회적 상호작용과 협조성을 개선시킬 수 있으며, 때로는 글쓰기 또는 운동능력과 같은 신체적

협응력을 향상시킬 수 있다. 자극제는 또한 비순종적이고 공격적이거나 파괴적인 행동을 통제해서 적대적이거나 품행문제를 보이는 ADHD 아동을 도와줄 수 있다.

(2) 부모관리훈련

과잉행동적이고, 질서가 없으며, 안절부절못하고, 지시를 따르지 않는 아동은 부모를 지치게 만들고 양육하기가 어렵다. 따지거나 경고하거나 꾸중을 하는 것과 같은 일반적인 훈육방법은 ADHD 아동에게는 효과가 없을 때가 많다. 그래서 부모는 무력감을 느끼며 그다음에 무엇을 할지 잊어버리기도 한다. 좌절감을 느낀 부모는 소용없는 줄 알면서도 아이들을 때리기도 하고 꾸지람하거나 고함을 지르기도 한다. 이런 반응은 다른 가족을 더 당황하게 만들 뿐이다. 결국 부모는 자주 기분이 나빠지고 자신들을 비난하게 된다.

부모관리훈련(Parent management training: PMT)은 부모가 자녀의 다루기 어려운 행동과 자신의 반응에 잘 대처하도록 도와준다. 아동이 어릴 경우 치료는 대부분 부모를 통해서 이루어진다. 부모는 먼저 ADHD에 대한 교육을 통해서 이 장애의 본질을 이해하게 된다. ADHD의 생물학적인 근거를 이해함으로써 부모는 자녀의 장애에 대한 죄책감에서 벗어날 수 있다. 그다음 부모에게 ADHD 아동에게 적절한 일반적인 양육원칙을 제시해 준다.

※ ADHD가 있는 아동을 양육하는 데 필요한 열 가지 원칙

① 자녀에게 보다 즉각적인 반응 피드백과 반응의 결과를 제시하라.

② 자녀에게 자주 피드백을 보여라.

③ 더 포괄적이고 강력한 결과를 제시하라.

④ 처벌을 하기 전에 유인책을 사용하라.

⑤ 일관성을 지켜라.
⑥ 실없는 말(yak)만 하지 말고 행동하라.
⑦ 문제상황에 대해 미리 계획을 세워라.
⑧ 무능력에 대한 통찰을 유지하라.
⑨ 문제나 장애를 성격으로 보지 마라.
⑩ 용서하는 것을 연습하라.

이런 일반원칙을 기본틀로 삼아 부모는 여러 가지 구체적인 행동수정 기법을 배워 간다.

부모에게는 매일 일정 시간 아이들과 재미있는 놀이를 하도록 권한다. 아이들의 성공은 최대화하고 실수는 최소화되도록 상황을 구성하는 법을 가르친다. 가령, 함께 모양 맞추기를 할 때, 아이가 어려워하면 퍼즐을 여러 단계로 나누고 아이가 한 단계씩 완성할 때마다 칭찬해 주는 것이다. PMT에서 부모는 또한 긴장이완, 조절, 운동을 통해 자신의 각성수준을 낮추는 방법도 배운다. 각성과 분노가 감소되면 아이의 행동에 좀 더 침착하게 반응할 수 있다.

(3) 교육적 중재

자리에 앉아 있고, 주의집중하며, 귀 기울여 설명을 듣고, 차례를 기다리며, 자신에게 할당된 분량을 마치고, 친구들과 사이좋게 지내는 등 학교생활에서 요구되는 일이 ADHD 아동에게는 쉬운 일이 아니다. ADHD 아동은 주의가 산만하고 과잉행동과 충동성이 강하므로 학습활동이 매우 힘들고 때로는 고통스럽기까지 한다. ADHD 아동은 종일 또는 부분적으로 특수학급에서 공부하기도 하지만, 대부분은 일반학급에 남아 있을 수 있다.

교육적 중재안은 개별화되어야 하며 다음과 같은 점에 중점을 두어야 한다. ① 학습에 방해가 되는 부주의하고 과잉행동-충동적인 행동의 관리, ② 아동의 능력을 활용하고 학습의 성공확률을 높이는 교실구조, 수업재료, 수업방식 제공, 아동의 교실행동을 다루는 방법은 부모들에게 제시한 것과 유사하다. 교사와 아동은 현실적인 목표를 설정하고 보상체계에 대해 서로 합의하며, 아동의 수행을 주의해서 모니터하고 목표에 도달하도록 보상을 준다. 교실에서 과제수행을 방해하거나 제멋대로 하는 행동은 특권을 뺏거나, 토큰을 회수하거나, 가벼운 제재나, 짧은 기간 타임아웃하는 것과 같이 미리 결정한 대로 처벌한다.

(4) 부가적 중재

① 가족상담

ADHD 아동이 있는 가족들은 얼마 동안은 좌절, 비난, 분노를 경험하게 된다. 형제자매들은 부모가 자신에게 무관심하다고 느끼거나 많은 시간을 ADHD 자녀에게 할애하는 것에 대해 분개할 수도 있다. 가족 구성원들은 ADHD 아동을 다루는 것만 아니라 자신의 생각이나 감정을 다스리는 데도 특별한 도움이 필요하다. 전 가족을 대상으로 상담하면 모든 사람이 새로운 기술과 태도, 좀 더 효과적으로 관계를 지속하는 방식을 개발하는 데 도움을 줄 수 있다.

② 지지집단

다양한 방식으로 ADHD를 다루는 모임은 회원들에게 큰 도움이 된다. ADHD 자녀의 부모를 위한 전국적인 지지집단과 지역의 지지집단이 많이 있다. 회원들은 서로 정보를 교환하고 정서적인 도움을 주기도 하며 개인적인 성공과 좌절, 전문가에게 의뢰하는 일, 관련요인에 관한 새로운 발견, 자녀와 부모 사이의 포부를 서로 공유한다. 온라인 소식판과 토론 모임도 있다. 비슷한 문제를 가진 사람들과 경험을 나누면서 자신들이 혼자가 아님을 알게 된다.

③ 사회성 기술훈련

대인관계문제에 관해서, ADHD 아동에게 효과적인 사회생활 기술을 가르치는 데 역점을 둔 특수치료도 반드시 필요하다. ADHD 아동은 사회적인 상황에서 어떻게 처신해야 할지를 모른다기보다는 자신이 알고 있는 것을 실생활에서 활용하는 데에 문제가 있는 것 같다.

이에 사회적 기술훈련은 흔히 집단으로 행해진다. 사회성 기술훈련자들은 분담하는 것(sharing)과 도움을 요청하는 일, 누가 놀릴 때 어떻게 반응할 것인지, 차례를 기다리는 일 등 적절한 사회적 행동에 대해 논의하고 행동으로 보여 준다. 예를 들어, 다른 아이의 얼굴 표정이나 억양, 행동을 정확하게 이해하는 법과 그에 적절하게 반응하는 법을 배울 수 있을 것이다.

④ 인지행동적 자기통제훈련

ADHD 아동들은 자신의 주의와 행동을 모니터하고 조절할 수 있는 기술을 배울 수 있다. 인지행동적 자기통제훈련은 자기행동의 궤도를 유지하는 것, 특정 상황에서 자신이 해야 할 것을 평가하는 것, 특정 상황에서 자신의 생각과 감정을 검토해 보는 법, 자신의 일반적인 반응을 확인하는 법, 좀 더 효과적인 대안이 되는 반응을 생성하는 법, 일이 계획대로 되지 않을 때 대처하는 법, 잘한 일에 대해 스스로 보상을 주는 법을 가르치는 것이다.

예를 들어, 자신이 따라야 할 궤도를 이탈해 버렸을 때 문제를 처리하는 몇 가지 선택안을 배울 수 있다. '흑판 위에서 지시사항을 찾아라.' '손을 들어라.' '기억이 나는지 기다려 보라.' '다른 아이에게 조용히 물어라.' 등 자신들이 따라야 할 내용에 주의를 기울이고 있는지, 그외의 다른 것을 생각하고 있는지를 주시하고 기록하도록 한다.

⑤ 개인상담

ADHD 아동은 대부분 자존감과 능력이 제대로 형성되지 못했다. 야단을 맞거나 벌을 받거나 '어리석다' 또는 '나쁘다'라는 말을 듣는 것이 ADHD 아동이 주로 관심을 받는 형태다. 그들은 친구가 거의 없고 늘 문제 속에 있다. 이런 좌절감 때문에 고립감을 느끼고, 자신이 이상하며, 어리석고, 앞으로의 운명은 이미 결정되어 있다고 믿는다.

개인상담에서는 아동이 자신의 장애를 넘어서서 스스로를 좋아하고 수용할 수 있도록 도와준다. ADHD 아동은 대부분 자신의 상태와 치료에 대해 많은 의문을 품고 상담실을 찾는다.

(5) 집중치료

윌리엄 펠햄(William Pelham)과 동료들은 5~15세의 ADHD 아동에게 사용할 수 있는 집중적인 하계치료 프로그램을 개발하였다. 이 프로그램의 여러 요소 중 일부는 다음과 같다.

- 하루 동안 아동에게 적절한 행동을 하도록 지적해 주고 부적절한 행동은 하지 않도록 지적해 주는 토큰강화 프로그램
- 빈번한 사회적 강화와 적절한 지시의 사용
- 신중한 훈련, 진행되는 활동에서 격리 또는 특권의 상실 형태를 취함
- 긍정적인 양자관계의 발전과 사회적 기술훈련
- 긍정적인 환경 속에서 스포츠 기술 향상훈련
- 부모가 집에서 보상으로 제공한 것에 대한 일상보고카드(daily report card)
- 교실에서의 행동수정 프로그램
- 가정장면에서 아동이 나아진 곳이 전이될 수 있도록 촉진하기 위한 부모훈련
- 자극제 약물에 대한 집중적이고 개인적인 효율성 평가

하계치료 프로그램은 8주 동안 360시간의 치료로 짜여 있고, 이는 매주 1회 7년간 치료한 것과 동일하다. 이 프로그램에 참여한 ADHD 아동들은 행동이 전반적으로 개선되었고, 문제의 심각성이 감소되었으며, 사회적 기술과 학업수행과 같은 특정 영역에서 진전을 보였다.

제7장

효율적인 학습법

1. 학습전략

1) 학습전략의 개념

학습전략은 대단히 모호한 개념이라 정의를 내리기가 어렵다. 학습전략을 생각하기 전에 축구의 예를 들어 보자. 코치가 선수들에게 세부기술을 가르치는 데 상당시간을 할애한다. 그러나 이 기술만으로는 시합에서 이길 수 없다. 시합에서 이기기 위해서는 작전이 필요하다. 작전을 짜서 어떻게 공을 패스하여 골을 넣을 것인가를 연구해야 한다. 또한 우리 선수가 돌진할 때 상대의 수비방법과 상황에 따라 작전을 바꾸어 가면서 공격해 나가야 한다. 축구선수들이 상황에 따라 수시로 작전을 바꾸듯이, 학습자도 학습상황과 과제에 따라 그에 반응하는 능력이 있어야 하는데, 이것이 바로 학습전략이다.

어원적으로 볼 때 전략은 '*strategia*' 라는 고대 그리스어에서 유래되었다. 이 말은 원래 '장군의 지휘 솜씨' 혹은 '전쟁기술' 이라는 의미였으나, 현재에는 조절과 목표지향이라는 의미로도 사용되고 있다(Oxford, 2001). 전쟁에서 승리하기 위해서는 목표를 향해서 나가야 하며, 이때 자기 자신과 주위환경을 조절해야 한다는 의미도 있다. 타론(Tarone, 1977)은 학습전략은 의식적 또는 무의식적으로 학습자가 학습하기 위해 사용하는 절차라고 정의하였다. 채모트와 쿠퍼(Chamot & Kupper, 1989)는 학습전략을 학습자가 새로운 정보나 기술을 이해하고, 저장하며, 기억하기 위해 사용하는 접근방법 혹은 기술이라고 설명하였다. 존스(Jones, 1983)는 학습전략이란 학습을 촉진시키기 위하여 학습자가 사용하는 여러 가지 정신적 조작이며, 목적지향적인 구체적인 행동이라고 정의하였다. 학자들에 따라 조금씩 다르게 정의를 내리고 있지만, 학습전략이 학습자가 학습목표를 달성하기 위해 사용하는 방법이라는 데는 대부분 동의하고 있다.

2) 학습전략의 유형

댄서로우(Dansereau, 1985)는 학습전략을 획득 · 저장 · 활용을 용이하게 하는 과정으로 보고, 주전략과 보조전략으로 나누었다. 주전략은 다시 정보의 습득 및 저장에 직접 관여하는 이해전략, 파지전략과 저장된 정보를 회상하고 이용하는 데 관여하는 회상전략, 사용전략으로 나누어진다. 보조전략은 학습자의 최적 심리상태를 유지하고 발전시키는 데 필요한 하위요소로서 설계, 계획, 집중력 관리, 자기점검 등으로 이루어진다.

그는 구체적인 학습전략으로 MURDER 실행전략을 개발했다. 이 전략은 수업목표에 들어가기 전에 목표에 흥미를 갖도록 분위기를 조성하고(Mood), 학습과제를 차근차근 읽고 개념을 이해하며(Understand), 학습자료를 보지 않고 스스로 그 내용을 회상하고(Recall), 회상내용을 교정 · 확인 · 저장하며(Digest), 학습자 스스로 질문하여 답을 찾아 정보를 부연 · 보충하고(Expand), 평가를 통하여 잘못된 정보를 검토하고 복습하는

(Review) 과정으로 이루어진다.

데리와 머피(Derry & Murphy, 1986)는 학습전략을 기억전략, 읽기전략, 문제해결전략, 정의적 지원전략으로 구분하였다. 기억전략은 어휘와 관련된 전략이고, 읽기전략은 글감에 관한 전략이다. 문제해결전략은 산수와 관련된 전략이며, 정의적 지원전략은 모든 영역에 관련된 기본전략이다.

오말리(O' Malley et al., 1985)는 학습전략을 크게 상위 인지적 전략, 인지적 전략, 사회정의적 전략의 세 영역으로 나누고, 상위 인지적 전략을 다시 여덟 가지, 인지적 전략을 열네 가지, 사회정의적 전략을 두 가지로 구분하였다.

표 7-1 … 오말리의 학습전략 유형

상위 인지적 (metacognitive) 학습전략	인지적 (cognitive) 학습전략	사회정의(情意)적 (socioaffective) 학습전략
① 선행조직자 (advance organizer) ② 교사의 지도에 따라 주의집중 (directed attention) ③ 선택적 주의집중 (selective attention) ④ 자기관리 (self-management) ⑤ 기능적 계획 (functional planning) ⑥ 자기점검 (self-monitoring) ⑦ 연기된 생산 (delayed production) ⑧ 자기평가 (self-evaluation)	① 반복(repetition) ② 자료찾기(resourcing) ③ 번역(translation) ④ 집단화(grouping) ⑤ 노트하기(note taking) ⑥ 연역적 사고(deduction) ⑦ 재결합(recombination) ⑧ 상상(imagery) ⑨ 청각적 표상 (auditory representation) ⑩ 핵심단어(keyword) ⑪ 맥락파악 (contextualization) ⑫ 정교화(elaborartion) ⑬ 전환(transfer) ⑭ 추론(inferencing)	① 협동(cooperation) ② 명확히 알기 위한 질문 (question for clarification)

출처: O' Malley, J. M. et al. (1985). *TESOL Quarterly, 19*(3).

상위 인지적 전략은 정보처리이론에서 나온 개념으로, 학습자가 학습을 계획하고 실행하며 학습과정 속에서 사고하는 전체과정을 통제하거나 평가할 수 있는 전략이다. 즉, 사고를 사고하는 전략이라고 할 수 있다. 인지적 전략은 특정한 구체적 학습내용에 대한 방법을 생각해 내는 전략이다. 또 사회정의적 전략은 사회에서 타인과의 상호작용을 어떻게 할 것인가를 생각해 내는 전략이다. 이것을 표로 나타내면 앞의 〈표 7-1〉과 같다.

정보처리학자들은 학습전략은 새로운 정보와 기존의 인지구조를 연결시켜 주는 부호화 과정에 영향을 주는 절차를 포함하고 있다고 주장한다.

표 7-2 … **부호화 과정을 도와주는 학습전략**

학습전략 유형	예
1. 기본 시연전략: 학습내용 반복하기	미대륙 동부에 있는 미국의 주 이름을 계속해서 소리내어 암송하기
2. 복잡한 시연전략: 글감의 주요 아이디어를 확인하여 기록하기	글감의 주요 아이디어에 밑줄을 긋고 노트하기
3. 기본 정교화 전략: 사물을 머릿속으로 그려 보기	캔자스 주의 광활한 밀밭이나 미시간 주의 자동차공장 그려 보기
4. 복잡한 정교화 전략: 새 정보를 기존의 지식에 연결하기 위해 자신의 말로 요약하기	정부의 삼권분립을 이해하기 위해 삼지창의 비유 사용하기
5. 기본 구조화 전략: 단편적인 내용을 새롭게 재구조화하기	남북전쟁을 야기했던 사건들을 시간 순서대로 다시 적어 보기
6. 복잡한 구조화 전략: 한 위계나 조직을 구성하기 위해서 자료 재구성하기	생태계의 먹이사슬을 나타내기 위해 개념도 만들기
7. 이해-점검전략: 수업 중 이해하지 못한 내용 체크하기	생소한 내용의 글감을 학생들이 잘 이해할 수 있도록 읽기를 시작하기 전에 질문하기
8. 정의적 전략: 자신의 환경을 편안하고 동기화된 분위기로 만들기	어려운 시험을 칠 때, '나는 할 수 있다. 단지 시간이 걸릴 뿐이다.' 라고 말하며 스스로에게 자신감 주기

출처: O' Malley, J. M. et al. (1985). *TESOL Quarterly, 19*(3).

즉, 학습전략은 부호화 과정이 효율적으로 일어날 수 있도록 도와주는 작용을 한다. 이에 관해 혼(Hohn, 1995)은 앞의 〈표 7-2〉와 같이 여덟 가지로 나누어 설명하였다.

3) 학습전략의 훈련

학습자의 학습양식이나 성격은 변화가 쉽지 않은 것과는 달리, 학습전략은 비교적 짧은 시간에 변화될 수 있다. 학습전략 훈련을 실시하기 전에 이 훈련이 왜 필요한지, 언제 필요한지를 학습자들이 먼저 이해하도록 하고, 그다음 어떻게 활용할 것인지에 대한 훈련을 시작한다. 학습전략 훈련을 시작하기 전에 교사는 미리 학습자의 연령, 성별, 태도, 동기, 학습목표, 성격, 학습형태, 적성, 그리고 학습전략 훈련에 대한 학습자의 인식 정도 등을 파악해 두어야 한다. 이런 사항들은 학습자가 학습전략을 선택하는 데 중요한 요인으로 작용하기 때문이다.

학습전략의 훈련효과에 대해 연구한 논문들은 대부분 학습전략 훈련을 받은 집단이 그렇지 않은 집단보다 학업성취도가 높다는 연구결과를 발표했다. 그러나 간혹 학습전략이 큰 도움이 되지 않았다는 연구결과를 발표한 논문들도 있었다. 따라서 학습전략 훈련을 실시하기 전에는 다음과 같은 점에 유의해야 한다(Nisbet, 2001).

- 어떤 학습전략을 어떤 학생에게 가르칠 것인지 결정한다.
- 학습자들이 선호하는 학습전략을 선택하도록 하여 가르친다.
- 학생에게 학습전략 훈련이 분명한 효과가 있다고 확신을 갖도록 한다.
- 학습전략을 교과내용과 분리하여 실시할지 또는 통합하여 실시할지를 학습상황에 따라 결정한다.
- 학습자의 수준과 능력에 따라 학습전략 훈련시기를 결정한다.
- 학습전략 훈련의 목적과 내용을 알리고, 훈련을 실시할지 아니면 미

리 알리지 않고 학습전략을 연습할 수 있는 기회만을 제공할지 학습 상황을 고려하여 결정한다.

가장 일반적으로 활용되고 있는 학습전략 훈련방법을 정리하여 설명하면 다음과 같다.

(1) 기억법을 이용한 학습전략

① 모듬전략

단어들을 주제별로 묶어서 기억하게 하는 전략이다. 예를 들어, 얼굴 표정에 관한 형용사, 날씨에 관한 표현, 학교생활에 관한 단어 등을 모아서 학습한다.

② 연상전략

새로운 단어를 학습하면서 이미 알고 있던 단어들과 연결시키는 전략이다. 예를 들어, 교사가 학생들에게 'summer' 라는 영어단어를 말해 주고 이 단어를 듣고 연상되는 영어단어를 생각나는 대로 말해 보도록 한다. 이렇게 기존에 알고 있던 단어와 새로운 단어를 연결시켜 가면서 학습하도록 하여 쉽게 이해하고 잘 잊어버리지 않도록 도와준다.

③ 심상전략

새로운 단어나 표현을 배울 때 머릿속으로 그와 관련된 상황을 그려 보는 학습전략이다. 예를 들어, '캥거루' 를 배울 때 마치 사진을 찍듯이 그 동물의 모습을 머릿속에 떠올리며 학습한다.

④ 소리연상전략

새로운 단어를 배울 때 소리와 연관된 특징을 연상하여 기억하는 학습전략이다. 예를 들어, 뻐꾸기라는 영어단어 'cuckoo' 을 배울 때 뻐꾸기가 '꾸꾸' 하고 우는 소리를 연상하며 학습한다.

⑤ 동작/감각반응전략

새로운 단어나 표현을 배울 때 직접 몸동작이나 율동으로 표현하면서 느낌과 연관지어 학습하는 전략이다. 예를 들어, 영어로 "Where are you going?" 이라고 물으면 "I am going to church." 라고 대답하면서 손으로 십자가를 그리거나 기도하는 몸짓을 하면서 학습한다.

(2) 인지활동을 이용한 학습전략

① 반복전략

의미나 내용을 충분히 이해하거나 동작을 정확히 수행할 정도로 반복해서 학습하는 전략이다. 단순히 반복만 하면 쉽게 지루함을 느끼게 되므로 상대를 정하여 반복하거나 적당한 시간이 지난 후 다시 반복하는 등 다양한 방법을 사용하는 것이 효과적이다.

② 패턴 인식/사용 전략

일상적 생활에서 빈번히 사용되는 표현의 패턴을 부분적으로 학습하지 않고 패턴 전체를 학습한다. 예를 들어, "I have something to _____." 라는 패턴을 주고 밑줄 친 곳에 학생이 원하는 특정 동사(eat, do, work 등)를 적용해 가면서 학습한다.

③ 자료이용전략

학습할 때 자신이 활용할 수 있는 모든 자료를 활용하면서 학습하는 전략이다. 예를 들어, 과제를 하기 위해 그림, 사전, 인터넷, 현지 방문, 관계자 인터뷰, 비디오테이프 등을 활용하면서 학습한다.

④ 전이전략

이미 알고 있는 사전지식을 활용하여 새로운 개념을 이해하는 전략이다. 예를 들어, 'goalkeeper' 라는 단어를 처음 접할 때 이미 알고 있는 'goal' 과 'keeper' 를 연결시켜 새로운 축구용어 'goalkeeper' 를 학습한다.

(3) 보상전략

① 추측전략

듣기나 읽기를 할 때 자신이 알고 있는 기존지식을 토대로 추측을 하여 의미를 파악해 가는 학습전략이다. 긴 문장을 읽을 때 간혹 모르는 단어가 나오더라도 전후의 문맥을 통해 모르는 단어의 의미를 추측하면서 읽어 나간다.

② 동의어/반의어 사용전략

새로운 단어를 학습할 때, 그 단어와 비슷한 단어나 반대되는 단어를 생각해 봄으로써 새 단어의 의미를 더욱 분명히 이해하고 오래 기억할 수 있는 학습전략이다. 예를 들어, 'gift' 라는 단어를 학습할 때 'present' 라는 동의어와 함께 학습하면 인지적 부담 없이 쉽게 새로운 단어를 하나 더 학습하게 된다.

(4) 상위 인지전략

① 주의집중전략

학습자가 필요하다고 판단한 내용만 선별하여 주의를 기울여 학습하는 전략이다. 예를 들어, 오디오테이프를 들을 때 모든 내용을 기억하려 하지 않고 등장인물들만 기억하기 위해 주의를 기울이며 테이프를 듣는다.

② 목표수립 및 실천계획 전략

학습자가 단기적 학습목표와 장기적 학습목표를 세우고 자신의 학습진행상황을 점검하는 학습전략이다. 예를 들어, 학생 스스로 학습목표를 도표화하여 책상 앞에 붙여 놓고 실천 여부를 체크해 나간다.

③ 연습기회 활용전략

자신이 배운 내용을 가급적 많이 연습해 볼 수 있는 기회를 만들려고 하는 학습전략이다. 예를 들어, 학교에서 배운 영어 표현을 길거리의 외국인들에게 활용하려고 노력한다.

④ 자기점검 및 자기평가 전략

학습자가 자신의 학습과정을 스스로 점검하면서 평가하는 학습전략이다. 예를 들어, 시험에서 반복적으로 틀리는 문제들을 노트에 따로 정리하여 꾸준히 연습한다.

(5) 정의적 전략

① 불안감 감소 전략

학습내용에 대한 두려움과 긴장을 느낄 때 심리적 안정감과 자신감을 회복시켜 편안한 마음으로 학습이 되도록 하는 전략이다. 예를 들어, 학생들이 어려워하는 내용을 배울 때 심호흡을 하거나 가벼운 음악을 들으면서 긴장을 풀고, 진도를 나가기보다는 지난 시간에 배운 내용을 다시 한 번 복습해 봄으로써 새로 배울 어려운 내용에 대해 자신감을 갖도록 한다.

② 자기격려와 칭찬전략

학습과정 중에 학습자가 스스로 격려하고 칭찬하는 학습전략이다. 학생들은 실수를 하면 위축되고 소극적이 되기 쉬운데, 이럴 때 실수는 학습과정에서 누구나 하게 되며 좀 더 공부하면 실수를 하지 않을 것이라고 생각하며 스스로를 격려한다.

③ 감정상태 점검전략

학습과정에서 느끼는 감정을 수시로 점검하여 부정적인 감정을 소멸시키고 긍정적인 감정을 유지시켜 나가는 학습전략이다. 예를 들어, 학생에게 학습일기를 쓰게 하여 공부하면서 힘든 감정, 무엇인가 새로운 것을 배워서 기분 좋은 감정 등을 써 나가면서 자신의 감정을 조절하거나 통제해 나가도록 한다.

(6) 사회적 전략

질문전략이 해당되는데, 자신이 모르는 내용이 있을 때 그것을 아는 사람에게 질문함으로써 학습하는 전략이다. 예를 들어, 수업 중 모르는 내용이 있을 때 표시해 두었다가 선생님이나 공부를 잘하는 친구에게 질문한다.

2. 학습양식

학습은 정보를 모으고 진행시키는 자연스러운 과정이고, 학습양식은 학습자가 모은 정보를 처리하는 방법이다. 살아가는 방식, 옷 입는 방식 등은 학습양식의 영향을 받는다. 학습에 참여하는 적극성의 정도에 따라 수동적인 학습자와 능동적인 학습자로 나눌 수 있다. 수동적인 학습자는 사색적이어서 배우는 내용을 생각하기를 좋아한다. 한편, 능동적인 학습자는 직접 경험을 하면서 배우기를 좋아한다. 운전교습을 예로 들어 보자. 수동적인 학습자는 관찰하는 입장으로 수업에 참여하지만, 능동적인 학습자는 자동차를 직접 작동하면서 배우려고 노력한다(Marks-Beale,

1994). 이 같은 학습양식은 세상을 살아가면서 하는 모든 행동에 영향을 미친다. 특히 학생이 학교에서 수업을 받을 때 교사의 수업양식에 자신의 학습양식을 잘 적응시키는 것은 학습효과에 중요한 영향을 미친다.

1) 학생의 학습양식과 교사의 수업양식

구조화 선호 학습양식을 가진 학생은 학습계열을 중시하며 논리적으로 학습하기를 좋아한다. 이들은 단계적 접근방법으로 정보를 얻으려 노력하고, 이론이나 질서를 중시한다. 또한 시간을 정확하게 지키고, 구체적이고 정밀한 정보까지 얻으려고 한다.

비구조화 선호 학습양식을 가진 학생은 구조화되지 않은 방법으로 학습하기를 좋아한다. 이들은 수학이나 과학과 같이 구조화된 과목보다는 역사나 예술, 문학 등 비구조화된 과목들을 좋아한다. 사물을 볼 때도 상세하고 구체적인 내용을 보기보다는 전체적이고 통합적인 내용을 파악하려고 노력한다. 또한 학습내용이 글로 기록된 것보다는 그림이나 도표로 설명되어 있는 것을 선호한다.

학생의 학습양식을 구조화 선호와 비구조화 선호로 나누듯이, 교사도 구조화된 수업을 선호하는 교사와 비구조화된 수업을 선호하는 교사로 나눌 수 있다. 마크스(Marks-Beale, 1994)는 이 두 유형의 교사들의 특징을 다음과 같이 설명하였다.

① 구조화된 수업을 선호하는 교사

- 체계적, 구조적인 내용을 선호한다.
- 사실이나 세부사항을 선호한다.
- 단계적 사고를 중시한다.
- 사람보다 자료에 더 흥미를 갖는다.
- 읽기와 문학과 같이 비형식적 교과내용을 선호한다.

- 교실 내의 정서적 분위기를 잘 파악하지 못한다.
- 효율성을 중시한다.
- 계획을 철저하게 세운다.
- 학생들을 엄격하게 대한다.
- 옳고 그름을 분명히 밝힌다.

② 비구조화된 수업을 선호하는 교사

- 인간미가 있고 사람들과 어울리기를 좋아한다.
- 다른 사람들의 단점을 잘 지적하지 않는다.
- 역할놀이, 토론, 소집단 수업을 선호한다.
- 개별화 수업을 선호한다.
- 자신만의 방식으로 수업을 진행한다.
- 창의적인 과제를 내준다.
- 수업을 즐겁게 만들려고 노력한다.
- 다양한 수업방식을 사용하려고 노력한다.
- 수업을 계획대로 진행하기보다는 상황에 따라 융통성 있게 진행한다.
- 수업을 다소 어수선하게 진행하는 것처럼 보인다.

학생이 교사의 수업양식에 잘 적응하는 것은 매우 중요하다. 특히 학생이 잘 적응만 한다면, 학생의 학습양식과 교사의 수업양식이 다를 때 학생에게 더욱 유익할 수 있다. 예를 들어, 비구조화 선호 교사는 구조화 선호 학생에게 상상력을 자극하는 과제를 부과하여 그 학생의 창의력을 개발시킬 수 있다. 반대로, 구조화 선호 교사는 분명한 규칙을 만들어 비구조화 선호 학생이 수업 중 우왕좌왕하는 것을 방지할 수 있다. 따라서 학생은 교사의 유형을 파악하여 적절하게 대응하는 것이 중요하다.

2) 학습환경 구성과 학습양식

학습환경에 따라 학습이 도전적이 될 수도 있고 절망적이 될 수도 있으며, 단지 시간낭비가 될 수도 있다. 학습이 효율적으로 진행될 수 있도록 학습환경을 구성하는 것은 학습의 전제조건이다. 효과적인 학습환경이란 학생이 쉽게 주의집중을 할 수 있어서 더 많은 학습이 이루어지게 하는 환경이다. 반면, 비효과적인 학습환경은 학습시간을 낭비하게 하고 학습을 어렵게 만든다. 효과적인 학습환경을 만드는 가장 중요한 이유는 학생이 학습하는 동안 주의집중을 잘 할 수 있도록 하기 위해서다.

주의집중은 학습에서 매우 중요하다. 주의집중을 하게 되면, 교과내용을 이해하기가 쉽다. 반면, 몽상(mind-wandering)은 주의집중의 적이다. 몽상은 순간적으로 주의집중을 하지 못하는 현상인데, 짧게는 1초, 길게는 30초 이상 지속될 수 있다.

때로는 몽상이 학습에 도움이 될 수도 있다. 학생이 학습하고 있는 내용과 관련된 것을 생각해 내면서 지식을 만들어 간다면, 몽상은 매우 유용하다. 예를 들어, 가전제품을 새로 구입해서 설치할 때, 어린 시절 플러그를 잘못 만져 전기충격을 받았던 기억에 대한 몽상을 한다면, 그것은 생산적이 될 수 있다. 그러나 이때 주말을 어떻게 보낼까를 생각한다면 비생산적이다. 이런 비생산적인 사고는 주의집중을 방해하여 학습의 속도와 효과를 떨어뜨린다. 몽상은 인간에게 나타나는 지극히 자연스러운 현상이다. 이런 현상을 완전히 제거하는 것은 불가능하지만 몽상의 빈도나 강도를 줄이는 것은 가능하다(Marks-Beale, 1994).

인간은 환경에 반응하며 생활한다. 따뜻하면 졸리고, 시끄러우면 주의가 산만해진다. 또 많은 생각을 하면 주의집중하기가 힘들어진다. 학습환경은 공부하는 동안 학습에 영향을 미치는 모든 것이다. 이 학습환경은 물리적 학습환경과 정신적 학습환경으로 나누어진다. 물리적 학습환경은 공부하는 장소와 주위에 놓여 있는 물건들이다. 정신적 학습환경은 학습자의 태도, 감정, 사고 등 학습자의 정신에 영향을 주는 요인들이다. 물리적 학습환경과 정신적 학습환경은 학습자가 주의를 집중하는 데 영향을 미치고, 이 주의집중은 다시 학습량과 학습시간에 영향을 미치게 된다. 주의집중을 할 수 있는 물리적 환경은 조용하고, 적당한 온도와 조명이 있어야 하며, 주위의 정리정돈이 잘 되어 있는 장소다. 주의집중에 효과적인 정신적 학습환경은 자신의 능력에 대한 자신감과 즐거운 마음으로 공부를 할 수 있는 감정이다.

학생의 학습양식에 따라 선호하는 학습환경도 매우 다르다. 집에서 혼자 조용한 분위기 속에서 공부하기를 선호하는 학생이 있는가 하면, 음악을 들으며 또는 많은 학생이 함께 공부하는 도서관을 선호하는 학생도 있다. 학생의 학습양식이 물리적 학습환경과 적절히 잘 결합되면 학습자의 바람직한 정신적 학습환경을 최적상태로 만들어 학습의 효과를 높이는 데 기여할 것이다.

3) 학습양식 조사

학습양식은 좋다, 나쁘다를 평가할 수 없다. 단지 학습자인 학생이 심리적 안정감을 가지고 학습할 수 있는 상황에 대한 선호도일 뿐이다. 다음은 자신의 학습양식을 조사해 볼 수 있도록 마크스(1994)가 개발한 학습양식 검사지다.

학습양식 검사지

여러분이 선호하는 학습양식을 알아보기 위해 개발한 검사입니다. 너무 깊이 생각하지 말고 가급적 가장 먼저 떠오르는 문항에 ○표를 하세요.

1. 나는 나를 이렇게 생각한다.
   a. 직관적이다.
   b. 논리적이다.
   c. 직관적이면서도 논리적이다.

2. 내 방의 정돈상태는?
   a. 엉망이다.
   b. 항상 정돈되어 있다.
   c. 때로는 엉망, 때로는 잘 정돈되어 있다.

3. 교실에서 나의 태도는?
   a. 오랫동안 조용히 앉아 있는 데 어려움이 있다
   b. 오랫동안 조용히 앉아 있는 데 어려움이 없다.

4. 댄스 파티에서 나는?
   a. 춤을 많이 춘다.
   b. 대부분의 시간을 사람들과 대화하는 데 보낸다.
   c. 춤추는 시간과 대화하는 시간이 비슷하다.
   d. 춤을 좋아하지 않는다.

5. 어떤 표현이 나를 가장 잘 나타내는가?
   a. 나는 리더가 되기를 원한다.
   b. 나는 집단의 일원으로 만족한다.
   c. 나는 리더가 되는 것도 따라 하는 것도 좋아한다.
   d. 나는 혼자 있는 것을 좋아한다.

6. 어떤 표현이 나를 가장 잘 나타내는가?
   a. 내가 경험한 내용을 약간 과장하여 표현한다.

b. 내가 경험한 내용을 있는 그대로 정확하게 표현한다.

7. 수업 중 노트를 할 때 나는?
   a. 노트 여백에 낙서를 한다.
   b. 필기하느라 바빠서 낙서를 전혀 하지 않는다.
   c. 필기도 하고 낙서도 한다.
   d. 필기도 낙서도 하지 않는다.

8. 회의시간이 다가올 때 나는?
   a. 종종 늦거나 서둘러 간다.
   b. 항상 일찍 가거나 정시에 간다.
   c. 때로는 늦기도 하고, 때로는 정시에 가기도 한다.

9. 공부할 때 나는?
   a. 능동적이고, 시행착오를 통해 배우기를 좋아한다.
   b. 선생님의 말씀을 듣기를 좋아한다.
   c. a와 b 모두 해당된다.
   d. a와 b 모두 해당되지 않는다.

10. 나는?
    a. 방에 들어간 후에 방에 들어온 이유를 잊어버리는 경우가 종종 있다.
    b. 방에 들어간 후에 방에 들어온 이유를 결코 잊어버리지 않는다.

11. 학교에서 나는?
    a. 헛된 생각을 많이 하는 경향이 있다.
    b. 헛된 생각을 전혀 하지 않는다.

12. 나는?
    a. 때때로 셈하기 위해서 손가락을 사용한다.

b. 주로 암산으로 셈을 한다.

13. 공부가 가장 잘 될 때는?
    a. 음악을 들으면서 공부할 때
    b. 음악을 듣지 않으면서 공부할 때
    c. 음악과는 상관이 없다.

14. 나는?
    a. 선생님이 말로 지시하는 내용을 종종 이해하지 못한다.
    b. 선생님이 말로 지시하는 내용을 잘 이해한다.

15. 나는?
    a. 너무 많은 새로운 아이디어를 가지고 있어, 이것들을 다 실행하지 못한다.
    b. 신중하게 계획을 세운다.
    c. a, b 둘 다 해당된다.
    d. a, b 둘 다 해당되지 않는다.

16. 나는 어떤 과목을 잘하는가?
    a. 미술이나 음악
    b. 영어나 역사
    c. a, b 과목 모두 잘한다.
    d. a, b 과목 모두 못한다.

17. 나는?
    a. 나의 감정을 다른 사람들에게 이야기하기를 좋아한다.
    b. 나의 감정을 비밀로 지킨다.

18. 숙제를 할 때 나는?
    a. 주의집중하기가 힘들다.

b. 숙제를 하는 동안 시간이 너무 잘 간다.
c. 숙제하는 시간이 너무 지루하고 길게 느껴진다.
d. 숙제를 하지 않는다.

19. 나는?
a. 창의적이다.
b. 상상력이 풍부하지 않다.

20. 나는?
a. 나는 다양한 색을 좋아한다.
b. 나는 다양한 색을 좋아하지 않는다.

평가방법

'a' 가 많으면 비구조화 선호 학습양식 소유자, 'b' 가 많으면 구조화 선호 학습양식 소유자, 'c' 가 많으면 중간적인 학습양식 소유자, 'd' 가 많으면 학습성향이 없는 사람이다.

3. 공부기술

공부기술은 1950년대 낙제생들을 위해 대학에서 먼저 시작되었다. 이어 열여섯 살 이상의 '전후 1세대 학생' 들이 직면하고 있는 문제점들을 학교가 인식하게 되면서 중학교 상급반에게까지 전파되어 최근 몇 년간 급속히 퍼져 나갔다. 1969년 개방대학의 설립은 새로운 형태인데, 성인학생들을 고등교육에 끌어들임으로써 공부기술운동에 자극을 주었고, 지금은 '공부방법(how to study)' 에 대한 수많은 안내서가 나오고 있다(Nisbet, 2001).

공부기술에 대한 책들은 물리적 학습환경 조성을 먼저 다룬 다음, 공부기술훈련에 대해 다루고 있다. 이와 관련된 규칙들은 다음과 같다.

① 그날 그날의 계획표를 작성하라.
② 공부를 시작하기 전에 미리 필요한 모든 자료를 준비하라.
③ 자리에 앉자마자 바로 공부를 시작하라.
④ 공부의 진행에서 나타나는 일반적인 결함들
- 학습자료에 대한 독해력 부족
- 암기식 공부
- 조직과 요약의 실패
- 복습의 실패
- 공부를 위한 시간과 공간의 부족

학습전략에서 가장 중요한 것은 학습자 자신에 대한 인식을 발달시키는 것이다. 자기인식은 학습자가 학습의 과정에서 영향을 받을 때 학습전략과 직접적으로 연결된다. 이러한 연결은 학습자 스스로 생각할 때는 무의식적으로, 교사가 교과내용과 학습방법에 대해 관심을 가지고 피드백을 줄 때는 의식적으로 이루어진다. 이런 학습전략은 모든 교과내용에 적용되지만, 공부기술은 학습전략과는 달리 특정 교과와 관련되어 가르친다. 학생이 교과와 관련된 특정 공부기술을 습득하게 되면 이를 바탕으로 스스로 학습방법에 대한 자신의 학습전략을 발달시킬 수 있다.

다음에서는 각 과목에 적합한 공부기술을 살펴보았다.

1) SQ3R

이 공부기술은 역사나 과학 분야에 적합한 방법이다. 어떤 학생들은 책을 많이 읽지만, 역사나 과학 성적이 부진한 경우가 있다. 이런 학생들의 특징은 그들이 읽는 책이 주로 소설이나 명작들이기 때문에 이야기 형식의 글은 잘 읽어도 설명문 형식의 딱딱한 글은 잘 읽지 못한다. 그들이 역사나 과학 교과서나 그와 관련된 서적을 읽었다 하더라도 정확하게 이해하지 못하고, 읽은 내용을 가지고 어떻게 공부해야 할지를 모른다. 이들의 특징은 다음과 같다(전정재, 2001).

① 읽은 글감의 주제를 파악하지 못한다.
② 글감의 내용을 요약하지 못한다.
③ 어느 부분을 빨리 읽어야 하고, 어느 부분을 상세히 읽어야 하는지를 모른다.
④ 그래프나 도표를 이해해서 정보를 수집하고, 그 정보를 이해하는 방법을 모른다.
⑤ 새 지식을 접했을 때 자신이 이미 알고 있는 지식을 활용하여 이해하는 방법을 잘 모른다.

이들은 상위 인지능력이 부족하여, 새로운 글감과 관련하여 무엇을 알고 있는지에 대해 정확하게 알지 못하고, 또 새로 받아들인 정보를 기존 지식과 연결시키는 데도 미숙한 것이다.

SQ3R방법을 개략적으로 살펴보면 다음과 같다.

① Survey(윤곽 잡기): 글감의 윤곽을 잡기 위해 대략적으로 훑어본다.
② Question(스스로 문제 생성): 윤곽 잡기를 하는 동안 자신에게 질문을 한다.
③ Read(읽기): 글감에서 중요한 핵심단어들을 잘 파악해 전체적인 내용을 이해해 가면서 읽어 나간다.
④ Recite(암송): 자신의 질문에 대한 답을 찾아가면서 중요한 개념을 기억한다.
⑤ Review(복습): 읽기를 하는 동안 생각해 두었던 중요한 개념이나 결

론만 간추려 다시 살펴본다.

2) ROWAC

이 방법은 논술, 보고서, 독후감 등 글쓰기 공부기술이 부족한 학생들에게 적합하다. 대부분의 학생들은 글을 읽는 것보다 쓰는 것을 더 싫어한다. 글쓰기는 읽기보다 더 많은 인지적 노력이 필요하기 때문이다.

학생들에게 글쓰기를 가르치기 전에 먼저 글쓰기를 싫어하는 이유에 대해 살펴보자. 먼저 학생들은 무엇에 대해 글을 써야 한다는, 즉 글의 주제를 선정하는 데 어려움이 많다. 글의 주제를 선정하기 위해서는 해당 분야에 관한 많은 지식이나 정보를 얻어야 하므로 많이 읽어야 한다. 써야 할 글의 주제를 선정하고 난 후에는 어떻게 써야 할지를 모르고, 좀 더 세련된 표현을 떠나서 내용의 정리를 어떻게 해야 할지 어려워한다.

글쓰기를 싫어하는 학생들에게 효과적인 ROWAC 방법을 살펴보면 다음과 같다.

① Read(읽기): 관련된 분야의 독서를 한 후 글감을 잡는다.
② Organize(구성): 생각나는 주요한 아이디어들을 구성한다.
③ Write(쓰기): 주요한 아이디어들을 중심으로 문장을 써 본다.
④ Actively read(적극적으로 검토하며 읽기): 개략적으로 써 놓은 문장들을 적극적으로 검토하며 읽는다.
⑤ Correct prediction(고쳐쓰기): 써 놓은 글을 상세하게 읽으면서 수정한다.

3) EVOKER

학생들은 시를 접할 수 있는 기회가 많지 않아 대부분 어렵다고 생각한다. 그들이 시를 어려워하는 가장 큰 이유는 어떻게 감상해야 할지 몰라서다. 시는 그 특성상 한 단어가 많은 의미를 포함한 함축성 때문에 정독을 하지 않으면 그 의미들을 다 찾아내지 못하게 되고, 결국 시가 가지고 있는 언어의 미를 이해하지 못하게 된다. 시를 공부하는 데 효과적인 EVOKER 방법을 간단히 살펴보면 다음과 같다.

① Explore(탐색): 시의 느낌만 감지할 수 있을 정도로 빠른 속도로 읽는다.
② Vocabulary(어휘): 시의 주제를 잘 표현해 주는 핵심단어를 찾는다.
③ Oral reading(낭송): 시의 아름다움을 이해하기 위해 리듬감이 살아나도록 소리내어 읽는다.
④ Key ideas(중요개념): 핵심단어를 중심으로 시 전체가 표현하려는 중요개념을 파악한다.
⑤ Evaluate(주제 파악): 핵심단어와 중요개념을 회상하면서 시의 주제를 파악한다.
⑥ Recapitulation(되풀이하여 읽기): 시를 다 이해한 후에 다시 읽어서 그 내용뿐 아니라 시의 의미와 숨겨진 뜻을 음미한다.

4) SQRQCQ

많은 학생이 초등학교 저학년일 때는 수학을 어느 정도 좋아하다가 고학년이 될수록 싫어하는 경향이 두드러진다. 여러 가지 이유가 있겠지만, 대부분 간단한 계산은 잘 하지만 그 계산능력을 응용문제에 적용시키는 데는 어려움을 느끼기 때문이다. 수학응용문제의 요지를 정확하게 파악하지 못하고 그 문제가 지시하는 대로 순차적으로 따라가지 못하는 학생들에게 효과적인 SQRQCQ 방법을 간략하게 살펴보면 다음과 같다.

① Survey(문제개요 파악): 수학응용문제를 대강 읽어 나가면서 그 문제가 무엇을 요구하고, 요구하는 사항이 몇 개인지를 파악한다.
② Question(첫 질문): 문제가 요구하는 바를 이해하고 있는지 자문해 본다.
③ Review(문제 다시 읽기): 문제를 다시 읽으면서 풀어 나가야 할 과정에 대해서 정리한다.
④ Question(두 번째 질문): 두 번째 자문을 하여 어떤 수학공식을 이용하여 어떻게 풀어 나갈지를 결정한다.
⑤ Compute(계산): 위의 절차를 통해 문제를 정확하게 파악한 후 계산한다.
⑥ Question(세 번째 질문): 계산을 통해 나온 답을 다시 검토한다.

위에서 살펴본 여러 가지 공부기술들이 교육현장에서 실제 사용되어 좋은 결과가 있다는 연구들도 많이 있다. 이처럼 공부기술의 중요성이 최근 중요하게 부각되고 있는 반면, 다음과 같은 비판을 받고 있는 것도 사실이다.

① 인지심리학적 발달과의 연계성 부족으로 이론적 기초가 빈약하다.
② 보편적인 원리를 바탕으로 하기 때문에 경험적 기초가 부족하다.
③ 지나치게 일반적이고 교과의 맥락에서 벗어남으로써 학습자의 필요에 맞지 않으며 실제로 적용하는 것이 어렵다.
④ 구체적인 과목들에 대한 소언을 모아 논 것이므로 진이성이 낮다.
⑤ 시험합격 등 단순히 학교제도의 형식적인 요구에 부응하기 위한 방법으로 이용된다.
⑥ 공부기술은 주로 대학생이나 성인을 대상으로 하기 때문에 시기상으로 너무 늦다.

4. 시간관리법

우리나라의 학생들은 학교, 학원에서 많은 시간을 보낸다. 공부에 시간은 많이 소비하고 있지만, 효율성을 따져 보면 매우 낮은 경우가 대부분이다. 모든 학생에게는 하루 24시간이 주어진다. 그들은 공부 외에도 해야 할 많은 경험이 있다. 공부에 너무 많은 시간을 비효율적으로 투자하면 취미활동, 봉사활동, 친구와의 친교활동 등 중요한 경험을 할 수 없게 된다. 이런 측면에서 시간을 효율적으로 관리하여 잘 사용하는 것은 모든 사람에게, 특히 공부하는 학생들에게는 매우 중요하다. 그러나 시간관리는 생각처럼 그리 간단하지 않다. 시간의 효율적인 이용은 학업의 성공을 결정적으로 좌우하지만, 겉으로 보이는 것만큼 쉬운 것은 아니다.

학생들은 시간관리를 하는 태도에 따라 세 가지 유형으로 나눌 수 있다(김영채, 1992).

첫째, 학습을 시작하는 데 준비시간이 많이 걸리는 학생이 있다. 이들은 공부를 시작하기가 어렵다. 공부를 해야겠다는 생각을 하면서도 이일 저일 다 한 후에야 비로소 공부를 시작한다. 어렵게 공부를 시작하지만 얼마 되지 않아 바로 공부를 끝내 버린다.

둘째, 시간에 비해 너무 많은 학습량을 설정하는 학생이 있다. 짧은 시간에 자기의 능력에 넘치는 학습량을 정하여 학습속도가 너무 빨라 이해하지도 못한 채 진도만 나간다. 결국 하나의 학습목표에도 도달하지 못하고 시간만 낭비하고 만다. 이들은 스스로 공부를 많이 했다고 생각하지만, 성적이 잘 나오지 않아 실망하는 경우가 많다.

셋째, 자신의 능력과 시간의 양에 적합하게 학습목표와 계획을 세워 공부하고 이후 성취감을 느끼는 학생이 있다. 이들은 자신의 능력을 잘 파악하여 실현 가능한 정도를 고려하고 계획을 세우기 때문에 심리적 부담 없이 차분하게 공부해 나간다.

그럼, 학생들이 올바르게 시간관리를 하는 방법에 대해 구체적으로 살펴보겠다.

첫째, 단기목표와 장기목표를 세워야 한다. 자신에게 중요한 것이 무엇인지를 찾아내야 한다. 만약 이번 학기에 좋은 학점을 받는 것이 중요한지, 5년 후 좋은 직업인이 되는 것이 중요한지, 10년 후 좋은 부모가 되는 것이 중요한지를 안다면, 시간을 단기적으로 또는 장기적으로 어떻게 사용해야 할지를 결정할 수 있게 된다. 단기목표는 6개월 혹은 1년 이내에 성취해야 할 목표다. 이번 학기에 선택해야 할 과목, 좋은 학점 받기 등이 단기목표에 속한다. 장기목표는 6개월 혹은 1년 이상의 시간이 필요한 목표다. 예를 들면, 좋은 성적으로 학위 취득하기, 훌륭한 직업인 되기, 결혼하여 가정 갖기 등이 장기목표에 속한다. 단기목표와 장기목표를 여러 개 정하고 그 목표들을 이루기 위해 구체적인 실행방안을 다섯 가지 정도 기록해 본다. 예를 들어 보면 다음과 같다.

〈단기목표 및 실행계획〉

학교에서 좋은 성적을 받기 위해서 나는 ________________.

① 공부를 열심히 한다.

② 수업에 빠지지 않는다.

③ 과제를 정시에 제출한다.

④ 학급토론에 적극적으로 참여한다.

⑤ 시간을 계획적으로 사용한다.

〈장기목표 및 실행계획〉

내가 원하는 직업을 갖기 위해서 나는 ________________.

① 학교에서 좋은 성적을 받도록 노력한다.

② 직업상담사와 진로상담을 한다.

③ 원하는 직업의 현장체험을 해본다.
④ 그 직업이 원하는 자격증을 준비한다.
⑤ 그 분야 종사자와 상담을 한다.

둘째, 일일 또는 주별 일정관리를 잘 한다. 아침에 일어나서 저녁에 잠자리에 들 때까지 시간대별로 자신이 하는 일을 상세히 적어 본다. 일일 일정을 일주일 동안 적어 본 후, 그 내용들을 잘 살펴보면 하루를 현명하게 보냈는지 그렇지 않은지를 스스로 평가할 수 있다.

셋째, 학기관리표를 잘 활용한다. 한 학기 동안 학교 일정에 따라 제출해야 되는 과제물과 주요 행사를 일목요연하게 볼 수 있는 학기달력을 만들어 활용한다.

넷째, 주별 일정관리표와 학기관리표를 참조하여 공부계획표를 만들어 활용한다. 스스로 어렵다고 생각되거나 중요하다고 생각되는 과목을 왼쪽에 기록한다. 각 과목의 과제 마감일과 시험일을 중심으로 시간을 계획하여 어떻게 공부를 할지 일정을 짜 본다.

다섯째, 일일관리표를 분석하여 어떤 계획을 실천하지 못했는지, 그 이유는 무엇인지, 계획을 실천하지 못함으로써 어떤 결과가 생겼는지를 적어 본다. 참고로 학생들은 과제를 마지막 순간까지 미루기, TV 보기, 친구 만나기, 공상하기, 잠을 너무 많이 자기, 계획 없이 우왕좌왕하기, 채팅하거나 전화하기 등에 시간을 가장 많이 낭비한다.

여섯째, 자신의 학습목표를 정하고, 그 학습목표에 도달하면 스스로에게 보상을 준다. 예를 들어, 두 시간 공부를 했다면 20분간 친구들과 인터넷 채팅을 하는 것이 보상에 해당한다. 자신이 보상이라고 생각할 만한 것들을 미리 다섯 가지 정도 적어 본다.

〈주별 일정관리표〉

시간	일	월	화	수	목	금	토
06:00							
07:00							
08:00							
09:00							
10:00							
11:00							
12:00							
13:00							
14:00							
15:00							
16:00							
17:00							
18:00							
19:00							
20:00							
21:00							
22:00 23:00							
24:00							

〈학기관리표〉

주		일	월	화	수	목	금	토
1주	9.7.~							
2주	9.14.~							
3주	9.21.~							
4주	9.28.~							
5주	10.5.~							
6주	10.12.~							
7주	10.19.~							
8주	10.28.~							
9주	11.2.~							
10주	11.9.~							
11주	11.16.~							
12주	11.23.~							
13주	11.30.~							
14주	12.7.~							
15주	12.14.~							

〈 ___주차 공부계획 〉

과목(어려운 순서대로) / 날짜	영어	수학	국어	사회	과학	음악	컴퓨터
일(9/7)							
월(9/8)							
화(9/10)							
수(9/11)							
목(9/12)							
금(9/13)							
토(9/14)							

5. 노트하기

전화상으로 친구의 전화번호를 들었을 때, 당장은 그 번호를 기억하지만 곧 잊어버린다. 이때 그 번호를 기록해 놓으면 필요할 때 언제든지 활용할 수 있다. 노트도 이와 비슷하다. 교사가 강의하는 내용을 잘 노트해 두면 배운 내용을 필요할 때 언제든지 다시 꺼내 볼 수 있다. 특히 교사의 강의내용은 시험에 출제되기 때문에 노트를 잘하는 학생이 시험을 잘 보는 경향이 있다.

1) 노트를 하는 이유

학생이 학습단계를 차근차근 밟아 나갈 때 학습이 가장 잘 이루어진다. 예를 들어, 교사의 강의를 듣고, 중요한 내용을 노트하고, 필요할 때 그 내용을 참고하여 공부하는 단계가 갖추어졌을 때 효과적인 학습이 이루어진다. 만약 학생이 노트를 하지 않는다면 필요할 때 참고할 수도 없으며, 많은 내용을 기억하지 못하여 다음 단계의 학습이 이루어지지 않는다.

노트를 하는 가장 큰 이유는 노트를 함으로써 주의를 집중할 수 있다는 것이다. 노트하기는 능동적인 학습기술이기 때문에 학생이 주의집중하는 것을 도와준다. 잘 정리된 노트는 복습하는 데 사용하는 중요한 자료가 된다. 노트를 통해서 복습하면 배운 내용이 머릿속에 구조화되고 오래 기억된다. 또한 배운 내용을 회상할 때도 노트된 내용들이 시각적인 도움을 주어 회상을 쉽게 해준다.

2) 효과적인 노트하기 요령

(1) 수업에 참석하기 전에 배울 내용을 대충 훑어본다

예습을 충분히 하고 수업에 참석하는 것은 매우 바람직하다. 그러나 예습을 충실히 하는 학생들은 그리 많지 않다. 시간이 부족하여 충실히 예습은 하지 못하더라도, 배울 내용을 대충 훑어보는 것은 매우 효과적이다. 이렇게 하면 배울 내용에 대해 배경지식이 생겨 교사의 설명을 예측할 수 있고, 중요한 내용과 중요하지 않은 내용을 구별할 수 있게 된다. 즉, 노트할 내용과 노트하지 않아도 될 내용을 구별할 수 있는 능력이 생긴다.

(2) 자신의 의견이나 요약 등을 기록할 충분한 공간을 확보하고 노트한다

강의를 들으면서 노트를 하다 보면 중요한 핵심단어 위주로 신속하게 노트하게 된다. 그러다 보면 많은 다른 정보들을 보충하거나 새롭게 정리하고 요약해야 하는 경우가 많다. 이때를 대비하여 많은 공간을 남겨 두어야 한다.

(3) 매 강의마다 날짜와 강의제목을 기록한다

복습을 할 때 노트는 참고자료로 활용된다. 따라서 강의날짜와 강의제목을 노트 위 부분에 기록하여 쉽게 찾을 수 있도록 한다.

(4) 가급적 자기말로 간략하게 노트한다

강의를 들으며 노트를 하다 보면 시간이 부족하기 때문에 강의 중 들은 내용을 모두 기록할 수도 없고 그렇게 할 필요도 없다. 대신 교사가 강조한 핵심단어를 중심으로 자기화된 언어로 노트를 해야 한다. 자기화된 언어로 표현된 노트는 시간이 지난 후 복습할 때 쉽게 이해할 수 있게 해준다.

(5) 강의에서 중요한 내용만 추려 내어 노트한다

교사가 강의 중에 "이것은 시험에 자주 출제돼요." "이것은 아주 중요해요." "이것은 여러분이 꼭 알아두어야 해요."와 같이 말하거나 반복하여 설명하는 부분은 중요한 내용이다. 교사가 칠판에 적어 가면서 설명하는 내용도 대부분 중요한 것이다. 강의하는 교사의 언어표현이나 얼굴 표정을 잘 살펴보면 현재 설명하고 있는 내용이 중요한지 그렇지 않은지를 알 수 있다. 교사가 강조하지 않더라도 강의내용의 정의, 비교와 대조, 분류, 원인과 결과 등은 항상 중요한 내용이다. 따라서 강의내용과 교사의 강의태도 등을 참작하여 중요한 부분을 잘 구분하여 노트해야 한다. 이때 노트를 하는 것보다 교사의 설명을 이해하는 것이 더 중요하므로, 노트를 하느라 교사의 설명을 놓치는 일은 없어야 한다.

제8장

전생애 진로지도(진로교육)에 대한 이해

1. 진로지도(진로교육)의 필요성 및 목적

진로지도(교육)는 학교교육이 학생들을 행복한 개인으로, 그리고 생산적인 사회성원으로 길러내는 데 보다 적극적으로 공헌해야 된다는 교육의 방향을 제시한다. 이러한 교육의 방향이 1980년대 이후 새롭게 강조되기 시작한 것은 우리 사회가 그러한 방향의 교육을 절실하게 요청하고 있기 때문이라고 생각된다. 이는 최근 교육과 관련되어 제기되고 있는 여러 가지 사회적 문제들을 살펴보면 쉽게 납득할 수 있다.

과도한 사교육비 문제, 입시과열 및 재수생 문제, 학력의 고하를 막론한 심각한 실업문제, 일과 직업에 대한 가치관의 혼돈 및 태도의 문제 등은 우리 사회가 안고 있는 중요한 문제들이라고 할 수 있다. 이러한 문제들에 대하여 학교교육이 전적으로 책임이 있다는 것은 아니다. 그러나 학교교육은 이러한 문제들의 해결 또는 완화를 위하여 지금까지 매우 소극적이었다기보다는 오히려 실패하고 있었거나 무대응상태에 있었다고 보아야 마땅할지도 모른다. 이와 같은 이유로 오늘날 학교교육이 거센 비판을 면치 못하고 있으며, 올바른 진로지도(교육)의 필요성이 절실하게 대두되고 있다.

여기서는 진로지도의 필요성 및 목적을 개인발달적 측면과 국가사회적 측면으로 나누어 살펴보고자 한다.

1) 개인발달적 측면에서 진로지도의 필요성 및 목적

학교교육은 소위 근대교육이 시작된 이래 개인과 사회의 필요에 부응하는 방향으로 발전해 왔다. 시대에 따라 개인적 필요와 사회적 필요는 조금씩 변천해 왔고, 교육도 이에 부응하여 발전해 왔다. 그렇다면 1980년대 이후 현재까지 우리 사회에서 두드러지게 나타나고 있는 교육에 관련된 개인적 필요와 사회적 필요는 무엇인가?

먼저 개인적인 필요를 살펴보자. 여러 가지가 있겠지만 1980년대 이후 현재, 그리고 21세기에 다가올 고도 산업기술사회를 염두에 두고 가장 크게 대두되는 개인적 필요는 무엇인가? 여기에서는 이와 같이 새롭게 제기되는 교육적 필요로서 현재 학교교육으로 충족되지 못하고 있는 문제점들을 진단함으로써 진로지도의 필요성과 목적을 생각해 본다.

(1) 적성과 능력을 포함한 자아특성의 발견과 계발

현대사회를 살아가는 시민들의 필요가 절실함에도 불구하고, 오늘날 학교교육이 제대로 대응하지 못하고 있는 문제점의 하나는 일과 직업세계에 관련된 올바른 자아인식능력을 길러 주지 못하고 있다는 것이다. 현대사회는 과학기술의 발전으로 산업이 고도로 분화되고 발전하였다. 정보화사회를 넘어 지식기반사회가 친환경 녹색기술사회로 발전해 가고 있다. 이에 따라 직업의 종류도 수없이 많아졌고, 계속해서 전문화되는 추세이며, 일의 내용도 점점 더 복잡해지고 있다.

이와 같이 복잡한 직업세계에서 자기에게 가장 알맞은 직업을 선택하고 성공적인 직업생활을 영위한다는 것은 결코 쉬운 일이 아니다. 직업의 종류에 따라 요구되는 능력과 적성, 기능, 역할은 다양하다. 따라서 자기에게 맞는 일과 직업을 택하기 위해서는 무엇보다도 자기의 적성, 흥미, 인성, 신체적 적성 등을 올바르게 이해하고, 자기가 원하는 인생의 목표와 직업에 맞게 능력과 적성을 가꾸어 나가야 한다. 그러나 오늘날 학교교육은 이러한 점에서 대비가 매우 소홀했다고 판단된다.

(2) 다양한 일과 직업세계에 대한 이해

개인적 측면에서 진로교육의 필요성과 목적은 현대사회의 복잡다양한 일과 직업의 종류 및 본질에 대한 객관적 이해가 절대적으로 요청되고 있다는 점에서 찾아볼 수 있다. 산업혁명 이래 세계는 급속하게 발전하였다. 이에 따라 직업의 전문화, 고도화가 급속하게 진전되었다. 선진국의 경우는 2~3만 종류의 직업이 존재하게 되었고, 우리나라의 경우도 앞으로 이에 버금가는 직업의 종류가 존재할 것으로 전망되고 있다. 그리고 일부 미래학자들의 예측에 따르면, 21세기에는 현존하는 직업의 50% 정도는 없어지고, 새로운 직종이 생겨나며, 존속하는 직종의 경우도 일의 방법이 많이 변화된다고 한다.

이러한 상황에서 장래성 있는, 그리고 자기에게 맞는 직업을 선택한다는 것은 결코 쉬운 일이 아니다. 일과 직업의 세계에 대한 객관적인 정보와 이에 대한 체계적인 탐구 없이 직업을 선택한다는 것은 앞으로는 불가능해질 것이다. 이런 점에서 오늘날 진로교육의 필요성은 절대적이라고 판단되는 반면에 학교교육은 이에 대하여 아무런 역할도 하지 못하고 있는 실정이다.

(3) 일과 직업에 대한 적극적 가치관 및 태도 육성

개인적 측면에서 진로교육의 필요성과 목적은 일과 직업에 대한 올바른 가치관 및 태도 형성에 대한 요청이 절실하다는 점에서 찾아볼 수 있다. 역사적으로 볼 때 일과 직업은 천민들에게만 부과되는 것이었다. 고대 그리스나 이집트에서 일은 노예에게 부과되는 벌의 일종으로 인식되었다. 우리나라의 경우 사농공상으로 구분되어 선비는 학자로서 벼슬에 나아가 세상을 다스리는 자로서의 신분을 부여받았다. 그러나 이들은 이러한 책무를 일이나 직업으로 의식하지는 않았던 것으로 판단되며, 농공상에 해당하는 사람들에게는 그 신분에 따라 적합한 일거리와 직책이 부여된다는 인식을 가지고 있었던 것으로 생각된다.

이와 같은 전통 속에서 해방과 더불어 우리 사회는 민주개방사회로 옮아가게 되었다. 그러나 일과 직업에 대한 우리의 가치인식은 전통적 구습을 벗어나지 못하고 있다. 현대사회에서 일이란 부를 강조하는 원천이며, 직업은 생계의 수단으로서뿐만 아니라 사회봉사와 자아실현의 수단으로서 그 중요성이 더욱 커졌다. 그러나 아직도 우리 사회에는 일을 천시하거나 가볍게 여기는 풍조가 남아 있다. 입시경쟁이 치열해진 원인의 하나도 따지고 보면 직업을 사회봉사나 자아실현의 수단으로 보기보다는 돈과 권력을 쟁취하는 수단으로 보려는 생각에서 비롯된 것이다.

전통적인 직업의식 중에서도 우리가 계승 · 발전시켜야 할 좋은 점이 없는 것은 아니나, 우리 사회에 만연해 있는 지위지향적 직업관, 직업에 대한 전통적 귀천의식, 기술직에 대한 천시 풍조, 화이트 칼라에 대한 지나친 선호 경향 등은 현재 개인과 사회의 발전에 장애적인 가치관 또는 태도라고 판단된다. 이와 같은 가치관 또는 태도가 불식되어야 우리 사회가 보다 건전하고 생산적인 사회로 발전할 수 있을 것이다.

(4) 진로선택의 유연성과 다양성의 제고

개인적 측면에서 진로교육의 필요성과 목적은 학생들이 인생의 목표설정과 직업선택에서 유연성과 다양성을 잃고 있다는 점에서 찾아볼 수 있다. 사회가 다양화되고 발전함에 따라 이 세상에는 수많은 직업이 존재하게 되었다. 이 직업들은 그만큼 필요성이 있기 때문에 존재하며, 존재하는 모든 직업은 소명의식을 가지고 수행할 만한 가치가 있는 것이다.

많은 경우 학생들은 입시준비에 여념이 없다 보니 자신의 인생목표와 진로에 대하여 깊은 고려와 탐색 없이 대학에 진학하거나 사회에 진출하게 된다. 대부분의 학생은 자신의 적성이나 가치관에 대한 이해 없이 또한 직업과 일의 종류 및 내용에 대한 객관적 정보도 없이 오직 수능점수에 따라, 그리고 입신출세 지향적인 사회적 통념 및 학부모의 권고에 따라 순간적이고 우발적으로 인생의 진로를 결정하고 있다. 이런 이유로 해서 학생들은 진취적이고, 도전적이고, 미래지향적이라기보다는 안정적이고 출세지향적인 쪽으로 편향되고 있다. 그리고 대학의 학과선택에서도 이 같은 이유로 소위 인기학과에만 지원자가 몰리는 쏠림현상이 나타나고 있다.

인생의 목표가 반드시 대학에 진학해야만 실현되는 것은 아니다. 자신의 인생목표에 따라 구태여 대학에 가지 않아도 되며, 혹은 먼저 취업을 하고 안정된 생활기반을 형성한 뒤에 대학에 진학하는 인생진로를 택할 수도 있을 것이다. 그러나 우리 사회와 학교교육은 인생의 진로가 다양하고, 주어진 조건에 따라 유연성 있게 진로를 선택하는 것이 바람직하다는 사실을 학생들에게 인식시키지 못하고 있다.

이러한 다양성과 유연성 위에 인생의 목표를 설정하고, 그에 맞는 직업을 탐색하고, 준비할 수 있도록 학교가 어려서부터 학생들에게 교육시킨다고 하더라도 그들이 자기들 나름대로 인생의 성공을 만족스럽게 거둘 수 있는지는 의문의 여지가 많다. 하물며 오늘날 학교가 이런 문제에 대하여 아무런 인식도 없이 학생들을 오직 입시준비에만 몰아친다면 그 교육의 결과는 가히 염려스러운 것이 될 수밖에 없을 것이다.

오늘날 우리의 많은 청소년이 학교생활에서나 직장생활에서 다른 나라 청소년들보다 유독 불만율과 부적응률이 높은 것은 이런 이유 때문이 아닌가 한다. 인생을 바르고 현명하게, 그리고 직장생활을 성공적으로 이끄는 데 학교교육이 아무런 도움이 되지 못한다고 느낄 때, 학생들은 오직 입시라는 관문을 통과하는 수단으로만 교육을 인식할 것이며, 따라서 그 과정은 학생들에게 개인적으로 볼 때 의미 없는 고통의 굴레만 될 뿐이다. 이런 점에서 오늘날 진로교육의 필요성은 그 어느 때보다도 절실하다. 말하자면, 진로교육은 학생 개개인에게 학교교육을 의미 있고 현실적인 생활과 관련된 과정으로 받아들이도록 하기 위하여 필요한 것이다.

(5) 능동적 진로개척능력과 태도 육성

개인적 측면에서 진로교육의 필요성과 목적은 오늘날 대부분의 청소년들이 능동적 진로개척의 능력과 태도가 결여되어 있다는 점에서 찾아볼 수 있다. 직업을 포함한 삶의 문제는 언제나 우리에게 어려운 선택을 요구하며, 인내와 용기를 가지고 극복해 나갈 것을 바란다. 이러한 삶의 과정에서 진로를 현명하게 선택하고 개척해 나가기 위해서는 능동적인 삶의 자세와 그러한 진로를 개척하는 데 필요한 능력을 갖추어야 한다.

그렇게 되기 위해서는 어려서부터 객관적 자료와 사실을 토대로 스스로 의사결정을 해보는 경험이 축적되어야 한다. 그리고 스스로 선택한 한 문제에 관하여는 주체적으로 해결하고, 그 결과를 스스로 평가해 보고 책임을 지는 삶의 경험을 쌓아 나가야 한다. 또한 계획을 세워 장기적 안목에서 인내와 용기를 가지고 삶의 문제를 극복해 나가는 경험이 있어야 한다.

그러나 오늘날 학교교육은 이러한 삶의 철학과 가치관, 삶의 방법 및 태도를 가르치는 데 매우 소극적이다. 이러한 이유로 많은 청소년이 학교를 졸업하고도 스스로 진로를 선택하거나 개척하지 못하고 방황하는 것이다. 오늘날 학교는 잡다한 지식을 대량으로 주입하는 데는 성공적일지 모르나, 현명한 삶의 지혜를 가르치는 데 있어서는 오히려 옛날 교육기관보다 더 실패하고 있는 듯하다.

2) 국가사회적 측면에서 진로지도(교육)의 필요성 및 목적

여기에서는 진로지도의 필요성을 국가 및 사회 발전이라는 측면에서 살펴보고자 한다. 개인적 측면에서의 필요성은 행복한 개인으로서 현대사회를 성공적으로 살아가기 위해 요청되는 교육적 필요의 관점에서 문제를 살펴보고자 하였다. 앞에서 지적한 대로 오늘날 학교교육은 진로교육의 관점에서 보면 새롭게 요청되고 있는 교육에 관한 개인적 필요를 충족시켜 주는 데 실패하고 있다. 이러한 실패는 개인적 필요라는 차원에서 문제시되지만, 또한 국가 및 사회 발전이라는 차원에서도 문제가 될 수 있다.

(1) 다양한 인력의 균형된 개발 유도

국가 및 사회적 측면에서 진로교육의 필요성과 목적은 사회발전에 필요한 다양한 인력의 균형된 개발을 유도할 필요가 절실해졌다는 점에서 찾을 수 있다. 우리나라는 이제 지식기반 산업사회를 넘어 친환경 녹색산업사회를 앞당기기 위하여 노력하고 있다. 산업과 과학기술이 발전하면서 직업의 분화와 더불어 전문화 및 고도화가 촉진되고 있다. 선진국에서는 2~3만 종의 직업이 전문화되어 있고, 우리나라의 경우도 빠른 속도로 변화되고 있다. 그러나 조사연구에 의하면, 우리의 청소년들이 알고 있는 직업의 종류는 30~50종 미만이다.

어떤 직업과 일의 세계가 현재 청소년들 앞에 펼쳐져 있는지 또는 앞으로 펼쳐질 것인지를 모르고서는 직업세계에 맞는 적성과 홍미, 포부를 발견하고 가꾸어 나갈 수 없다는 것은 논리적으로 자명한 귀결이다. 그렇기 때문에 청소년들은 그들이 인식하고 있는 30~50종의 소위 인기직종에만 인생을 걸 수밖에 없다. 이런 이유로 인기직종의 분야는 인력이 남아돌며 경쟁이 치열한 반면에 여타 사회발전에 필요한 직업분야는 인력이 부족하거나 전혀 없는 사태를 빚게 되었다.

다양한 분야에 필요한 인력이 개발되고 공급되기 위해서는 학생들이 어려서부터 다양한 분야에 흥미를 가지고 적성을 키워 나가야 한다. 그리고 인력시장의 수요·공급에 대해서도 잘 알아야 한다. 대학졸업 인력, 전문대학졸업 인력, 고등학교졸업 인력, 중학교졸업 인력 등의 비율은 산업화 정도에 따라 달라진다. 말하자면, 산업화가 촉진됨에 따라 고학력의 인력수요는 비율적으로 늘어나게 될 것이다. 이 같은 비율변화에 맞게 인력이 양성되고 공급되어야 사회는 안정된 가운데 발전할 수 있다.

(2) 과도한 사교육 열풍 및 재수생 문제의 예방

국가 및 사회적 측면에서 진로교육의 필요성과 목적은 그것이 과열 사교육 및 재수생 문제의 해결방안이 될 수 있다는 점에서 정당화될 수 있다.

과열 사교육 및 재수생 문제는 여러 가지 사회적 원인이 있지만, 그중의 하나로 오도된 직업관에서 비롯되었다고 생각된다. 즉, 대학을 나와야만 더 좋은 직업을 가질 수 있고, 더 출세하고 더 잘살 수 있다는 잘못된 가치관이다. 전통적으로 선비가 되어 일을 하지 않고 쉽게 편히 먹고살겠다는 생각과 상통하는 것이다. 학벌 위주의 사회구조, 능력에 의한다기보다는 학력 위주의 임금체계, 학벌을 출세의 간판으로 생각하는 가치관 등은 모두 일과 직업에 대한 우리 사회의 오도된 가치관을 반영하는 것이다.

이는 결국 입시열풍, 과도한 사교육 문제 및 재수생 문제를 야기하는 촉진제가 되고 있다. 어렵고 힘든 일이 사회에 더 많이 봉사하고 기여하는 일이란 점에서 더 보람을 느낄 수 있다. 어떤 일이든지 자기식의 가치를 부여하고, 보람을 느끼며, 사회발전에 기여할 수 있다면 훌륭한 직업이 될 수 있다. 직업의 귀천은 봉건신분주의 사회의 가치부여방식에서 비롯된 것이다. 민주사회에서는 그 일이 무엇이든 사회에 필요하고 생산적으로 기여하여 정당한 대가를 받을 수 있다면 좋은 직업이 될 수 있다. 즉, 민주사회의 모든 직업은 사회가 필요로 하기 때문에 존재하며 그만큼 가치 있는 것으로 인식된다. 일과 직업에 대한 올바른 가치관을 정립하고 인생을 바르게 살 수 있도록 어려서부터 학교에서 교육한다면 왜곡된 가치관에서 비롯된 과도한 사교육 및 재수생 문제는 다소 완화될 것이다. 진로교육은 바로 이와 같은 문제와 그 해결방안에 큰 관심을 가지는 교육의 방향이란 점에서 우리의 현실에서 절실히 요청된다.

(3) 무직 청소년의 대량배출과 비행화 문제의 예방

국가사회적 측면에서 진로교육의 필요성과 목적은 무직 청소년 문제를 해결하기 위한 방안이란 점에서 정당화될 수 있다. 중학교나 고등학교를 졸업하고 사회로 진출하든, 대학을 졸업하고 진출하든 간에 우리는 모두 직업을 가져야 한다. 현대사회에서 직업을 갖지 아니하고는 생계는 물론, 사회활동이 불가능해지기 때문이다. 그러나 대학에 진학하지 않고 사회에 진출하는 청소년들은, 근본적으로 그들을 위한 일자리가 부족하기 때문이기도 하지만, 학교에서 일과 직업생활에 필요한 기초기능과 가치관 및 태도를 배우지 못하고 학교를 떠나기 때문에 일자리를 얻지 못하는 경우가 많다.

이와 같은 현상은 청소년들의 노동력이 사회발전에 이바지하지 못하고 낭비된다는 측면에서도 문제가 될 수 있지만, 청소년들이 직업 없이 방황하기 때문에 범죄와 비행을 저지르게 된다는 사실에서 더욱 큰 사회문제로 인식된다. 만약 사회에 진출한 청소년들이 그들에게 맞는 직업을 갖고 그것을 통하여 보람을 느끼고 생활할 수 있게 된다면 청소년 비행과 범죄는 크게 줄어들 것이다.

그러나 오늘날 학교교육은 대학에 진학하지 않은 학생들은 물론이고, 대학에 진학한 학생들조차 취업을 위한 체계적인 교육기회를 제공받지 못하는 실정이다. 일과 직업에 대한 올바른 가치와 태도를 길러 주고 일에 대한 기초경험을 제공해 주는 일은 대학에 진학하는 학생들뿐만 아니라 모든 학생들에게 필요한 것이다. 이러한 점에서 볼 때 진로지도는 모든 수준의 학교교육에서 필요하고 강조되어야 한다.

(4) 건전한 사회적 직업윤리관 확립

국가 및 사회적 측면에서 진로교육의 필요성과 목적은 건전한 사회적 직업윤리의식의 확립이란 점에서 요청되고 있다. 예전에는 기업이 학교교육에 요청하는 주된 내용이 현장에 필요한 기능을 숙달시켜 달라는 것이었다. 그러나 그 요청은 점차 바뀌게 되었다. 기능훈련은 오히려 사내훈련을 통하여 단시일 내에 가능하기 때문에 일에 대한 올바른 태도와 가치, 일의 바른 습관을 더 많이 강조해 달라는 것이 기업의 요청이다. 약간의 보수 차이 등으로 직장을 자주 옮기고, 직업의 수행과정에서도 직업인의 책임의식(workmanship) 없이 일을 하게 되면 국가 전체적으로 볼 때 생산성이 저하되고 노동시장이 혼란스러울 수밖에 없다.

최근에는 전세계적으로 사회적 자본(social capital)이란 용어가 산업사회에서 강조되고 있다. 산업발전을 위하여 초기에는 금융자본(financial capital)의 중요성이 강조되었고, 이후 기술과 지식중심의 인적자본(human capital)이 강조되었다. 신용과 책임 및 신뢰가 산업사회 발전을 위한 기반으로 가장 중요한 것이 되어, 이를 사회적 자본이란 용어로 개념화하고 있다. 신용과 신뢰의 결여로 너무 큰 사회적 비용이 낭비되고 있으며, 경제질서가 허물어지는 상황에까지 이르게 된 것이다. 이제 피상적인 도덕교육이 아니라 실천적인 직업윤리가 몸에 배이도록 학교에서부터 철저히 교육하지 않으면 안 되는 상황이 되었다.

대학을 졸업한 고급인력의 경우도 일과 직업에 대한 건전한 윤리의식이 부족하다는 것이 산업계의 일반적인 평가다. 이런 점에서 직업윤리를 강조하는 진로교육이 초·중·고등학교뿐만 아니라 대학에서도 일관되고 체계 있게 부과되어야 한다.

2. 진로지도방법

진로교육은 전생애에 걸쳐 개인의 진로발달을 촉진시켜, 자신과 직업 세계에 대한 정확한 이해를 바탕으로 진로를 계획하고 직업을 선택하게 한다. 또한 선택된 직업을 준비함은 물론, 그 직종에 취업하여 잘 적응하고 계속 발전할 수 있도록 도와줌으로써 행복한 직업생활을 영위할 수 있도록 하고, 직업생활을 통해 자신의 잠재역량을 최대한으로 발휘하도록 하여 자아실현을 통한 행복한 삶을 영위할 수 있도록 해야 한다. 이와 같은 진로교육의 목적을 달성하기 위해 크게 ① 삶, 진로, 직업의 의의 인식, ② 자신의 이해, ③ 일과 직업세계의 이해, ④ 진로의사결정, ⑤ 행복한 직업생활 등의 다섯 가지로 구분하여 살펴보았다.

1) 삶, 진로, 직업의 의의 인식

자신의 삶은 그 무엇과도 바꿀 수 없는 소중한 것이기에 개개인은 삶의 궁극적인 목적인 '행복' 추구를 위해 노력해야 한다. '행복한 삶' 은 인간이 평생 수행하는 일과 직업을 통해 자신의 잠재역량을 최대한 발휘함으로써 실현될 수 있다. 때문에 자신의 행복한 삶을 실현하는 데 진로와 직업이 갖는 의미를 정확하게 인식하는 것이 중요하다. 특히 자신의 삶의 목표를 정확하게 설정하고, 이를 위한 계획과 준비가 중요하다는 것을 인식해야 한다.

일과 직업은 흔히 같은 뜻으로 쓰이지만, 학문적으로는 구분해서 쓰기도 한다. 예를 들면, 일은 보수가 있기도 하지만 그렇지 않기도 하다. 그러나 직업은 반드시 보수가 따른다. 그래서 일을 정신적 · 육체적인 노동이나 활동을 통하여 가치를 창출하는 것이라고 한다면, 직업은 사람이 살아가기 위해 맡은 책무를 다하려는 경제적 · 사회적 활동이라고 할 수 있다. 우리는 이러한 직업을 통해서 일다운 일을 하고, 나아가 삶의 기쁨을 얻고 자아실현도 한다.

직업이라는 단어는 '직(職)'과 '업(業)'의 합성어다. '직'은 관을 중심으로 하는 일, 즉 관직적 뜻과 직분을 맡아 한다는 개인의 사회적 역할을 뜻한다. 또 '업'은 생계를 유지하기 위해 전념하는 일이라는 뜻과 자기 능력의 발휘를 위해 어느 한 가지 일에 전념한다는 뜻을 가지고 있다. 따라서 직업은 사회적 책무로서 개인이 맡아야 할 직무성과, 생계를 유지하거나 과업을 수행하는 노동행위라는 두 가지 의미를 가지고 있다.

결국 삶, 진로, 직업은 서로 밀접한 관계에 있다. 진로는 주로 직업에 의해 결정되며, 이에 따라 삶의 방향성과 깊이가 크게 영향을 받는다.

2) 자신의 이해

개인이 자신에 관해 정확하고 충분한 이해를 하도록 하는 것은 진로교육에서 매우 중요하다. 즉, 자신의 적성, 흥미, 성격, 가치관, 신체적 조건, 학업성취도, 가정환경 및 사회환경에 관해 폭넓고 면밀하게 이해하도록 하는 것은 진로선택에서 성패를 좌우하는 결정적인 요인들이다. 진로선택뿐만 아니라 인생의 모든 활동에서 자신을 객관적으로 이해하고 대처하는 일은 가장 먼저 선행되어야 할 필수불가결한 요소다. 이를 위해서는 개인이 스스로 자신을 평가하게 하거나 또는 제3자를 통해 평가하도록 할 수 있으며, 표준화된 검사도구를 활용하기도 한다.

3) 일과 직업세계의 이해

급변하는 현대 산업구조에 대한 전반적인 이해와 함께 직업세계에 대한 폭넓은 지식과 정보를 어느 정도 알고 있느냐 하는 것은 개인이 자신의 진로를 선택하는 과정에 매우 큰 영향을 미친다. 따라서 이는 진로교육에서 매우 중요하다. 즉, 개인은 직업세계의 특징과 구조, 변화하는 직업세계의 요구조건과 필요한 능력, 고용경향 등 진로발달과 진로선택에 영향을 미치는 직업에 대한 폭넓은 탐색과 자신이 원하거나 관심이 있는 직업에 관해 구체적이고 면밀한 조사를 해야 한다. 특히 직업에 관한 업무내용, 필요한 자격, 직업의 특성 등에 관해 그 직업에 종사하고 있는 사람과의 면담, 그 직무의 실제적인 경험, 그 직업현장의 견학, 직업과 관련된 서적, 직업전문가, 기타 직업안정 및 취업관련기관을 이용하여 다양하게 직업세계에 관한 정보를 수집하는 것이 바람직하다.

직업은 시대의 구조와 발달단계에 따라 그 종류도 다양화, 전문화, 세분화되어 간다. 이에 맞추어 오늘날의 급진적인 사회변화 속에서 학생들

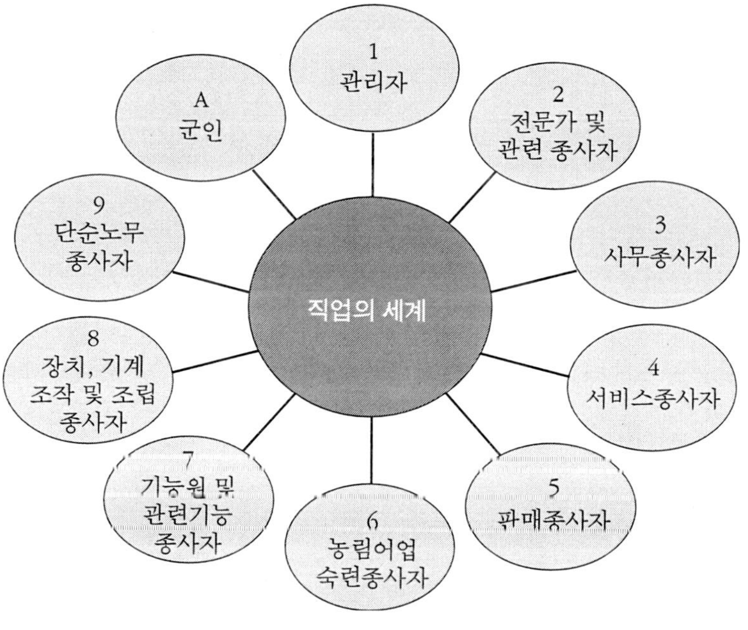

[그림 8-1] 한국표준직업분류에 따른 분류체계

우리나라의 직업분류는 세계노동기구(ILO)가 권고하는 국제표준직업분류와 국내산업 및 직업구조의 변화를 고려하여 계속 개정되고 있다.

이 슬기롭게 대처할 수 있고, 전체적 삶의 세계를 이해할 수 있는 효과적인 진로 프로그램이 요청된다. 과거의 단순한 직업구조와 달리 현재 수많은 직업의 종류가 존재하고, 사회의 변화에 따라 새로 생겨나기도 하고 없어지기도 한다. 따라서 그에 따른 정보를 수집하고 그 정보를 자신의 경험에 비추어 적절히 활용함으로써 자신에게 맞는 직업을 선택할 수 있을 것이다. 우리나라의 직업 분류체계를 살펴보면 앞의 [그림 8-1]과 같다.

4) 진로의사결정

진로교육에서는 개인이 과학적이고 합리적인 자료에 기초하여 자신의 진로를 스스로 결정할 수 있는 능력을 키워 주어야 하는데, 이를 위해서는 진로에 관한 정보를 합리적으로 수집 · 분석하고, 자신의 경험을 과학적으로 조직 · 해석하며, 자문과 상담을 활용할 수 있는 지식과 기능을 기르는 것이 중요하다. 또한 합리적인 진로의사결정은 어떠한 과정을 통해 이루어지며, 진로의사결정에 영향을 미치는 요인들과 고려해야 할 사항들에 대한 전반적인 이해가 요구된다.

진로의사결정의 3요소로는 진로의사결정자, 진로의사결정의 상황, 적절한 진로정보를 들 수 있다. 의사결정과정에서 의사결정자는 매우 중요한 변수다. 그래서 의사결정자의 연령, 성별, 성격적 특성, 사회경제적 지위와 같은 요소들이 의사결정에 미치는 영향이 광범위하게 연구되어 왔다. 진로의사결정의 상황은 진로의사결정 시 영향을 주는 환경적인 요인으로 의사결정자 주변의 상황, 지원, 방해물, 사회적 기대 등을 포함한다. 적절한 진로정보는 진로의사결정의 근거가 되는 정보로, 크게 내적으로 자신에 대한 정보와 외적으로 환경에 대한 정보가 있다.

합리적 의사결정방법은 [그림 8-2]와 같이 문제의 인식, 대안의 탐색, 대안의 평가기준 설정, 대안의 평가 및 선택, 계획의 수립의 다섯 단계를 거쳐 체계적으로 이루어진다.

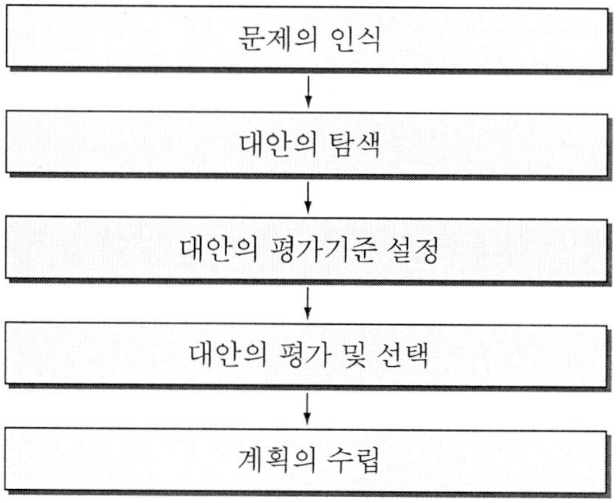

[그림 8-2] 합리적인 의사결정방법

5) 행복한 직업생활

행복한 직업생활을 영위하기 위해서는 ① 건전한 직업의식 함양, ② 직장에서의 올바른 인간관계, ③ 평생교육체제에 관한 이해와 자기개발 노력이 필요하다.

3. 생애설계

1) 생애설계의 개념과 중요성

튼튼하고 멋진 건물을 짓기 위해서는 잘 만들어진 설계도가 필요하듯, 행복한 삶을 위해서도 잘 짜인 설계도가 필요하다. 행복한 삶에 대한 기준은 개인마다 다르고, 개인의 행복한 삶에 수많은 요인들이 영향을 미치지만, 누구나 행복한 삶을 원한다. 청소년들이 열심히 학교에 다니는 것도,

부모가 자녀교육을 위해 온갖 희생을 감수하는 것도 모두가 행복한 삶을 위해서다. 그런데 행복한 삶이란 저절로 얻어지는 것이 아니다. 누구나 행복한 삶을 원하고 누구나 행복한 삶을 살 자격이 있지만, 그렇다고 모두가 행복한 삶을 사는 것은 아니다. 행복한 삶을 살기 위해서는 이를 계획하고 준비하는 특별한 노력이 필요한데, 이를 생애설계라 한다.

생애설계는 개인이 행복한 삶을 살기 위해 자신의 내적 특성에 맞는 비전과 목표를 정하고, 이를 실현할 수 있는 구체적인 진로계획을 세우는 것이다. 발달심리학자들은 청소년기에 수행해야 할 다양한 발달과업을 제시하고 있는데, 이 가운데 자신의 특성을 바르게 인식하고, 이를 토대로 미래 진로목표를 확고히 하며, 나아가 산업 및 직업 구조의 변화를 이해하여 적합한 진로를 설계하는 생애설계를 가장 중요한 것으로 보고 있다.

일반적으로 진로발달은 인간의 전생애에 걸쳐 이루어지는 계속적인 과정이므로 생애설계 역시 청소년기에만 국한되는 활동은 아니다. 그러나 인생에서 청소년기는 다른 시기에 비해 성장과 변화의 폭이 크고, 풍부한 에너지를 지니며, 동시에 성인기의 삶을 구체적으로 준비하는 시기이므로 이때의 생애설계는 성인기의 삶에 결정적인 영향을 미친다. 요즘도 점수위주, 입시위주 교육의 학교생활에 적응하지 못하여 중도탈락하는 청소년이 매년 6만여 명을 넘고 있다. 그런가 하면 학교에 다니더라도 아무 의미 없이 그저 하루하루 방황하면서 보내는 청소년들도 많다. 이 모두가 자신의 생애에 대한 구체적인 비전이나 목표, 꿈이 없기 때문이다. 자신의 미래에 대한 비전과 꿈을 지닌 사람은 결코 방황하지 않으며, 현실의 고달픔과 어려움에 대한 인내를 갖게 된다. 성공한 사람들이 그 과정에서 커다란 고통과 어려움을 극복할 수 있었던 것은 바로 미래에 대한 비전과 목표, 다시 말해 꿈과 희망이 있었기 때문이다. 개인에게 미래에 대한 비전과 꿈을 통하여 삶의 희망과 동기를 갖게 만드는 일이 바로 생애설계다.

몇 년 전부터 상급학교 진학에 입학사정관제가 도입되고, 취업과정에서 능력과 비전을 강조함에 따라 커리어 포트폴리오(career portfolio)가 중시되고 있다. 원래 포트폴리오는 자신의 경력과 능력을 증명할 수 있는 자료나 사진 등을 수집해 이를 체계적으로 파일에 정리해 놓은 문서를 말한다. 그러므로 커리어 포트폴리오는 자신의 미래 진로와 관련된 포트폴리오로서 명확한 비전이나 목표를 세우고, 이를 실현하기 위해 다양한 경험이나 학습활동에 참여한 증거를 일목요연하게 정리해 놓은 것이다. 많은 청소년들이 커리어 포트폴리오가 중요하다는 것을 깨닫고 있지만, 실제 이에 대한 체계적인 준비를 하지 못하는 것은 자신의 미래에 대한 비전과 목표가 불분명하기 때문이다. 청소년기 생애설계는 향후 진학이나 취업에 필요한 커리어 포트폴리오를 어떻게 준비해야 할지에 대한 해답을 제공해 준다. 이런 측면에서 생애설계는 막연한 소망이나 꿈이 아니라 자신의 특성을 토대로 세운 진로목표를 실천할 수 있는 구체적인 계획을 그려 내는 작업이다.

2) 생애설계의 과정

생애설계는 일과 직업을 중심으로 개인의 미래 진로를 그려 내는 과정이다. 그러므로 개인의 특성에 대한 정확한 분석이 필요하며, 아울러 일과 직업세계에 대한 체계적인 탐색, 그리고 구체적인 진로목표가 수반되어야 한다. 또한 진로목표를 실현하기 위한 구체적인 행동계획을 마련하는 일련의 과정을 거쳐야 한다.

(1) 자아특성 분석

자신의 미래를 설계하기 위해서는 우선 자신의 특성에 대한 정확한 이해가 필요하다. 사람마다 독특한 특성이 있어서 좋아하는 일이 다르고, 잘할 수 있는 일이 다르다. 우리는 주변에서 학창시절 공부를 매우 잘했음에도 사회에 나가 제 역할을 하지 못하는 사람을 보게 된다. 그런가 하면 학창시절 성적과는 달리 사회생활을 매우 잘하는 사람도 보게 된다. 이는 자신을 얼마나 정확하게 이해하고 있는가의 차이에서 비롯된 것이다.

청소년기에 공부도 열심히 하고 다양한 체험활동을 경험하는 것도 중요하지만, 이 모든 것이 자신의 적성과 흥미를 알아내는 하나의 과정이 될 때 의미가 있다. 유치원과 초등학교, 중학교를 포함해서 약 10년 동안 학교에서 그토록 많은 공부를 하지만, 대부분의 학생이 자신의 장점과 단점을 잘 모른다는 것은 우리 교육이 안고 있는 큰 허점 가운데 하나다. 이런 상황에서 고등학교 계열을 선택하고 대학진학과 직업선택이 이루어지니, 한편에서는 일자리가 없고 다른 한편에서는 인력이 부족한 상황이 벌어지는 것이다.

수많은 전문가가 청소년기에 수행해야 할 중요한 과업의 하나로 주저 없이 자신의 직업적 적성과 흥미를 찾는 것이라고 말한다. 이를 위해서는 자신의 성장과정에 대한 면밀한 분석이 필요하다. 사람은 환경의 지배를 받는 존재이므로 어떤 환경에서 성장했는가는 그 사람의 적성과 흥미를 발견하는 중요한 단초가 된다. 아울러 학교수업을 통해서 좋아하는 과목과 싫어하는 과목을 분별하고, 전문 진로상담실을 찾아가 표준화된 적성, 흥미, 가치관 및 성격검사를 통해서 자신의 특성을 분석해야 한다. 자신의 특성에 대한 정확한 분석과 이해는 실천 가능한 생애설계를 만드는 초석이다.

(2) 적합한 직업 탐색

개인의 특성도 다양하지만, 그 이상으로 직업세계의 특성 또한 복잡하고 다양하다. 그에 비해서 청소년들이나 그들을 지도하고 있는 교사 또는 부모가 알고 있는 직업은 일부에 불과하다. 정확하게 측정하기는 어렵지만, 약 2만여 가지의 직업이 존재하고 있는 상황에서 청소년들이나 교사, 부모가 알고 있는 직업은 고작 100여 가지 남짓이다.

넓은 직업세계에서 자신에게 적합한 직업이 무엇인지를 찾아내기 위해서는 우선 다양한 직업세계에 대한 직접적인 체험이 필요하다. 동시에 직접적인 체험을 통해서 직업세계를 이해하는 데는 한계가 있으므로 인터넷이나 관련책자, 정보지 등을 통해 간접적으로 직업세계를 폭넓게 체험해야 한다. 직업세계 탐색과정을 통해 자신의 관심을 끄는 직업과 적성에 맞는 직업을 찾아내는 일은 실현 가능한 생애설계를 위한 필수과정이다.

1. 자신이 생각하는 미래사회의 유망직업의 종류와 그 이유?
   - (　　　　　　) (1)
     (2)
     (3)
   - (　　　　　　) (1)
     (2)
     (3)
   - (　　　　　　) (1)
     (2)
     (3)

2. 자신의 희망직업을 적고 그 직업이 가지는 긍정적인 면과 부정적인 면을 적어 본다.
   - 희망직업: ______________________________
     - 긍정적인 면: ______________________________
       ____
     - 부정적인 면: ______________________________
       ____

3. 희망직업에 필요한 성격, 능력, 흥미, 가치관은 무엇인가?
   - 희망직업: ______________________________
     - 성격(인성): ______________________________
     - 능력: ______________________________
     - 흥미: ______________________________
     - 가치관: ______________________________

(3) 선호직업에 대한 정보 탐색

직간접적인 체험을 통해 자신이 잘할 수 있고 또 흥미 있는 직업세계를 탐색했다면, 이제는 이들 직업에 대한 세부정보 탐색이 필요하다. 사람도 마찬가지지만 직업도 겉으로 보이는 정보만으로 그 특성을 온전히 이해하기는 어렵다. 선호하는 직업목록을 최소한 다섯 가지 정도 작성해 놓고, 각 직업에 대해 직무특성, 필요한 적성이나 흥미, 그리고 학력수준이나 자격요건 등 직업 내적인 특성을 탐색한다. 뿐만 아니라 선호하는 직업이 가진 외적 특성, 이른바 근무조건, 평균 연봉, 향후 발전전망 등에 대해서도 탐구한다.

선호직업별 탐색해야 할 정보

- 필요한 교육 및 훈련(기간, 기관, 필요비용)
- 필요한 기술이나 자격(자격증, 대인관계기술 등)
- 직무의 특성
- 근무환경(근무시간, 근무조건 등), 근무지역
- 경제적 보상
- 장래성
- 향후 고용기회 전망
- 안정성 및 장래 발전 가능성

선호하는 직업에 대한 세부정보 탐색은 기본적으로는 인터넷 관련 사이트인 워크넷(work-net)이나 커리어넷(career-net)을 이용하되, 부족한 부문에 대해서는 해당 직업관련 각종 협회나 학회를 통해서도 세부정보 수집이 가능하다.

(4) 진로목표 선정 및 미래 모습 그리기

앞 단계에서 탐색한 선호하는 직업에 대한 세부정보를 토대로 이제는 구체적인 진로목표를 수립해야 한다. 진로목표는 다름 아닌 인생 비전이며 목표다. 청소년기 방황의 대부분의 원인은 자신에게 맞는 진로목표를 찾지 못했기 때문이다. 자신의 진로목표를 설정할 때는 단순히 '~가 되겠다' 는 정도가 아니라 3년 후, 10년 후, 20년 후 그리고 30년 후 직업인으로서의 모습을 그리면서 구체적으로 설정해야 한다.

진로 목표(포부)

- 3년 후의 모습 ____________________
- 10년 후의 모습 ____________________
- 20년 후의 모습 ____________________
- 30년 후의 모습 ____________________

(5) 진로목표 달성에 필요한 역량 규명

자신에게 맞는 진로목표를 설정했다면, 이를 달성하는 데 필요한 다양한 측면에서의 역량을 규명해야 한다. 진로목표는 단순히 소망만으로 달성할 수는 없다. 선택한 진로목표는 자격과 능력, 건강, 학력 등 다양한 측면에서 최소한의 역량을 요구한다. 그러므로 진로목표 달성에 필요한 역량과 현재 자신이 갖추고 있는 역량 간의 차이를 분석하는 일은 생애설계에서 또 하나의 중요한 과제다.

진로목표 달성을 위해 갖추어야 할 최소 조건은?

- 필요한 학력과 전공: ____________________
- 필요한 자격증: ____________________
- 필요한 경험: ____________________
- 필요한 능력(예: 외국어능력, 대인관계력, 창의력, 리더십 등): ________
- 필요한 신체조건 및 건강상태: ____________________

(6) 역량개발을 위한 세부 진로계획 수립

진로목표가 설정되고 이에 필요한 역량이 무엇인지 규명되면, 이를 어떻게 갖출 것인지에 대한 세부계획을 세워야 한다. 세부 진로계획은 고등학생의 경우 고등학교 3년간 무엇을 어떻게 할 것인지를 6개월 단위로 수립하되, 연도별 세부 진로목표를 정한 후 이를 달성하기 위한 행동지침을 세운다. 그리고 장애가 되는 사항을 예측하여 이를 어떻게 극복할 것인가에 대해서도 대책을 마련한다.

1년(고1)	세부 진로목표	
	행동지침 1(1학기)	
	행동지침 2(2학기)	
	장애물 및 극복방안	
2년(고2)	세부 진로목표	
	행동지침 1(1학기)	
	행동지침 2(2학기)	
	장애물 및 극복방안	
3년(고3)	세부 진로목표	
	행동지침 1(1학기)	
	행동지침 2(2학기)	
	장애물 및 극복방안	

3) 학교급별 생애설계의 주요 내용

생애설계는 언제 수립하는가에 따라 그 내용이 달라질 수 있다. 초등학교 단계에서 생애설계를 하는 것과 고등학교 단계에서 생애설계를 하는 것 간에는 내용에 차이가 있을 수밖에 없다. 다시 말해, 진로발달단계를 고려한 생애설계가 이루어져야 한다.

한국직업능력개발원에서 수행한 학교급별 진로교육 목표와 내용에 관한 연구결과와 미국의 국가진로개발지침(National Career Development Guideline: NCDG)을 토대로 학교급별 생애설계의 주요 내용을 자기이해 영역, 학업과 직업탐색 영역, 진로계획 영역으로 나누어 정리하면 〈표 8-1〉과 같다.

표 8-1 … 미국의 NCDG 영역과 학교급별 진로발달 역량

구분	초등학교	중학교	고등학교
자기 이해	• 자아개념의 중요성 인지 • 타인과 관계 맺는 능력 • 성장과 변화의 중요성 인식	• 긍정적 자아개념에 대한 지식 • 타인과 관계 맺는 능력 • 성장과 변화의 중요성에 대한 지식 습득	• 긍정적 자아개념의 중요성 인식 • 타인과 긍정적으로 관계 맺는 능력 • 성장과 발달의 충격 이해
학업과 직업 탐색	• 학업성취의 중요성 인식 • 일과 학습의 관계 인식 • 진로정보의 이해와 사용기술 습득 • 개인의 책임의식과 직무습관 중요성 인식 • 일과 사회의 요구 간의 관계 이해	• 학업성취와 진로기회 간의 관계 이해 • 일과 학습의 관계 이해 • 진로정보 수집과 분석 기술 습득 • 직업탐색기술 습득 • 일이 경제 및 사회의 요구와 기능에 어떻게 관련되는지 이해	• 학업성취와 진로계획 간의 관련성 이해 • 일과 학습에 대한 긍정적 태도의 필요성 이해 • 진로정보를 수집, 평가하는 능력 함양 • 직업을 찾고 준비하는 능력 • 사회의 요구 및 기능과 일과 직업세계의 변화 관계 이해
진로 계획	• 의사결정방법 이해 • 삶의 역할들 간의 상호관계 이해 • 변화하는 성역할 이해 • 진로계획의 중요성 인식	• 의사결정능력 • 삶의 역할들 간의 상호관계 이해 • 다양한 직업과 변화하는 성역할 이해 • 진로계획과정 이해	• 의사결정능력 • 삶의 역할들 간의 상호관계 이해 • 지속적으로 변화하는 성역할 이해 • 진로계획능력

출처: Howard & Amy (1990). Competency-based Career Development Strategies and the National Career Development Guideline.

(1) 초등학교 단계

초등학교 시기는 진로와 관련해서 자아이해를 토대로 자신의 '꿈'을 그려 보는 데 주력해야 한다. '나는 커서 무엇이 되고 싶은가?'와 같은 기본적인 질문으로 자기만의 '꿈'을 꾸도록 한다. 물론 자신의 꿈을 실현하기 위해서는 타인과 관계 맺는 법을 비롯하여 학교공부의 중요성, 일과 직업의 가치, 진로계획의 의미 등을 바르게 이해해야 한다. 무엇보다도 사람은 일과 직업을 통해서 사회발전에 기여하고, 자신은 물론 가족의 생계를 유지하므로 누구나 직업인으로서의 역할을 수행해야 한다는 의식을 함양하도록 한다.

(2) 중학교 단계

중학교 시기는 진로탐색단계로서 다양한 경험을 통해 자신의 독특한 특성을 이해할 뿐 아니라 실질적으로 다양한 직업세계를 탐색해 보도록 한다. 자신을 비롯하여 주변 환경에 대해 긍정적인 인식을 갖는 것이 매우 중요하며, 학교공부와 일과의 관계를 이해하도록 한다. 자신의 꿈을 보다 구체화하는 것이 필요한데, 이를 위해서는 진로정보를 찾고 이해하는 기술과 능력을 함양해야 한다. 동시에 진로계획이 어떤 과정을 통해 이루어지는지 구체적으로 이해해야 한다.

(3) 고등학교 단계

고등학교 시기는 중학교와 마찬가지로 진로탐색의 단계에 포함되지만, 내용적으로는 훨씬 구체화된 진로목표와 계획을 수립해야 하는 단계다. 자아에 대한 체계적인 분석과 이해를 토대로 그에 적합한 직업을 찾아내어, 그 직업을 갖기 위해 갖추어야 할 역량이 무엇인지까지 파악해야 한다. 고등학교 3년간의 학교공부 및 청소년활동 참여, 심지어 여가생활마저 자신의 미래 진로와 관련시켜 생각하고 실천하는 노력을 해야 한다. 또한 사회의 다양한 요구와 기능들이 어떻게 직업세계를 형성하고, 또 변화에 영향을 미치는지를 이해하는 안목을 키워야 한다.

제 2 부

실기교육방법의 실제

제9장

직접교수법 및 학생지도방법

인지주의의 영향을 받은 협동학습법, 문제해결법, 유의미학습법, 자기주도학습법, 토론법, 발견학습법 등의 많은 교수법들이 개발됨에 따라 마치 행동주의이론에 기초를 두고 있는 직접교수법은 덜 중요하고, 덜 효율적이며, 시대에 뒤떨어진 교수방법으로 간주되는 경향이 있다. 그러나 직접교수법은 교사에 의한 교육이 이루어지기 시작한 고대 희랍시대부터 현재에 이르기까지 가장 보편적으로 많이 사용되고 있는 교수법이고, 활용방법에 따라서는 강력한 효율을 가진 교수법이기도 하다.

현실적으로 학교현장에서 가장 많이 사용되고 교수법의 기본에 해당하는 직접교수법에 대해 좀 더 체계적으로 학습하고 몸에 익히는 것이 매우 중요하다. 따라서 교사나 예비교사들도 다른 다양한 교수법을 익히기 전에 직접교수법을 숙달할 필요가 있다. 이 장에서는 행동주의와 관련하여 직접교수법에 대해 상세히 살펴본다.

1. 직접교수법의 개요

엄격히 말하면 직접교수법은 많은 교수법 중의 하나가 아니라, 성공적인 교수-학습활동에 대한 전반적인 설명이라고 볼 수 있다. 즉, 교사가 어떻게 가르칠 것인가에 대한 시나리오를 제공해 준다. 직접교수법은 교사들로 하여금 학생들이 가능한 한 많은 학습내용을 효율적으로 배울 수 있도록 도와주는 전반적인 교수활동을 말한다.

직접교수법은 행동주의에 이론적 기초를 두고 있다. 행동주의 학자들은 학생들이 높은 정확성을 요구하는 복잡한 행동을 학습하는 것에 관심이 많다. 따라서 학생들의 학습목표와 과제를 정하고, 그 과제를 좀 더 세분화한 후, 세분화된 과제를 숙달하도록 한다. 그런 다음 전체적으로 통합한 후 다음 단계의 학습과제로 넘어간다. 따라서 행동주의자들은 교수계획, 학생과 교사와의 상호작용, 강화, 피드백, 모델링, 안내 등에 관심이 많다(Joyce & Weil, 1986).

직접교수법은 학생들의 학업성취, 교사주도적인 교수활동, 수업시간의 관리, 학생들의 정서 등을 중요시한다. 직접교수법을 사용하는 교사는 학생들의 과제 수행을 가장 중요시하며, 교수활동을 강조하고, 개인 문제와 같이 학업과 관계가 없는 문제에 대해서는 별로 신경을 쓰지 않는다.

직접교수법에서 교사는 학습과제를 선정하고, 수업진행 중에도 주도적 역할을 하며, 학생들이 학업과 관련 없는 이야기를 하는 것을 최대한 자제시킨다. 직접교수법의 주요 목적은 학생들의 학습시간을 극대화하는 것이다. 교사의 행동은 학생들이 과제에 사용한 시간과 상관이 있고, 이것은 또한 학생들의 학업성취도와 상관이 있다. 그러므로 직접교수법에서는 가급적 수업을 구조화하려고 노력하고, 수업분위기를 학업과 연관시켜 조성하려고 한다. 이런 분위기에서 학생들은 능동적으로 활동하게 되고 성공적인 학습을 하게 된다. 즉, 학생의 학문적 학습시간(academic learning time)이 극대화될 수 있다.

반면, 수업에서 학생들이 갖게 되는 부정적인 정서는 학생들의 학업 성취도에 방해가 된다. 따라서 교사는 학생들의 학습활동을 중요시하지만, 수업 중에 학생들을 비난하여 부정적인 정서를 갖지 않도록 주의해야 한다.

결론적으로 직접교수법은 학생들의 학습활동에 초점을 맞추어 학생들이 대부분의 시간을 학습에 할애하도록 교사가 주도적으로 수업을 진행시켜 나가는 교수법이다. 원래 직접교수법이라는 단어는 학생들에게 새로운 개념과 기술을 설명해 준다는 의미로 사용되었다. 교사 주도하에 학생들이 연습을 하고, 연습을 한 후에는 학생들의 이해 정도를 점검하여 스스로 연습하도록 도와준다.

새로운 학습내용을 설명하기 전에 수업계획을 수립하고 새로운 학습내용을 소개해 준다. 수업 전에 수업의 목적, 절차, 수업내용 등을 상세하게 설명해 주어야 한다. 이렇게 함으로써 학생들은 수업에 더욱 적극적으로 참여하게 되고, 결과적으로는 학업성취도가 올라간다. 수업 초기에 하는 설명에는 다음의 내용들이 포함되어야 한다.

- 학생들의 사전지식을 이끌어 낼 수 있는 사전활동
- 수업목표
- 분명한 학습활동 방향
- 학생들이 사용하게 될 학습자료와 학습활동
- 학습의 전반적인 개요

수업에 대한 전체적인 계획이 수립되면, 새로운 개념이나 기술을 제시함으로써 수업을 시작한다. 새로운 학습내용을 학생들이 성공적으로 학습하느냐의 문제는 교사가 설명을 얼마나 잘 하느냐에 달려 있다. 효율적인 교사는 덜 효율적인 교사보다 새로운 학습내용을 설명하는 데 많은 시간을 할애한다(Rosenshine, 1985).

설명 후에는 교사가 설명해 준 새로운 개념이나 기술을 이해했는지 질문을 통해 점검한다. 이때 학생들에게 "질문 없어요?" 또는 "궁금한 사항이 있으면 질문해 보세요."라고 피상적으로 이야기해서는 안 된다. 설명한 내용에 대해 구체적인 질문을 많이 해야 한다. 학생들이 질문에 대답을 하면 그 대답에 대해 피드백을 준다. 특히 틀린 답을 했을 때, 정답에 대한 힌트를 주어서 스스로 정답을 말할 수 있도록 안내한다. 수업을 끝까지 진행한 후에는 가르친 내용 중 핵심내용을 다시 설명해 준다. 이때 중요한 내용에 대해 질문을 사용해도 된다.

직접교수법에 접근하는 방법은 두 가지다. 하나는 효율적인 교사들의 교수활동을 관찰한 후 다른 교사들도 효율적인 교사들이 가르치는 방법대로 모방하도록 도와주는 것이다. 다른 하나는 교사들이 지금까지 알려진 학습이론에 따라 훈련을 하는 것이다. 첫 번째 방법은 연구에 기초한 직접교수법(research-based direct instruction)이고, 두 번째 방법은 학습이론에 기초한 직접교수법(learning-theory based direct instruction)이다. 편의상 둘로 나누었지만 두 방법이 서로 상반되는 것은 아니다. 왜냐하면 효율적인 교사들은 자신들이 배운 학습이론을 바탕으로 스스로 연구하면서 교수활동을 발전시켜 나가기 때문이다. 즉, 두 방법을 절충하여 사용하고 있다.

1) 연구에 기초한 직접교수법

사람들은 맛있는 음식을 먹을 때, 재료는 무엇이며 어떻게 요리하는지에 대해 알고 싶어 한다. 왜냐하면 음식이 정말 맛있어서 자기 스스로 이 음식을 만들어 보고 싶기 때문이다. 이와 마찬가지로, 대부분의 교사는 학생들을 잘 가르친다고 소문난 교사들이 어떻게 가르치는지 '교수 요리법'에 대해 알고 싶어 한다. 그들의 가르치는 방법인 '교수 요리법'은 학자들에 따라 직접교수법(Rosenshine, 1987), 기본연습 (Murphy et al., 1986), 명시적 교수(Rosenshine, 1986), 능동적인 교수(Good et al., 1983)라고도 불린다. 간단히 말하면, 연구에 기초한 직접교수법은 학생들의 학습활동을 효율적으로 진행시키는 교사들이 사용하는 교수활동이다.

(1) 연구에 기초한 직접교수법의 특징

연구에 기초한 직접교수법의 특징은 교사중심, 학습과제중심, 긍정적인 기대, 학생의 협력과 책임감, 긍정적인 정서, 구조화된 체계다(Murphy et al., 1986).

'교사중심' 은 교사가 주도적으로 수업을 진행해 나가며 수업을 통제한다는 것이다. 교사가 학습내용과 방법 등을 결정하고 전적으로 책임을 진다. '학습과제중심' 은 직접교수법의 가장 중요한 강조점을 학습내용의 학습에 둔다는 것이다. 효율적인 교사는 학생들이 기본적인 지식을 확실하게 학습하도록 도와준다. '긍정적인 기대' 는 효율적인 교사는 학생 개개인의 학력 향상에 관심을 갖고 있으며, 그들이 학습활동에서 모두 성공할 수 있다고 기대한다는 것이다. '학생의 협력과 책임감' 은 학생들은 서로 협력해야 하고 자신들의 학습에 대해서 스스로 책임을 져야 한다는 것이다. '긍정적인 정서' 는 교사는 학생들이 심리적으로 안전하고 편안하게 느낄 수 있도록 해야 한다는 것이다. '체계화된 구조' 는 교사는 학급의 규칙을 정하고 학생들이 이것을 잘 따르도록 도와주어야 한다는 것이다.

(2) 연구에 기초한 직접교수법의 유형

① 기본 연습모델(Murphy et al., 1986)

이 모델은 수업소개, 전개, 구조화된 연습, 안내된 연습, 독립적인 연습의 5단계로 구성된다. 수업소개단계에서는 학습할 학습내용 영역, 학습목표, 수업절차를 분명하게 설정하고, 교사가 무엇을 기대하는지 학생들에게 정확하게 알려 준다.

전개의 단계에서 교사는 학습할 정보(개념, 사실, 일반화, 기술 등)를 제시한다. 모든 수업에는 교사의 설명이 있다. 적절한 예를 제시하면서 설명하면 학생들이 정확하게 이해할 수 있다. 교사는 학생들이 새로 학습한 절차와 규칙들을 강화시켜 주고, 학생들이 이해하고 있는지를 규칙적으로 점검한다. 다음 단계에서는 구조화된 연습을 한다. 교사가 설명해 준 학습내용을 교사의 지도하에서 학생들이 연습해 본다. 연습을 잘 할 경우는 즉시 강화해 주고, 연습을 잘 못할 경우에도 그 즉시 해당 부분을 지적해 준다. 학생들이 학습내용을 어느 정도 정확하게 연습했다고 생각되면 자유롭게 연습할 수 있도록 한다.

② 명시적 교수(Ronsenshine, 1987)

이 방법은 복습, 과제 점검, 새로운 학습내용이나 기술 제시, 학생들의 연습지도, 피드백 제공, 독립적 연습, 주별 또는 월별 복습으로 구성된다. 교사는 이전 시간에 배운 내용과 과제를 복습하고 필요하다면 다시 가르친다. 새로운 학습내용이나 기술을 배우기 위한 준비단계로, 이전에 배운 내용을 복습해야 한다. 복습을 위해 질문을 하거나 요약해서 설명을 해줄 수 있다. 제시단계에서 교사는 학생들에게 학습목표를 말해 준다. 즉, 학습을 마친 후에 학생들이 알게 되고 또 할 수 있게 될 내용을 말해 준다. 그 후 수업 중에 어떤 활동이 있으며 어떻게 진행될지에 대해서도 말해준다. 그런 다음 교사의 지도하에 학급 전체가 연습을 시작한다. 안내된 연습은 보통 교사의 질문과 학생들의 대답으로 진행된다. 학생들이 질문에 대답을 잘 못하면 학생들이 답하기 위해 생각하는 내용을 표현하게 한다. 학생들이 80% 이상의 확률로 정답을 말할 수 있을 때까지 안내된 연습을 진행시켜 나간다. 피드백도 제시의 한 부분이다. 효율적인 교사는 칭찬을 자주 해주고 구체적으로 피드백해준다. 예를 들어, "맞았어요. 왜냐하면……." 하는 식으로 왜 맞았는지 또는 왜 틀렸는지에 대한 이유도 설명해 준다. 학생들이 학습내용을 이해했다고 판단되면, 교사는 독립적인 연습을 할 수 있도록 한다. 독립적인 연습의 목적은 학습한 내용을 장기기억 속에 잘 저장시키는 것이다. 학생들이 대답을 즉각적이고 정확하게 할 때까지 독립적인 연습을 하게 한다. 교사는 일정 기간마다 복습을 해주어 학습한 내용을 장기기억 속에 확실하게 저장하도록 도와준다.

③ **능동적인 교수**(Good et al., 1983)

이 방법은 시작, 전개, 독립적 과제, 숙제, 복습으로 구성된다. 시작단계는 지난 시간에 배운 학습내용을 복습하는 단계다. 전개단계에서 교사는 새로 배울 내용에 필요한 사전지식을 가지고 있는지 확인한다. 말로 설명하거나 그림을 그려 주면서 새로운 개념과 기술을 가르친다. 독립적 과제 단계에서는 교사의 도움 없이 학생들이 스스로 학습한다. 이때 교사는 학생들에게 완성된 과제를 평가한다고 말해 준다. 과제단계에서 교사는 월요일에서 목요일까지 매일 밤 15분 정도 공부할 수 있는 분량의 과제를 내준다. 과제에는 새로 배운 내용과 이미 배운 내용을 포함시켜야 한다.

2) 학습이론에 기초한 직접교수법

이 방법은 학습이론에 기초하여 개발된 직접교수법이다. 인간들이 어떻게 학습하는지에 대한 설명인 학습이론에 따라 교사가 따라야 하는 교수절차들을 기술하는 방식을 택하고 있다. 이 방법을 지지하는 학자들은 교사의 교수활동보다는 학습이론에 더 관심이 많다. 교사는 학습이론이 제시해 주는 교수방법을 그대로 따르기만 하면 된다는 것이 이 방법의 주장이다.

(1) 학습이론에 기초한 직접교수법의 특징

학습이론에 기초한 직접교수법의 특징과 연구에 기초한 직접교수법의 특징은 거의 같다. 즉, 학생들이 직접적인 방법으로 많은 양의 내용을 학습하도록 도와주는 것이다. 이 방법에서는 교사가 효율적인 다른 교사를 본받으려 노력하는 대신, 학자들이 주장하는 학습이론을 토대로 가르친다는 점이 다르다.

(2) 학습이론에 기초한 직접교수법의 유형

① 완전교수 프로그램(Mastery Teaching Program; Hunter, 1984)

헌터는 가네가 제안한 교수이론에 기초하여 교수모델을 개발했다(Rosenshine, 1986). 대부분의 내용은 연구에 기초한 직접교수법과 비슷하며, 두드러진 차이는 이 방법이 수업목표를 특별히 강조한다는 것이다. 이 방법은 학생들이 학습할 준비를 시키고, 새로운 학습내용을 제시하고, 모델을 보여 주고, 이해했는지를 점검해 보고, 안내된 연습을 하는 순서로 진행된다.

② 교수학습을 위한 직접수업 시스템(Direct Instruction System for Teaching and Learning: DISTAR)

이 방법의 개발자들은 교사의 중요한 임무는 학생들이 학교에서 성공하기 위해 배우고 싶어 하는 것이 무엇인지를 찾아내는 것이라고 이야기한다. 그리고 이것을 행동주의 학습이론에 따라 학생들에게 가르쳐야 한다고 주장한다. 이 방법은 주로 사회경제적 수준이 낮은 아동을 위해 개발되었는데, 다른 방법과의 가장 큰 차이점은 치밀하게 매뉴얼화되어 있다는 것이다. 따라서 교사는 이 매뉴얼에 충실하여 가르쳐야 한다. 수업 중에 임기응변적으로 행동하기보다는 매뉴얼에 따라 구체적으로 행동해야 한다. 따라서 학생들의 행동도 같아야 한다. 스탈링스와 스타이프(Stallings & Stipe, 1986)는 DISTAR 프로그램의 특성은 치밀하게 구조화되어 있고, 언어위주로 운영되며, 정형화된 연습을 많이 하는 것이라고 하였다.

2. 직접교수법의 중요 요인들

1) 교수계획

좋은 건물을 짓기 위해서 설계도가 필요하듯이, 성공적인 교수가 되기 위해서는 치밀한 교수계획이 필요하다. 교수계획은 다음 단계로 진행된다.

(1) 주제의 선정

첫 단계에서는 수업을 할 특정 주제를 선정한다. 이 주제는 사실, 관계 또는 개념을 포함한다. 교육과정에서 요구하는 사항과 학생의 필요를 고려한 후에 주제를 선정한다.

(2) 내용 선정

교수주제가 선정되면 단원의 내용을 결정한다. 내용을 선정할 때는 학생의 흥미와 능력을 고려한다.

(3) 과제 분석

과제 분석은 몇 가지 절차로 구성된다. 교수계획에 관련이 있는 세 가지 절차는 정보처리과정 분석, 학습과제 분류, 학습과제 분석이다(Gagné & Briggs, 1979). 정보처리과정 분석은 학습목표를 달성하기 위해 학생이 해야 할 학습활동이 무엇인지를 결정하는 것이다. 이 분석을 통해서 교사는 학습목표에 도달하기 위해 학생들이 학습할 과제의 구성요소들을 결정하게 된다. 예를 들어, 학습목표가 두 자릿수의 곱셈에 관한 것이라면 정보처리과정은 두 번째 수의 한 자릿수로 첫 번째 수를 곱한 후, 두 번째 수의 다른 자릿수로 다시 첫 번째 수를 곱하여 그 합을 다시 더하는 것이다.

학습과제 분류는 학습목표를 사실, 개념, 관계, 법칙, 인지전략, 운동기술로 분류하는 것이다. 이렇게 분류한 다음 교사는 학생들이 성취해야 할 학습의 결과를 구체적인 용어로 정의한다. 위의 두 자릿수 곱셈의 예에서, 학습목표는 곱하는 법칙이 된다.

학습과제 분석은 정보처리과정 분석 또는 학습과제 분류가 끝난 후에 행해진다. 학습과제 분석은 학습목표를 성취하기 위해서 학생들이 가지고 있어야 하는 선행지식을 확인하는 것이다. 위의 두 자릿수 곱셈의 예에서, 선행지식은 수에 대한 지식, 숫자의 위치에 대한 지식, 덧셈 · 곱셈의 지식이다.

(4) 계열화와 시간계획

학습목표에 대한 과제 분석을 마친 후, 교사는 과제들을 가르치기에 적절한 계열을 결정하기 위하여 이 과제들 사이의 관계를 살펴보아야 한다. 과제 구성요소들은 위계적 또는 비위계적인 순서로 나열될 수 있다. 학생들이 낮은 수준의 학습과제를 모른 채 높은 수준의 과제를 학습할 수 없을 때는 학습의 위계가 있는 것이다. 이런 과제들을 학습하기 위해서는 이전 과제를 이해해야만 다음 과제로 넘어갈 수 있기 때문에 계열을 좀 더 구체적으로 구성해야 한다. 예를 들어, 수학적인 내용을 가르칠 때, 한 단계를 가르치고 다음 단계로 넘어가기 전에 배운 내용을 이해했는지 확인해야 한다.

과제들이 반드시 연속적으로 제시될 필요가 없는 경우는 비위계적이라고 볼 수 있다. 이 경우 과제는 학습내용의 논리에 따라 계열화할 수 있고 가르치는 순서는 중요하지 않다. 예를 들어, 특정 국가의 지리를 가르칠 경우 학습내용을 한 국가의 사회적 · 정치적 · 경제적 측면으로 구분하고 그중 어떤 내용을 먼저 가르치느냐는 중요하지 않다. 가르칠 내용의 순서가 결정되면, 각 내용에 할당할 시간의 양도 결정해야 한다.

(5) 교수전략의 선정

이 단계에서는 적절한 교수전략을 선정해야 한다. 교수전략의 선정은 이전 단계 학습내용의 분석에 기초를 두어야 한다. 교사는 자신이 수업 중 사용할 교수방법, 교수매체와 자료, 학생들에게 제공할 학습활동, 학생들을 그룹핑하는 방법 등을 결정해야 한다.

① 교수방법

교사는 학습내용에 따라 직접교수법, 토론법, 발견학습법, 문제해결법, 개인 또는 그룹 프로젝트법, 개인 또는 그룹 지도법 중에서 하나를 선정한다.

② 교수매체와 자료

교사는 문제연습지, 차트, 그림, 도표, 영화, 비디오, 슬라이드, 사진, 모형, 게임기, 실물 등의 교수매체를 결정한다.

③ 학습활동

문제연습지 풀기, 쓰기 과제, 도서관 연구, 프로젝트 과제, 실제적인 실험, 방문, 소풍과 같은 모든 가능하고 관련된 학습활동을 결정한다.

④ 학생들의 그룹핑

이질적 또는 동질적으로 그룹핑할지, 그룹의 크기는 어느 정도로 할지, 그룹배치는 어떻게 할지 등을 결정한다

2) 설명

설명(explanation)이란 학생들이 학습내용을 이해하는 데 도움을 주기 위하여 언어나 도표, 상징을 사용하여 표현하는 것이다. 설명을 잘하기

위해서는 논리적으로 일관성이 있어야 한다. 이 과정에서 교사는 학생들이 학습내용 간의 의미 있는 연관성을 이해할 수 있도록 적절한 정보를 자세하게 제시해 주어야 한다.

학생들이 선생님이 설명을 잘해 주신다고 말할 때가 있다. 이것은 교사가 학습내용의 핵심적인 특징을 잘 지적해 주고 학생들의 지식과 기술, 이해력을 확장시키는 데 많은 도움을 준다는 의미다. 이런 교사는 학습내용을 설명하기 위해 적절한 예를 제시해 가며 설명하여 어려운 학습내용도 쉽고 명쾌하게 이해할 수 있도록 해준다.

효율적인 설명은 효율적인 의사소통의 원리에 기초를 두고 있다. 설명을 잘하기 위해서는 효율적인 설명원리에 관한 지식뿐 아니라, 많은 연습과 훈련이 필요하다. 효율적인 설명의 특성은 다음의 일곱 가지로 요약할 수 있다.

① 의미성: 제시된 예들이 학생들의 이해수준에 적합하고, 학습내용과 예와의 관련성이 명백하다면 설명은 의미가 있다. 학습내용을 설명하기 위해 사용된 예들은 학생들에게 친숙해야 하고, 그들의 능력과 경험에 맞아야 한다. 학생들은 학습내용과 예들 사이의 관련성을 이해할 수 있어야 한다. 설명의 '의미성'은 수업에서 가장 중요한 요건이다.

② 명료성: 설명에서의 '명료성'은 '의미성'과 밀접한 관련이 있다. 교사가 수업 중 사용하는 예는 학습내용의 특성을 명확하게 설명해 주고, 학습내용과 분명하게 관련 있는 것이어야 한다.

③ 다양성: 설명이 효율적이기 위해서는 한 유형이 아니라 여러 유형의 예를 사용해야 한다. 예를 다양하게 사용하지 않으면 학생들이 배운 내용을 일반화시키거나 또는 전이시키는 것을 어려워할 수 있다. 예가 너무 다양하여 학습에 방해가 될 수도 있다. 학생이 기본적인 개념을 숙달할 때까지는 예의 범위를 한정시키고, 일단 기본적인 개념

을 이해한 후에는 예의 범위를 확장시키는 것이 효율적이다.

④ 흥미성: 학생들의 생활과 관련이 있고 그들의 호기심을 자극할 수 있는 참신한 예를 사용할 때 학생들의 흥미를 야기시킬 수 있다.

⑤ 간결성: 교사는 종종 복잡한 교과내용은 복잡한 모형이나 도표, 그리고 언어묘사 등으로 설명하거나 제시해야 한다고 생각하지만 이는 잘못된 방법이다. 대부분의 경우, 복잡한 학습내용을 설명하는 가장 좋은 방법은 단순한 아이디어들을 사용하는 것이다. 복잡한 교과내용을 작은 구성요소로 나누고 그것을 예와 관련시키면 간결하게 설명할 수 있다. 숙련된 교사는 처음 설명을 할 때 단순한 예를 사용한다. 그런 다음, 교과내용의 몇 부분을 결합시키기 위해 복합적인 예를 사용한다.

⑥ 구체성: 교과내용들은 구체적인 의미를 가지고 있기 때문에 구체적인 예들을 사용할 때 설명이 쉬워진다. 물체의 모형, 그림, 행동을 사용하는 예들은 학생들이 구체적인 아이디어를 이해하도록 하는데 도움을 준다. 마찬가지로, 시각적 상상력을 자극하는 예들도 교과내용을 쉽게 이해하도록 도와준다. 사실, 많은 상징적이고 추상적인 아이디어들은 구체적인 예와 유추를 통해 더욱 잘 설명될 수 있다. 교사는 교과내용을 설명하기 위해 가장 구체적인 예를 찾아야 하고, 구체적인 예로 시작하여 언어적 또는 상징적인 예로 옮겨 가면서 설명하면 효율적이다.

⑦ 논리적인 계열성: 설명의 순서는 논리적이어야 한다. 교과내용은 일관성 있는 순서로 제시되어야 하고, 제시되는 예와 논리적으로 연결되어야 한다. 교사는 자신이 가르치는 교과내용에 대해 많은 지식을 가지고 있으면 좀 더 논리적으로 설명할 수 있다. 설명의 논리성을 높이기 위해서는 교과내용 간의 관계, 교과내용과 예와의 관계를 신중히 고려해야 한다.

3) 연습

직접교수법의 가장 중요한 전략 중의 하나는 연습(practice)이다. 새로운 개념이나 기술을 소개하는 첫 단계에서 교사는 각 과정마다 자상하게 안내해 주어야 한다. 학생이 새로운 개념이나 기술을 처음 학습할 때 정확하지 않은 연습절차를 기억하기 쉽다. 또 이 단계에서 실수를 하면 부정확한 정보를 학습하게 되므로 실수를 하지 않고 차근차근 연습하도록 안내한다. 학생들이 어느 정도 연습한 후에는 교사가 지켜보는 가운데 학생들 스스로 연습하게 한다. 학생들이 연습을 잘 진행시켜 나가면 강화를 주고, 부정확한 연습을 하면 그때 그때 친절하게 교정해 준다. 이런 과정을 통해 학생들이 정확하게 연습할 수 있게 되면, 교사의 도움 없이 스스로 연습하도록 하고 혼자 할 수 있는 과제도 내준다.

학생들이 연습한 학습내용을 더 오래 기억하기 위해서는 연습시간을 효율적으로 활용해야 한다. 짧고 집중적이며 하고자 하는 동기를 갖고 연습을 하면 매우 효과적이다. 예를 들어, 유아들에게는 10분씩 세 번 연습하는 것이 한 번에 30분을 연습하는 것보다 효과적이다. 좀 더 나이 많은 학생들에게도 한 번에 오래 가르치는 것보다 작은 단위로 나누어 가르치는 것이 더욱 효과적이다.

학생들의 연습활동에서 특히 주의해야 할 점은 연습의 초기 단계에서 교사가 학생들의 연습활동을 꼼꼼히 점검해야 한다는 것이다. 그 시기에 부정확하게 연습하면 다음의 학습을 방해하기 때문인데, 잘못된 연습절차가 학습되지 않도록 잘못된 점을 고쳐 주어야 한다. 정확하게 연습을 하는 방법에 대한 정보를 학생에게 제공해 주면 고착화되려는 잘못된 개념을 바로잡을 수 있다. 이렇게 함으로써 학생들은 또한 불안감 없이 편안한 마음으로 연습을 진행해 간다.

학생들이 85~90% 수준의 정확도를 가지고 연습을 하게 되면 다음 단계로 넘어갈 수 있다. 연습을 하지 않으면 24시간 안에 새로 배운 학습내용의 80%정도를 잊어버리고, 4~5개월 동안 규칙적으로 복습하면 새로 배운 학습내용을 대부분 기억할 수 있게 된다. 교사가 수업을 진행하는 데 가장 흔히 범하는 실수는 한 번 가르친 내용을 다시 가르치지 않는다는 것이다. 중요한 교과내용일수록 규칙적으로 복습시켜 주어야 한다.

학생들이 새로운 내용을 학습한 직후에는 좀 더 자주 연습해야 하지만, 일단 독립적으로 연습할 수 있는 단계에 이르면 점점 간격을 벌려 연습해도 된다. 그러므로 학습 초기에는 교사의 안내하에 연습하게 하고, 독립적인 단계에서는 2일, 6일, 15일의 간격으로 스스로 연습하도록 한다.

3. 직접교수법에서의 동기화 강화전략

교사는 종종 '학생들이 스스로 학습하도록 어떻게 동기화시킬 수 있는가?'라는 질문을 한다. 이 질문에 대한 대답은 결코 쉽지 않다. 학생들을 학습에 동기화시키기 위하여 교사가 사용하는 전략들은 대부분 간접적이고, 학습상황과 학생에 따라 다양하기 때문에 간단한 대답은 없다.

학생들을 동기화시키는 데 확실하고 유일한 방법은 없으며, 학생들이 자신의 능력을 최대한 발휘하도록 하기 위해서는 교사가 학생들의 인지적, 정의적 특성을 잘 이해하면서도 교수방법에 대한 상당한 지식이 있어야 한다.

많은 교사가 동기화는 수업을 시작할 때만 필요하다고 생각하는 경우가 많다. 그러나 동기화는 수업을 시작할 때와 마찬가지로 수업이 진행되는 동안에도 계속 필요한 전략이다.

1) 동기화에 영향을 주는 요소들

(1) 성공적이고 의미 있는 경험의 제공

이것은 학생들의 동기에 영향을 미치는 가장 중요한 요소다. 한 과제를 성공적으로 수행한 학생들은 그것과 유사한 과제를 더 많이 학습하려고 한다. 그러나 실패한 학생들은 그와 비슷한 유형의 과제를 시도하기를 꺼린다. 모든 학생들에게 성공적인 경험을 제공하는 것은 생각보다 어렵다. 한 학급의 학생들의 능력이 다양하고 교육과정이 복잡하기 때문에 모든 학생들이 같은 과제에서 성공하도록 하는 것은 어렵다는 것이다.

교사가 실제 수업에서 많이 활용하는 두 가지 전략이 있다. 첫째, 교사는 학생들이 과거에 성공했던 것에 기초한 과제를 부여한다. 또한 이미 숙달한 것에 기초하여 새로운 교과내용을 소개한다. 새로운 교수내용을 성공적인 과거 학습에 접목시키기 위해서 이미 알고 있는 것에서 점차 모르는 것으로 가르친다. 둘째, 교사는 낮은 능력의 학생도 큰 어려움 없이 해낼 수 있는 수준으로 대부분의 교수내용을 구성한다. 그러나 능력 있는 학생들도 도전감을 갖고 참여할 수 있는 학습내용을 조금은 포함시킨다. 이런 방법으로 높은 성공률을 얻을 수 있으며 학생의 동기도 향상시킨다.

학생들의 학습에서 가장 조심해야 할 요소는 실패에 대한 두려움이다. 어느 정도의 실패는 불가피할 수도 있으나, 잦은 실패의 경험을 하지 않도록 신경을 써야 한다. 또한 실패의 책임이 학생 자신에게만 있다고 느끼지 않도록 주의해야 한다. 학생들이 성공하기에 좋은 기회라고 인식한다면 대부분의 학생은 과제를 완성하도록 동기화된다. 성공이란 내적 동기화와 외적 동기화 양쪽 모두에 필수적이고 학습에 중요한 활력소다.

(2) 적절한 학습목표

대부분의 학생은 그들의 요구와 관계있는 학습목표를 수행할 때 동기화된다. 학습목표는 학습을 장려하는 방법으로서 학생들 앞에 놓인 수행목표다. 예를 들어, 교사는 "이번 주에 공부할 흥미 있는 연구과제가 있다." 또는 "우리의 목적은 과학자들이 어떻게 곤충의 삶의 주기를 연구했는지 알아내는 것이다."라고 말할 수 있다. 이들 각각이 학습목표이고, 수업에 열심히 참여하게 하며, 학생들을 동기화하는 데 도움이 된다. 이런 목표는 단기간(학생들에게 간단한 숙제를 마치도록 요구할 때처럼) 또는 장기간(학생들에게 수개월 걸리는 시험을 준비하도록 요청할 때처럼)에 걸쳐 달성될 수 있다. 효율적인 교사는 학습을 장려할 수 있는 의미 있는 학습목표를 설정한다. 대부분의 초등학교 교사는 단기간의 학습목표를 설정하고, 중등학교 교사는 장기적인 학습목표를 설정한다.

(3) 교과에 대한 교사의 열정

가르치는 것과 배우는 것에 열정적인 교사는 학생들에게 매우 훌륭한 동기부여의 모델이 된다. 만약 교사가 특별한 활동에 흥미가 있어 그것을 하는 것으로 보이면 학생들은 자주 그의 열정을 본받게 된다. 가르칠 교과에 대해서 열정적인 교사는 학생들에게 교과와 관련된 긍정적인 정서를 갖게 해준다. 연구에 의하면, 자극적이고 정력적이고 용기를 주는 교사는 일반적으로 학생들의 학습을 더 많이 향상시킨다(Rosenshine, 1987). 심지어 높은 수준의 교수전략과 방법이 있는 상황에서도 교사의 열정적인 태도는 학생들의 동기를 더 많이 향상시켜 준다.

(4) 학생들과의 적극적인 관계

학생들에 대한 교사의 적극적인 관심은 학생들의 호의적인 반응을 이끌어 낸다. 만약 교사가 학생들에게 관심 있는 태도를 보인다면, 교사와 관련된 정서가 좋아질 것이고, 이어서 교과에 대한 학생들의 성취동기도 증가할 것이다. 이러한 교사의 관심과 배려는 뚜렷하지 않고 아주 미묘하여 잘 드러나지 않는다. 예를 들어, 교사는 자주 학생들을 격려해 주고, 학생들의 활동에 대해 긍정적인 평을 해주며, 특별한 문제에 대한 학생들의 견해를 들어 준다. 학생들에게 관심을 기울이고 도움을 주는 모든 행동들은 교사와 학생 간의 관계를 향상시키고 학생의 학습동기를 증가시킨다.

(5) 강화와 체벌의 사용

어떠한 형태의 강화라도 효율적이기 위해서는 적절한 시간과 장소에서 알맞게 사용해야 한다. 교사는 무엇을, 언제, 어떻게 강화시킬 것인지 명확한 계획을 세워야 한다. 동기부여의 기술은 계획된 교수방법에 따라 각 학습이 진행되는 동안 꾸준히 사용되어야 한다.

(6) 노력의 중요성에 대한 학생들의 지각

학생들이 성공이나 실패를 유전적인 능력이나 행운 같은 통제할 수 없는 외부의 힘으로 돌리기보다는 자신들의 노력으로 돌릴 때, 내적으로 동기화가 되기 쉽다(Wittrock, 1966). 학생들의 통제에 대한 지각은 동기에 간접적이지만 강력한 영향을 주기 때문에 중요하다. 학습에서의 성공을 행운으로 돌리는 학생들은 학습목표를 달성하기 위해 최선의 노력을 하는 것이 동기화되지 않는다. 또한 학습에서의 그들의 발전이 전적으로 교사의 능력에 달려 있다고 생각하는 학생들도 학습에서 동기화가 되지 않는다.

교사는 학습에서 노력과 인내는 타고난 능력보다 더 중요한 결정적인 요소라는 것을 학생들에게 설명해 주어야 한다. 또한 학생들에게 수업에서의 성공은 자기 자신의 노력의 결과라는 것을 알려 주어야 한다. 이렇게 하는 방법 중의 하나는 학생들의 노력과 인내에 대해 강화시켜 주는 것이다. 즉, 학생들은 그들이 학급에서 받는 성공, 칭찬, 보상이 그들의 노력과 과제에 대한 인내심에 의한 것임을 알아야 한다. 교사가 학생 개개인의 수준에 맞게 과제를 부여하는 것은 성공적으로 과제를 수행하도록 하는 데 중요하다. 만일 과제가 너무 복잡하거나 합리적인 노력의 한계를 벗어난 것이라면 교사에게 도움을 요청하도록 학생들에게 말해 준다. 그러나 학생들은 적당히 어려운 학습내용은 인내심이 필요하며, 모든 실패를 불행이나 타고난 능력의 부족 혹은 빈약한 교수법으로 원인을 돌리지 않아야 한다.

(7) 잘 조직된 의사소통과 수업체계

효율적인 의사소통과 수업은 간접적으로 내적 동기를 강화시킨다. 교과내용을 명확하게 설명할 수 있고, 그것을 재미있고 도전적으로 만들 수 있는 교사는 학생들을 높은 수준으로 동기화시킬 수 있다. 또한 교과와 교사에 대해 긍정적인 태도를 가진 학생들은 학습에서 동기화되기가 쉽다. 더 나아가 효율적인 수업은 학생들의 성취도를 높여 주고, 그 결과 학생들의 내적 동기도 향상된다.

2) 동기부여와 강화의 원리

직접교수법에 따른 학생들의 동기부여방법(Cole & Lorna, 1998)에는 다음과 같은 것이 있다.

(1) 현실적인 학습목표 설정

현실적인 목표를 세우고 그것을 달성하려고 시도하는 학생들을 강화시킨다. 만약 학생들이 학습목표가 현실적이고 적절하다고 인식하면 학습에 동기화된다. 반면에 학생들이 학습목표가 자신들의 능력을 벗어나거나 요구에 부합되지 않는다고 느끼면 의욕을 상실하고 목표를 달성할 필요성을 느끼지 못한다. 학습목표를 성취하려는 학생들의 노력을 강화시켜 주는 것은 중요한 일이다. 따라서 학생들의 높은 수준의 동기를 지속시키기 위해 자주 격려해 주어야 한다.

(2) 학습목표 설정에 학생의 직접 참여

학생들에게 학습목표가 현실적이고 적절한 것으로 인식시키는 확실한 한 가지 방법은 목표들을 설정하는 데 그들을 포함시키는 것이다. 교사는 다음과 같이 질문할 수 있다. "오늘 우리가 얼마나 많은 새로운 내용을 배울 수 있을까?" 또는 "나는 이번 학기 동안 여러분이 6권의 책을 읽을 수 있다고 생각하는데, 여러분도 그렇게 생각하나요?" 한 번 학습목표가 학생들에게서 지지를 받으면 이러한 학습목표를 수용할 필요성를 느끼고 그것을 달성하기 위해 노력할 것이다.

(3) 다양한 학습활동 제공

학생들에게 높은 목표를 달성하도록 동기화시키기 위하여 도전적이고 다양한 학습활동과 경험을 제공한다. 학생들은 게임, 시범, 프로젝트와 구체적인 경험에 기초한 다양한 학습활동을 좋아한다. 학생들이 흥미를 느끼고 자극을 받게 되는 학습활동과 경험들은 대개 내적으로 동기화시켜 준다. 학습내용에 대해 학생들이 흥미 있어 하면 강화가 거의 필요 없다. 그러나 동일한 과제가 학생들에게 반복적으로 주어지면 흥미로웠던 학습과제는 처음의 매력을 잃고 지루해질 수 있다. 또한 학생들은 지나치게 쉽거나 너무 어려운 과제가 주어지면 흥미를 빨리 잃는 경향도 있다. 따라서 학생들에게 학습이 흥미롭고 도전적인 것이 되도록 하기 위해서는 학습활동이 다양해야 한다. 효율적인 교사는 가급적 도전적이고 다양한 과제를 선택하며, 그 결과 학생들은 과제를 완성하도록 내적으로 동기화된다.

(4) 성공경험의 기회 제공

학생들이 성공을 경험하고 유능하다는 느낌을 갖게 한다. 학생들은 성공에 의해 강하게 동기화되고 과거에 가치 있는 성공을 경험했던 학습내용을 반복하기 위해 노력할 것이다. 성공의 경험들은 만족감과 자존감을 향상시킨다. 그러므로 성공적인 경험은 학생들에게 가능성에 대한 자신감을 증가시키고 다시 유사한 과제를 시도하도록 동기화시킨다. 효율적인 교사는 주의 깊게 학생들의 능력과 학습과제를 조화시켜서 학생들이 성공을 경험하도록 미리 충분한 지침을 준비하고 도움을 준다. 물론 성공은 절대적인 기준으로 측정되는 것은 아니며 가끔 교사가 설정한 기준에 따라 측정된다. 학생들의 향상이 어른들에게는 매우 작은 성취로 보일 수 있지만 학생들 입장에서는 중요한 성취로 지각될 수 있다. 그러한 성취를 교사는 인정해 주어야 하며 그것에 대해 자부심을 갖도록 학생들을 격려해야 한다.

3) 여러 유형의 강화방법

보상을 받는 행동이 빈도가 증가한다는 것은 잘 알려진 학습원리다. 다음에 제시한 원리들은 교사가 사용할 수 있는 여러 유형의 강화와 이를 효율적으로 사용할 수 있는 방법들이다.

(1) 잠재적 강화 활용

학생들에게 효율이 있는 잠재적 강화를 선택한다. 학생들은 여러 유형의 강화에 다양하게 반응하는데, 어떤 학생이 원하는 물건이나 상황은 그 학생에게 잠재적 강화가 될 수 있다. 그러나 같은 물건이나 상황이 어떤 학생에게는 향상된 수행을 자극하지 못하며, 따라서 그 학생에게는 정적 강화가 되지 못한다. 교사는 특정 학생이나 집단에게 효율이 있는 잠재적 강화를 확인하기 위하여 과거에 효율이 있었던 강화를 주의 깊게 관찰하고 조사해 보아야 한다.

(2) 학생의 성숙도에 맞는 강화 제공

강화와 학생들의 지적, 사회적 성숙도를 연결시킨다. 능력이 뛰어나고 성숙한 학생들은 능력이 뒤처지고 미숙한 사회성숙도를 가진 학생들과는 다른 강화가 필요하다. 잠재적으로 효율적인 강화를 선택하는 데 교사는 학생들의 특성을 고려할 필요가 있다. 다수의 초등학교 아이들은 대부분의 활동과 사회적 강화에 잘 반응한다. 중등학교 학생들은 성취에 대한 평가의 표현과 같이 더욱 정교한 형태의 사회적 강화를 선호한다. 그러나 더 어리고 덜 성숙한 학생들, 특히 지적 · 사회적 성숙도가 낮은 학생들은 정교한 강화에는 반응하지 않으므로 구체적인 강화를 사용해야 한다. 이때 교사는 구체적인 강화를 초기에 사용하고 다음 단계에서 점차 구체적인 강화를 줄이고 사회적인 강화를 늘려 가는 것이 효율적이다.

(3) 학생의 흥미와 선호를 고려한 강화 선택

적절한 강화를 선택할 때는 학생 개개인의 흥미와 선호를 고려한다. 학생들의 흥미와 선호에 맞는 강화가 효율적이기 때문이다. 강화기법의 효율은 학생의 선호와 사용되는 강화의 종류 사이의 적당한 조화에 달려 있다. 한 학생에게 상당히 선호되는 행동이 다른 학생에게는 가장 낮은 선호도를 보일 수 있다. 어린 학생들은 교사, 부모, 다른 성인들에게 받는 칭찬에 잘 반응한다. 이와 달리 사춘기 학생들은 동료의 인정에 특히 민감하고, 종종 사회적 지위, 개인적인 일을 할 수 있는 시간, 선택의 자유를 증가시키는 강화에 더 잘 반응한다. 보다 중요한 것은, 강화는 각 학생들의 개성에 따라 다양해야 한다는 것이다. 효율적인 교사는 학생들을 위한 강화를 결정할 때 이 같은 요소들을 고려한다.

(4) 프리맥(Premack) 원리 활용

별로 원하지 않는 학습활동을 위한 강화로 인기가 있는 학습활동을 사용한다. 학생들에게 보다 원하는 활동을 하도록 약속해 줌으로써, 별로 선호하지 않는 활동을 하도록 동기화시킬 수 있다. 프리맥(Premack) 원리라고 알려진 것으로, 보다 선호하는 활동은 그보다 덜 선호하는 활동의 강화로 사용될 수 있다. 예를 들면, "이번 철자시험에서 100점을 받는 사람들에게는 5분간 자유 독서시간을 주겠어요."라고 말하는 교사는 열심히 해야 할 행동(철자시험을 잘 보는 것)에 대한 보상으로 선호하는 활동(자유 독서)을 사용하고 있다. 학생들이 자주, 그리고 즐겁게 하는 활동들을 관찰함으로써 그 활동을 강화로 사용할 수 있다.

(5) 난이도에 따라 다양한 강화의 형태와 강도 활용

학습내용의 수준과 성질에 적합하도록 강화의 형태와 강도를 다양하게 한다. 학생들은 종종 학습내용에 어울리는 강화에 의해 학습하고자 하는 동기가 높아진다. 그러므로 강화를 계획하는 데 학습내용의 난이도를 고려해야 한다. 어려운 내용은 쉬운 내용보다 더 자주 강화를 해 주어야 한다. 그러나 학생들이 쉬운 내용을 학습할 때 자주 강화를 시키면 불필요한 간섭이 될 수도 있고, 학생들이 주의산만해질 수도 있다. 효율적인 교사는 강화의 유형과 강도를 결정할 때 학습내용의 수준을 고려한다.

4) 강화의 시점과 방법

(1) 즉각적인 강화

새롭고 많은 노력이 필요한 학습내용에는 즉각적인 강화를 제공한다. 만일 학습하는 내용이 새롭거나 어려워서 학생들이 곤란을 겪고 있으면 즉각적인 강화가 효율적이다. 가능한 한 강화는 원하는 수행이 관찰된 후에 즉각적으로 제공되어야 한다. 이것은 새로운 학습을 완성시키는 데 매우 결정적이다. 교사가 강화시키고자 하는 학습행동에 즉각적인 강화가 뒤따르지 않으면 일부 다른 학습행동들이 자기도 모르는 사이에 강화될 수 있다. 즉각적인 강화가 특히 중요한 단계는 생소하거나 어려운 내용을 학습하는 초기 단계다.

(2) 학습목표에 근접하는 행동 강화

원하는 학습목표에 성공적으로 근접하면 강화시킨다. 궁극적으로 성취하게 될 독립적인 행동을 고무시키기 위해서는 학습목표에 조금만 근접해도 강화해 주는 것이 중요하다. 이는 다량의 복잡한 학습내용을 학습할 때 효율적인 방법이다. 복잡한 학습내용은 하위과제로 분석하여 난이도에 따라 단계적으로 조직해야 하는데, 먼저 간단하고 쉬운 학습내용을 규칙적으로 제시한다. 학생들이 이러한 낮은 차원의 쉬운 학습내용을 학습한 다음에는 좀 더 난이도가 높은 내용들을 연속적으로 소개하면서 강화시킨다. 때로는 최종 과제를 성취할 때까지 강화의 기준을 점진적으로 높여 갈 수도 있다. 그러한 조형절차는 특히 학생들이 어려운 학습내용을 숙달하기 위하여 세분하여 학습할 경우에 효율적이다. 교사는 인내심을 갖고 작은 성공들을 눈여겨 보아야 하며, 단기간에 최종 목표가 이루어지길 기대해서는 안 된다. 궁극적인 목표가 달성되도록 하려면 작은 성취도 보상해 줄 필요가 있다.

(3) 집단 강화

집단 수행과 관련하여 강화를 한다. 집단 강화는 매우 효율적이며, 특히 친구들과의 협동을 장려하는 데 큰 효과가 있다. 많은 상황에서 개개인보다 집단에게 강화를 하는 것이 학급 내의 학습활동을 서로 협력하여 이루어 나가게 하는 데 효율적이다. 이러한 방식은 특히 초등학교의 상급 학년과 중등학교 학생들에게 효율적인데, 친구들의 격려와 지원이 학생들의 동기를 강화시켜 더 나은 성취를 얻고자 노력하게 만든다. 연구에 의하면, 경쟁적인 노력보다는 급우 간의 협조적인 노력이 더 효율적이며 학습에 보다 진취적인 태도를 보인다(Slavin, 1990). 이러한 협동학습법은 학습목표를 달성하기 위해서 집단의 각 구성원들이 모두 책임을 지는 전략을 사용하며, 구성원들이 서로 협조해야 한다. 협동학습법은 학업성취도를 높이고 자신, 친구, 학교에 대한 태도를 향상시키는 것으로 나타났다. 집단 보상은 최종 결과의 질보다는 집단 내 모든 학생들의 학습활동을 기초로 해야 한다. 그렇지 않으면 교사가 무의식중에 다른 학생들의 노력은 배제한 채 능력 있는 한 학생이 해낸 작업성과에 대하여 집단을 강화할 수 있다.

(4) 도표화한 학습활동 결과 공개

학생들의 학습활동 결과를 도표화하여 공개한다. 학생들은 그와 같은 공개에 긍정적으로 반응하고 더 높은 수준을 성취하려고 동기화된다. 이러한 학습활동 결과 공개는 학생들의 노력에 대한 평가를 보여 주기 때문에 효율적이다. 대부분의 학생은 자신들의 학습활동 결과 공개에 용기를 얻고 그중에는 좀 더 높은 인정을 받기 위해 더 노력하는 학생들도 있다. 이 방법은 초등학교와 중등학교 교사들이 많이 사용한다. 그러나 좀 더 성숙한 학생들에게는 학습활동 결과를 공개하는 것보다는 자신의 학습활동을 계획하도록 하는 것이 더 효율적이다. 이렇게 할 때 학생들은 다른 사람들이 자신의 학습활동 결과를 살펴보는 것에 상관하지 않고 자신의 이전 결과보다 좀 더 진보된 결과를 얻으려고 노력하게 된다.

(5) 최적 수준의 동기 유지

지나치게 높은 수준의 동기를 자극하거나 능력 이상의 수준까지 성취하도록 학생들에게 압력을 가하지 않아야 한다. 동기가 너무 강하면 학생들은 불안해하면서 학습을 제대로 해내지 못한다. 외적 동기는 학습활동을 강화시켜 주지만 과도한 중압감은 학습활동에 방해가 된다. 교사는 능력을 넘어서는 성공을 학생들에게 강요함으로써 심한 불안을 야기하지 않도록 주의해야 한다.

4. 직접교수법에서의 피드백 전략

교실수업에서 교사가 학생들을 가르치는 상황을 상상해 보자. 교사는 옮겨 다니면서 학생들을 지도하고 도움이 필요한 학생들에게 개별적인 도움을 준다. 교사는 한 학생이 쓴 답을 지적하면서 "이 답을 검토해 봐라. 틀린 것 같다."라고 말한다. 그런 후에, 다른 학생들을 지도하기 위해서 이동한다. 계속해서 어려워하는 학생에게 다시 되돌아간다. 학생이 답을 완성한 후에, 그 교사는 "잘했어. 이제 맞았어."라고 말한다. 이 교사는 학생들에게 직접적인 피드백을 주고 있는 것이다. 연구에 따르면, 일반적으로 직접적인 피드백을 제공할 때 학생들의 학습이 크게 향상되었다(Walberg, 1988).

여기서는 피드백의 정의, 종류, 방법 등에 대해 알아본다.

1) 피드백의 정의와 관련 요소들

피드백은 한 개인의 행동이나 반응의 적합성에 관해서 그 개인에게 되돌려지는 정보다. 학습상황에서의 피드백은 학생들의 학습활동의 양과 질에 관해서 학생들에게 정보를 제공하는 의사소통의 한 형식이다. 학생들에게 주어지는 시험결과, 숙제나 시험지에 관한 논평, 학생의 학습활동에 관한 교사의 채점결과나 집단 혹은 개인의 학습에 대한 논평 등이 모두 피드백이다.

피드백은 학습활동의 적절성을 점검하고 학습과정을 감독 · 확인하기 위해 학생들에게 주어지는 정보다. 그것은 학생들이 어떤 학습과제에 응하기 위해서 성실히 노력한 후에 주어진다. 때때로 학생들은 반응하지 않고 교사의 도움을 기다린다. 왜냐하면 그들은 어떤 방법으로 학습을 해야 할지 모르며, 교사가 부가적인 지시나 설명을 해주기를 원하기 때문이다.

그러나 이런 상황에서 주어지는 도움이 모두 피드백으로 정의되지는 않는다. 반응하려는 시도조차 하지 않는 학생이 있기 때문이다.

피드백은 내적이거나 혹은 외적일 수 있다. 내적 피드백은 행동을 완수하는 과정에서 개인이 얻은 학습활동의 질에 관한 정보다. 예를 들면, 테니스를 칠 때 '잘 친 것 같은 기분'이 들거나 '배운 대로 치지 않고 잘 못 친 것 같은 기분'이 드는 경우 학생 스스로 학습활동의 질에 관한 내적인 정보를 얻게 된다. 이와는 대조적으로, 외적 피드백은 학습활동의 적절성 혹은 정확성에 관해 다른 사람들이 주는 정보다. 예를 들면, 학생의 공 던지는 자세에 대해 체육교사가 주는 정보 또는 대수문제의 답이 정확한지에 대해 수학교사가 주는 정보다.

여기서는 학습향상을 목적으로 교사가 학생에게 주는 외적 피드백을 다룬다. 외적 피드백은 일반적으로 동기부여, 강화, 정보의 세 가지 기능이 있다. 동기부여기능과 강화기능은 앞에서 이미 다루었으므로 여기서는 주로 정보기능에 초점을 맞추기로 한다.

대부분의 학급 의사소통에서 외적 피드백은 교사에게서 학생에게로, 그리고 학생에게서 교사에게로 오간다. 교사가 학생에게 전하는 피드백은 학생의 반응이 옳은지 또는 틀렸는지를 알리는 것이 목적이다. 학생에게서 교사에게로 진행되는 피드백은 수업에 대한 학생들의 반응에 관해 교사가 정보를 얻도록 도와준다. 이런 교사와 학생 사이의 끊임없는 정보교환은 수업과정의 필수적인 부분이다(Cole & Lorna, 1998).

(1) 긍정적 피드백과 부정적 피드백

긍정적 피드백은 학생들의 학습활동이 적절하였거나 혹은 정확하였다는 것을 알려 주기 위해 제공되는 정보다. 교사는 "맞았어." 혹은 "훌륭한 대답이구나."와 같은 말을 사용해서 반응이 적절했음을 학생들에게 알려준다. 긍정적 피드백을 제공하는 다른 방법도 있다. 예를 들어, 교사는 학생들이 정확하게 답한 것을 알려 주기 위해 말로 "잘했어."라고 표현할 수도 있지만, 어느 때는 '잘했음'이라는 도장을 사용하거나 연습장에 칭찬의 말을 적어 줄 수도 있다. 이러한 긍정적 피드백은 일반적으로 학습을 강화시키며, 특히 교사가 언제 학생들의 반응이 긍정적인 피드백을 받을 수 있는지 정확하게 알려 주면 학습을 강화시킬 수 있다.

부정적 피드백은 학생들의 학습활동이 부적절하거나 혹은 부정확하였다는 것을 알려 주기 위해 사용된다. 예를 들어, 학생들의 답에 대해 "틀렸어."라고 말하거나 숙제에서 잘못된 철자를 정정해 주는 교사는 학생들에게 부정적 피드백을 주는 것이다. 부정적 피드백은 대개 짧게 말하고, 특히 가끔 사용해야 효율적이다. 왜냐하면 부정적 피드백은 체벌의 한 형태로 인지될 수도 있으며, 만약 교사들이 끊임없이 학생들의 잘못을 지적하면 그들은 배우고자 하는 동기를 상실해 버리기 때문이다. 대부분의 교사들은 부정적 그리고 긍정적 피드백 모두를 사용한다. 다시 말하면, 교사들은 학생들이 언제 맞았는지, 언제 틀렸는지를 학생들에게 말해 준다. 또한 대부분의 교사들은 부정적 피드백의 필요성을 최소화하기 위해 성공률이 높은 학습경험들을 계획한다. 효율적인 교사는 긍정적 피드백은 많이 제공하고 부정적 피드백은 가급적 적게 제공한다. 그러나 학생들은 부정적 피드백에서도 많은 것을 배운다. 따라서 학생들의 반응이 어디가 잘못되었는지를 알려 주는 것도 중요하다(Anderson, 1979).

(2) 의도된 피드백과 의도되지 않은 피드백

의도된 피드백은 보내는 사람이 의도한 대로 받는 사람이 의미를 해석하는 피드백이다. 예를 들면, 교사가 "틀렸습니다. 4번 질문에 대한 답은 '풍자' 입니다."라고 말할 수 있다. 학생은 '이 글에서 저자의 의도가 반어적이기 때문에 내 대답보다는 풍자가 더 정확한 답이구나.' 라고 생각할 것이다. 이런 경우 교사와 학생은 피드백 정보를 동일하게 해석하고 공유하게 된다. 하지만 똑같은 교사의 논평에 대해 '선생님은 내가 그 답을 몰랐기 때문에 나를 멍청하다고 생각하겠지.' 라고 생각하는 학생은 교사의 피드백을 개인적인 비난으로 여길 수도 있다. 이처럼 의도되지 않은 피드백은 받는 사람이 보내는 사람의 의도와 다르게 이해하는 것이다. 학생들은 교사의 피드백을 종종 잘못 해석하는 경향이 있으므로, 교사는 의도되지 않은 피드백을 주지 않도록 주의해야 한다. 특히 교사의 부정적인 피드백이 학생에게 개인적인 비난으로 받아들여지지 않도록 해야 한다. 교사에게는 객관적이고 비평가적인 것으로 보이는 것도 학생들은 꾸중이나 비판으로 생각할 수도 있다.

(3) 평가적인 피드백과 비평가적인 피드백

평가적인 피드백은 관찰된 수행에 대해서 묵시적 또는 명시적인 가치판단을 포함한다. 예를 들면, '훌륭한' 혹은 '열등한'이란 말을 포함하는 진술들은 평가적이다. 때때로 이러한 피드백은 비언어적 형태로 나타나기도 한다. 예를 들어, 교사가 학생들의 행동에 대해 만족한 표정으로 웃거나 얼굴을 찡그려 실망을 나타내면, 이런 행동들은 학생들의 수행에 대한 교사의 가치판단을 나타낸다. 반면에 비평가적인 피드백은 사실적이고 객관적인 기준에 초점을 둔다. 예를 들어, 교사는 성적이 좋은지 또는 나쁜지에 대한 판단은 하지 않고, "10문제 중에서 7문제를 맞았다."라고 말할 수 있다. 이러한 상황에서 학생은 그 점수에 대해 판단하기 전에 다른 학생들의 점수를 알아야 하고, 교사가 기대했던 점수를 알아야 한다. 평가적인 피드백과 비평가적인 피드백을 명확하게 구분하는 것은 어렵지만, 대부분의 피드백은 이 두 가지 요소를 모두 포함하고 있다는 점에 주목해야 한다. 피드백은 전적으로 객관적이기도 어렵고 또는 전적으로 평가적이기도 어렵다.

(4) 언어적 피드백과 비언어적 피드백

언어적 피드백은 학생들에게 그들의 답이 맞았는지 또는 틀렸는지에 대한 정보를 주는 언어적인 의사소통을 말한다. 그리고 피드백으로 사용되는 육체적 의사소통을 비언어적 피드백이라 한다. 예를 들어, 교실에서 한 학생이 대답을 할 때 교사가 그 학생에게 미소를 짓거나, 고개를 끄덕여 주거나, 얼굴을 찡그리는 것은 모두 비언어적 피드백이다.

(5) 교정적 피드백

교정적 피드백은 확장된 형태의 피드백이며, 학생들의 학습에서 특정한 문제를 고쳐 주려는 피드백이다. 정답과 오답에 대한 정보뿐만 아니라, 오답을 수정하기 위해 보충설명을 해준다는 점에서 교정적 피드백은 확장된 피드백이라고 볼 수 있다. 교사는 학생들이 학습목표를 달성하는 것을 돕기 위해서 교정적 피드백을 사용해야 한다.

2) 피드백의 방법

(1) 교수내용 분석 후 피드백 제공

만약 교사가 교수내용의 중요한 요소들과 이를 어떻게 가르쳐야 하는지를 안다면, 학생들은 교사가 제공하는 피드백에서 많은 이익을 얻게 된다. 따라서 교사는 피드백을 제공하기 전에 교수내용에 대한 충분한 지식을 가지고 있어야 한다. 또한 학습목표를 이루는 하위 교수내용들의 성격 및 구조, 학생들에게 나타나는 반응의 유형, 선행지식의 종류, 필요한 학습의 인지적 수준 등을 분석해야 한다.

일단 이러한 것들이 이루어지면 교수내용에 대한 학생들의 반응의 적합성을 정확하게 평가할 수 있고, 학습의 어려움을 야기하는 원인들을 찾아낼 수 있으며, 적절한 피드백을 제공할 수 있게 된다. 예를 들어, '빌려주기가 필요한 두 자릿수의 뺄셈' 이라는 교수내용을 분석한 교사는 '빌려오는' 데서 생기는 오류를 찾아내어 적절한 피드백을 제공할 수 있다.

(2) 평가에 기초한 피드백 제공

학생들은 부정확하고 오류투성이의 진단에 기초를 둔 피드백에서는 도움을 받을 수 없다. 내재되어 있는 문제들을 정확하게 이해함으로써, 교사는 학생들이 학습상의 어려움을 극복할 수 있게 해주는 피드백을 제공할 수 있다. 만약 학생들의 만족스럽지 못한 수행이 중요한 선행기술의 결여 때문이라면, 그 기술을 가르쳐야 한다. 반면에 부적절한 반응의 원인이 배워야 할 특정 개념을 잘못 이해했기 때문이라면, 적절한 예를 들어서 확실하게 설명할 필요가 있다. 또는 절차나 연산법에 익숙치 못하여 오류를 범하게 되었다면, 보충지도 및 연습 등이 필요할 것이다. 교사는 학생들의 오류와 학습상의 어려움을 주의 깊게 분석한 후에야 이와 같은 결정들을 효율적으로 내릴 수 있다.

(3) 내적 피드백 기능의 학습자료 제공

학생들은 보통 외적 피드백보다는 내적 피드백에서 더 많은 것을 얻는다. 학생들이 학습내용을 배우는 동안 자신이 해답을 점검하는 방법으로 연습문제지를 풀도록 함으로써 교사는 학생들이 다시는 오류를 범하지 않고 학습하도록 할 수 있다. 내적 피드백은 정답목록의 형태를 취할 수도 있다. 그리고 학생들은 자신들의 답을 그것과 비교하게 된다. 그러한 점검항목들은 학생들에게 자신들이 잘 수행해 나가고 있는지 또는 다른 해결을 시도할 필요가 있는지를 결정할 수 있게 해준다.

(4) 학습에 도움이 되는 피드백 제공

학생들이 더 이상 해결하려고 시도하지 않을 정도로 많은 피드백을 주어 학습내용을 너무 쉽게 만들어서는 안 된다. 학생들의 부정확한 반응이 문제해결을 위해 필요한 과정을 숙달하지 못한 결과라면, 단순히 정답을 제공하는 것은 유용한 피드백 절차가 아니다. 이러한 경우에 가장 효율적인 방법은 힌트 또는 더 간단한 문제들을 사용하여 학생들이 올바른 해결책을 모색할 수 있도록 지도하는 것이다. 이러한 방법으로 학생들이 스스로 해결책을 모색해 나가야지, 단지 수동적으로 정답을 기대해서는 안 된다.

피드백의 목적은 새로운 학습을 진행시켜 나가도록 학생들을 돕는 것이지, 단순히 학생들에게 정답을 제시하는 것이 아니다. 학생들은 정답을 얻기까지의 절차와 왜 그것이 정답인지를 이해해야 한다. 학생들이 자신의 힘으로 문제를 해결하도록 지도받아야 하기 때문에 부분적인 피드백을 받으며 이루어진 학습은 더욱 가치가 있고 오래 지속된다.

(5) 학습전략에 도움이 되는 피드백 제공

학생들의 학습을 향상시킬 수 있는 피드백을 제공해야 한다. 피드백은 사실과 기술의 학습뿐만 아니라 바람직한 학습전략의 습득에도 중요하다. 학생들은 학습전략을 향상시키고 효율적인 독립학습을 가능케 하는 피드백에서 많은 이익을 얻는다. 학생들이 특정 문제의 해결책을 모색하고 있는 동안 자신들의 사고과정을 표현해 보도록 하고, 사고과정의 방법이나 절차의 효율성에 따라 피드백을 제공함으로써 효율적인 독립학습을 할 수 있도록 도와준다. 이처럼 교사는 단지 학습결과에 따라서가 아니라 중요한 학습과정에 따라 학생들에게 피드백을 제공한다.

(6) 다양한 피드백 제공

학생들은 개인적 요구에 부합하는 피드백에서 많은 이익을 얻는다. 상대적으로 능력이 있고 독립적인 학생들에게는 반응이 틀렸다고 지적해 주기만 해도 오류를 교정할 수 있다. 반면, 독립적이지 않은 학생들에게는 더욱 광범위한 교정적인 피드백 또는 부가적인 설명이 필요하다. 효율적인 교사는 항상 학생들의 요구를 충족시켜 주기 위하여 피드백을 수시로 변경한다.

(7) 명확한 피드백 제공

학생들은 명백하고 구체적으로 지적해 주는 피드백에서 많은 이익을 얻는다. 피드백은 분명하고 구체적이어야지 불분명하거나 모호해서는 안 된다. 학생들이 막연하고 애매모호한 교사의 논평을 수행의 참고로 삼을 것이라고 기대해서는 안 된다. 도움을 주어야 하는 구체적인 부분을 제대로 지적하고 학생들이 이해할 수 있는 언어로 표현한다면 피드백은 분명해진다. 그렇다고 학생들이 학습내용을 어려워할 때 정답을 알려 주라는 의미는 아니다. 학생들의 학습내용과 구체적으로 관련이 있는 힌트나 자극을 주어 스스로 문제를 해결해 나가도록 도와주어야 한다.

제10장

효과적인 교수방법

교사들이 활용할 수 있는 교수방법은 수백 가지가 된다. 이렇게 많은 교수방법을 이해하기 위해서는 종류별로 분류하여 살펴보는 것이 좀 더 쉬울 듯하다.

교수방법은 학습자의 형태에 따라 개인적 방법, 집단적 방법, 대중적 방법으로 분류할 수 있다. 개인적 방법에는 개인교수, 도제제도, 독학, 인턴십 등이 있다. 집단적 방법에는 소집단 지도, 대집단 지도, 학급원 전체 지도 등이 있다. 대중적 방법은 인터넷이나 방송 등의 매체를 이용하는 방법이다.

교수-학습과정에서 일어나는 상호작용을 중심으로는 교사중심 방법, 상호작용적 방법, 개별적 방법, 경험적 방법 등으로 분류할 수 있다. 교사중심 방법에는 강의, 발문법, 시범, 통제된 토론 등이 있다. 상호작용적 방법에는 학급토론, 그룹 토론, 그룹 프로젝트, 동료교수(peer teaching) 등이 있다. 개별적 방법에는 인터넷 수업, 프로그램 수업 등이 있다. 경험적 방법에는 현장실습, 실험실습, 역할극, 모의실험, 게임 등이 있다.

교수-학습과정에서의 통제방법에 따라서는 직접교수방법, 간접교수방법, 직 · 간접 혼합교수방법으로 분류된다. 직접교수방법에는 강의법이 있고, 간접교수방법에는 탐구활동, 문제해결, 발견학습 등이 있다. 혼합교수방법에는 발문법, 자기주도학습, 협동학습 등이 있다(Borich, 2004). 직접적인 교수방법은 교사가 직접 수업을 통제해 나가는 교사중심의 교수방법인데, 교사는 구체적인 수업목표를 세우고, 구조화된 교수자료를 사용하고, 학생이 해야 하는 행동을 구체적으로 지시하고, 학생의 학습활동을 점검하고, 피드백을 주는 활동을 한다. 간접적인 교수방법은 직접적으로 학생의 학습활동을 지시하기보다는 학생들이 스스로 학습활동에 참여하여 그 경험에서 스스로 결론을 이끌어 낼 수 있도록 도와주는 방법이다. 예를 들면, 다음과 같다. 직접적인 교수방법을 사용하는 교사가 세계 난민문제에 대해 가르칠 때, 그는 그 문제에 대한 정보를 학생들에게 제공하고, 그 정보에 대해 논의하도록 하며, 현재 사용되고 있는 난민해결책에 대해 평가하게 한다. 반면, 간접적인 교수방법을 사용하는 교사는 학생들에게 세계 난민에 대한 문제점들을 찾아내도록 질문하고, 현재 진행되고 있는 난민해결책에 추가할 사항들을 발표하도록 한다. 간접적인 교수방법을 사용하는 교사는 학생들의 다양성을 최대한으로 활용하고, 민주적이며 융통성 있게 수업을 진행해 나간다(Dunkin & Biddle, 1982). 또한 구체적인 목표를 세우기보다는 포괄적인 목표를 세우고, 좀 더 다양한 학습교재들을 사용하며, 학생들에게 과제를 제공하되, 그 과제를 수행하는 방법은 학생들이 스스로 결정하도록 한다.

의사소통(communication)의 형태에 따라서는 강의형, 개인교수형, 실험형, 토론형, 자율학습형으로 분류할 수 있다. 이 내용을 구체적으로 설명하면 〈표 10-1〉과 같다.

교수방법을 학습대상이 개인이냐 또는 집단이냐에 따라, 동시에 설명적 접근(수용학습)이냐 또는 탐구적 접근(발견학습)이냐에 따라 [그림 10-1]와 같이 분류할 수도 있다(이화여대교육공학과, 2001).

표 10-1 … 의사소통의 형태에 따른 교수방법 분류

교수방법 유형	의사소통 형태	구체적 교수방법
강의형	(말하기) 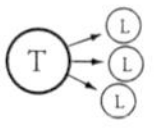	강의법, 질문법, 시범, 면담학습, 동료학습
개인교수형		프로그램 학습, OJT, 코칭, 인턴십, 도제제도
실험형		서류함기법, 감수성훈련, 모의실험, 게임, 사례연구, 실험, 현장견학, 현장실습, 연습, 역할극
토론형	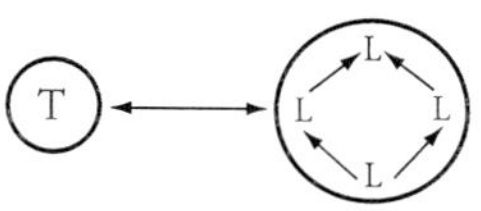	원탁토의, 배심토의, 심포지엄, 공개토의, 대화식 토의, 세미나, 버즈훈련, 브레인스토밍
자율학습형	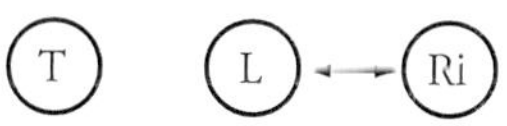	독학, 스스로학습법, 구안법, 문제해결법

* T: 교수자, L: 학습자, LA: 학습활동, Ri: 교수적 자원, Rr: 가공하지 않은 자원, ____ 간접개입, → 통제의 방향

출처: 이화여대교육공학과(2001), p. 35.

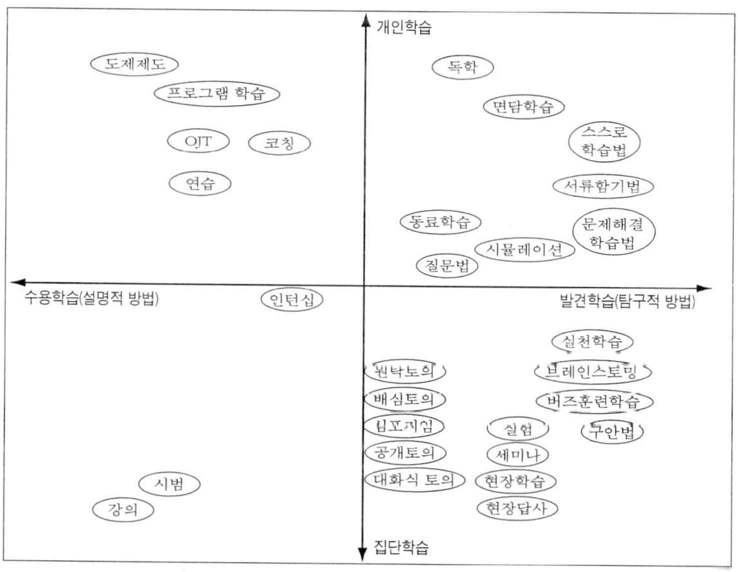

[그림 10-1] 교수방법의 분류

출처: 이화여대교육공학과(2001), p. 36.

1. 강의법(직접교수방법)

정보화 시대에 학생들이 더 많은 지식을 갖는 것은 매우 중요하다. 강의법은 학생들에게 지식을 전해 주는 가장 보편적인 방법 중 하나다. 강의법은 좀 더 지식이 많은 사람이 지식이 적은 사람에게 지식을 전달해 주는 교수방법이며, 주로 교사가 설명하고 학생들은 듣고 노트를 하는 수업방법을 말한다. 정도의 차이는 있지만, 대학생이나 고등학생의 경우는 학생들의 참여가 거의 없이 교수 주도적으로 강의가 진행되기도 하고 초등학교 저학년의 경우는 토론, 질문 등의 방법과 함께 강의가 진행될 수도 있다.

강의법은 소집단뿐만 아니라 대집단에도 사용할 수 있으며, 특별한 교육기자재가 필요하지 않아 경제적이다. 강의에 따라 다르지만, 다른 교수방법에 비해 비교적 준비가 덜 필요하여 일반적으로 많이 사용되고 있다.

그러나 강의법이 편의성과 경제성에서 큰 이점이 있지만, 교사-학생 간의 상호작용이 없어 수업을 지루하게 만들 수 있다. 학생이 교사의 설명을 놓친 경우에는 따라잡기가 쉽지 않다. 특히 주의집중시간이 짧은 학생들은 더욱 학습효율이 떨어질 수 있다.

강의는 주로 언어적 설명으로 이루어지지만 강의 중 교수자료를 보여주면서 설명하면 좀 더 효율적이다. 예를 들어, '계절이 왜 변하는가?'에 대해 강의를 할 때, 사계절 관련사진을 보여 주기도 하고 또는 지구본을 보여 주면서 설명할 수도 있다. 가제와 버리너(Gage & Berliner, 1998)는 강의법이 적합한 경우를 다음과 같이 정리하였다.

- 정보를 전달하는 것이 주목적일 경우
- 정보를 접하기가 쉽지 않은 경우

- 정보를 특정 집단에게 전해야 할 경우
- 한 주제에 대한 홍미를 불러일으켜야 할 경우
- 짧은 기간에 정보를 기억해야 할 경우
- 다른 학습과제를 설명해야 하는 경우

1) 강의법의 순서

강의는 준비, 전달, 마무리의 순서로 이루어지는데, 그 세부적인 내용은 다음과 같다.

(1) 준비

강의를 시작하기 전에 먼저 주제와 수업목표를 설정한다. 이렇게 한 다음, 여러 교수방법 중 강의법이 가장 좋은 방법이라고 생각되면, 강의할 내용에 대한 교수자료를 수집하여 구조화한다. 또한 학생들이 정보를 이해하기 쉽게 전달하기 위해서 다음과 같은 교수자료들을 언제, 어떻게 사용할 것인지에 대한 계획을 세운다.

- 유인물
- OHP(Over Head Project)
- 그림, 포스터, 사진
- 비디오
- 지도, 차트, 지구본
- 실물

이와 같이 수업목표 설정, 교수내용 구조화, 교수자료 활용계획 등이 결정되면 학생들에 대한 준비를 해야 한다. 학생들은 흥미, 성격, 지적 능력 등이 다양하다. 이런 학생들에게 새로운 개념을 어떻게 가르칠 것인가에 대한 준비를 철저하게 한다.

(2) 전달

학생들에게 교과내용을 전달하기 위해서는 학생들의 주의를 끌고, 어떤 내용을 배우게 될 것인지, 무엇을 하게 될 것인지, 수업이 끝난 후 무엇을 할 수 있게 될 것인지를 알려 주고, 중요한 내용을 강조하고, 학생들이 이해했는지를 점검하고, 복습을 위한 질문을 하고, 요점을 정리해 주는 순서를 따를 수 있다.

예를 들면서 좀 더 상세하게 전달하기 위해서 다음과 같은 절차를 따르기도 한다. 학습목표 제시, 선행조직자(advanced organizer, 학습자가 학습내용을 학습하기 전에 이후에 제시되는 모든 정보를 포괄할 수 있을 만큼 충분히 광범위한 개념을 제시해 주는 문장이나 설명)를 사용하여 이미 알고 있는 내용과 새로 배울 내용 연결, 체계적으로 정보 제시, 질문을 통해 학생들과 활발한 상호작용, 일반적인 아이디어에서 구체적인 아이디어로 이행, 새로운 개념이나 아이디어를 가르칠 때 예나 비예(틀린 예)를 제시하면서 설명, 학생들에게 배운 것을 활용할 수 있는 기회 제공 등이다.

교실현장에서 실제로 강의가 이루어지는 과정을 좀 더 구체적으로 설명하면 다음과 같다.

① 학생들과 라포(rapport) 형성

학생들 앞에서 강의를 시작하기 전에 라포를 형성해야 한다. 간단한 이야기나 농담은 학생들의 흥미나 라포를 형성하는 데 도움이 된다. 학생들은 먼저 인간적인 관계로 교사를 대하다가, 차츰 교수-학습관계로 옮겨가므로 라포의 형성은 매우 중요하다.

② 주요 교육활동 예상

미리 강의 중 활용할 교육활동에 대해 생각해 둔다. 수업 중 어느 시점에 어떤 활동을 하고 어떤 교육기자재를 제시할 것인지를 생각한다. 특별한 경우가 아니면 강의노트를 보지 않고 강의를 해야 하며, 학생들의 흥미나 필요에 따라 임기응변적으로 교수자료를 자연스럽게 사용해야 한다.

③ 강의시간 통제

예외는 있지만, 교사가 말을 적게 할수록 학생들이 말을 많이 하고 강의도 더욱 효율적이 될 수 있다. 교사가 말을 많이 하면 학생들이 수동적이 되어 결국 지루함을 느끼게 된다. 초등학생은 3~5분, 중학생은 5~10분, 고등학생은 10~15분의 설명이 적합하다. 설명시간을 짧게 하고 질문, 토론, 학생활동, 교수자료 제시 등의 방법을 활용한다.

④ 동기부여

학생과 관련이 있는 강의는 학생들에게 동기를 부여한다. 따라서 관련성을 확보하기 위해서 학생의 연령, 능력, 교육경험, 환경, 흥미, 요구, 장래목표, 희망직업 등을 고려해야 한다. 학생들이 강의가 자신들과 관계가 있다고 생각하고 흥미를 가질 때, 내적 동기를 가지게 되고 성공할 가능성이 높다.

⑤ 교수구조와 계열 구성

설명을 두서없이 하면 학생들은 혼란스러워한다. 주요 개념이나 어려운 아이디어들은 논리적인 순서로 학생들에게 설명해 준다. 이때 예나 질문을 사용하면 더욱 효율적이다. 수업내용이 전체적으로 일관성 있도록 구체적인 내용들을 설명해 준다. 교사가 잘 구조화된 수업을 진행하려면 구체적인 내용들이 논리적으로 연결되고, 그 내용들은 단순하고 명확하게 설명되어야 한다.

⑥ 선행조직자 활용

교사는 학생들이 수업 중에 배우게 될 내용에 대한 선행조직자를 미리 제시해 준다. 학생들은 이 선행조직자를 통해 배울 내용에 대한 윤곽을 파악하고 어느 부분에 주의를 기울일 것인지, 어떻게 학습할 것인지에 대한 학습전략을 생각한다.

⑦ 명확한 설명

명확하게 설명하여 학생들이 쉽게 이해할 수 있도록 한다. 교사가 강의 중 피해야 할 모호한 표현은 다음과 같다.

- 애매한 방향 제시: 저쪽, 어딘가
- 개략적인 수 표현: 약, 거의, 대충
- 허세 부리는 표현: 여러분도 알다시피, 어쨌든
- 추측하는 표현: 분명하지는 않지만, 아마도
- 불분명한 양 표현: 두서너 개, 서너 개, 몇몇의

⑧ 교수자료 활용

교과내용과 관련된 시청각 교수자료는 강의를 더욱 효율적으로 만들고 학생들의 이해를 돕는다. 특히 어린 학생일수록 시청각 교수자료가 효율적이다.

⑨ 노트하기

고등학생과 대학생의 경우 4 대 1의 비율로 노트를 한 학생들의 성적이 우수했다. 노트하기는 기억을 보충해 주고 효율적으로 복습하는 것을 도와준다. 따라서 교사의 설명을 놓치지 않고 효과적으로 중요한 부분을 노트하는 방법을 학생들에게 가르쳐 주어야 한다. 이와 함께 노트를 하느라 교사의 설명을 소홀히 해서는 안 된다는 것을 학생들에게 설명해 주어야 한다. 노트하기에 대한 구체적인 내용은 7장에서 다루었다.

⑩ 정리

교수내용을 요약하여 설명해 주고, 중요한 내용에 대해 설명하거나, 예를 들거나, 관련문제를 풀도록 하여 학생들 스스로 내용을 정리할 수 있는 기회를 준다. 마지막으로 배운 내용과 관련한 과제를 내주면서 수업을 마친다.

(3) 마무리

수업을 시작하기 전에 제시했던 수업목표를 중심으로 학생들이 수업시

표 10-2 … **훌륭한 강의의 조건**

1. 준비단계
   - 주제 선정
   - 일반적 목표 설정
   - 구체적 학습목표 설정
   - 학습내용 수집, 연구
   - 교자재 사용계획
   - 강의계획
2. 전달단계
   - 학생들의 주의를 끈다.
   - 학생들에게 수업목표를 말한다.
   - 수업 후에 학생들이 무엇을 할 수 있게 되는지를 말한다.
   - 학생들의 장기기억 속의 정보와 새로운 정보를 연결시킨다.
   - 정보를 차근차근 제시한다.
   - 일반적인 내용에서 구체적인 내용으로 설명한다.
   - 중요한 내용은 강조하여 설명한다.
   - 적절한 예나 그림을 가급적 많이 사용한다.
   - 다양한 시청각 교재를 많이 사용한다.
   - 질문을 통해 학생들의 이해 정도를 점검한다.
3. 마무리단계
   - 중요한 내용을 복습하거나 요약해 준다.
   - 기존의 지식에 새로 배운 지식을 첨가하도록 도와준다.
   - 새로 배운 지식을 고차원의 인지수준에서 사용할 수 있는지 점검한다.

간에 배운 내용을 요약하여 설명해 준다. 학생들이 반드시 이해해야 하는 개념, 사실, 전체적인 개요 등을 간략하게 설명한 다음 학생들이 이미 알고 있는 내용과 이번 수업시간에 배운 내용을 연결시켜 설명한다.

마지막으로 학생들이 얼마나 이해했는지를 점검한다. 학생들이 수업시간에 배운 내용을 적용, 분석, 종합, 평가 등 고차원의 인지수준에서 활용할 수 있는지 확인한다.

훌륭한 강의의 조건들을 요약하면 앞의 〈표 10-2〉와 같다.

2. 유의미 수용학습방법

1) 유의미 수용학습이론

인지심리학자인 오수벨(Ausubel, 1968)에 의하면, 사람들은 기본적으로 발견을 통해서가 아니라 수용을 통해서 지식을 습득한다. 개념, 원리, 아이디어들은 제시되고 이해되는 것이지, 발견되는 것이 아니다. 유의미 수용학습을 위한 수업에서는 의미 있는 학습이 강조된다. 기계적인 암기는 의미 있는 학습이 아니다. 기계적인 암기가 아니라 의미 있는 학습을 촉진하기 위해서 오수벨은 '수용학습' 모델을 제안했다. 이 방법에서 교사는 신중하게 자료를 조직해서 거의 완성된 형태대로 순서를 제시하고, 이에 따라 학생은 가장 사용하기 좋은 자료를 가장 효율적인 방식으로 전달받게 된다(Woolfolk, 2000). 이런 수업의 근거는 그의 '선행조직자' 개념에서 찾을 수 있다. 선행조직자란 학습자가 학습내용을 학습하기 전에 이후에 제시되는 모든 정보들을 포괄할 수 있을 만큼 충분히 광범위하고 수준이 높은 개념을 도입하는 문장이다. 이 선행조직자는 학생이 새로운 지식을 학습할 수 있도록 기존 지식에 새로운 지식을 포섭하는 기능을 한다. 오수벨(Ausubel, 1968)은 설명 선행조직자, 비유 선행조직자, 도식 선행조직자로 구분하고 있다. 설명 선행조직자는 학생의 인지구조 내에 새로운 과제에 대하여 선행조직이 전혀 없을 때 사용하는 조직자로서 논리적 개념체계에 따라 학습내용 자체보다 포괄적이고, 일반적이며, 추상적인 상위개념으로 구성된 것이다. 이 설명 선행조직자는 학생이 수업 중에 배우게 될 학습과제에 유의미한 맥락을 제공해 주고 학습전략을 활발하게 사용할 수 있도록 도와준다. 비유 선행조직자는 학습할 내용을 학생이 이미 알고 있는 내용에 비유하는 도입문장이다. 추상적인 학습과제를 구체적으로 이해하는 데 도움이 된다. 도식 선행조직자는 문장이 아닌 도식으로 학생이 배울 내용을 제시하는 것이다. 학습내용을 선, 화살표, 순서도, 도표 등으로 나타낼 수 있다.

2) 수업과정

학생이 지식의 구조를 인지구조와 의미 있게 관련짓도록 학습과제를 제시하기 위해서는 교재의 내용을 조직할 때 다음의 두 가지 원리를 따라야 한다(Ausubel, 1968).

첫째, 점진적 분화의 원리다. 가장 포괄적이고 일반적인 개념이나 내용을 먼저 제시한 다음, 점진적으로 포괄성 수준이 낮고 구체성이 큰 개념이나 내용을 제시해야 한다. 지식위계의 밑으로 내려가는 위치에 있는 학습과제 또는 내용일수록 학습자의 기존 인지구조의 내용들과 관련짓기가 어려우므로, 지식위계의 상위에 있는 가장 일반적이고 포괄적인 내용을 먼저 제시한 다음, 점차 세부적인 내용과 특수한 내용을 제시하도록 학습의 계열이 조직되어야 한다. 점진적 분화의 원리는 학습과제가 위계적으로 조직되어 있을 때뿐 아니라 인지구조 속에서 조직될 때에도 이와 같은 순서로 조직된다는 생각에 기초를 두고 있다. 점진적 분화의 원리에 의해 구성된 학습 프로그램은 미리 제시된 과제 또는 내용이 그다음에 제시되는 과제 또는 내용에 대하여 선행조직자의 역할을 하므로 유의미학습의 발생에 도움이 된다. 또한 점진적 분화로 제시된 과제나 내용들이 누적되면, 특정 교과의 정보처리구조를 습득할 수 있게 되므로 유의미학습이 촉진될 수 있다.

둘째, 통합적 조정의 원리다. 유의미학습이 일어나게 하기 위해서는 새로 학습하는 내용이 이전에 학습된 내용과 의도적으로 조정되고 통합되어야 한다. 즉, 교육과정에 있는 전후의 학습내용들이 서로 비교됨으로써 전후 내용들 간의 관련성이 명료해질 수 있도록 학습의 계열이 조직되어야 한다. 통합적 조정의 원리에 따르면, 먼저 제시된 학습과제와 그다음에 제시되는 과제 간의 중요한 유사점이나 차이점을 인식하고 불일치점이 사전에 조정되므로 내용들 간의 명료한 관계가 이해될 수 있다.

이제 두 원리를 기초로 하여 수업의 과정을 설명하면 다음과 같다. 수업의 초기에 선행조직자를 제시하고, 학습자가 이미 알고 있는 지식과 새로운 정보를 연결시켜 교수를 의미 있게 전개시켜 나가야 한다. 이 단계에서 구체적인 실례를 사용하여 기존 지식과 새 정보 사이의 유사점과 차이점을 제시하므로 간섭과 혼동을 피할 수 있게 된다. 학생들이 스스로 유사점과 차이점을 찾아보게 만드는 것도 도움이 된다. 국어시간이라면 '반점과 쌍반점은 사용하는 방식에 어떤 차이가 있는가?'를 질문할 수 있다. 사회시간이라면 '우리나라 청소년 문화와 미국 청소년 문화의 유사점과 차이점'을 조사하여 발표하게 할 수도 있다. 유사점과 차이점을 지적하는 가장 좋은 방법은 실례를 제시하는 것이다. 반점과 쌍반점 사용의 구체적인 실례를 제시하고, 한국 청소년 문화와 미국 청소년 문화의 구체적인 실례를 비디오나 신문기사 등을 통해 보여 준다. 모든 자료가 제시되었을 때 학생들에게 실례들이 원래의 선행조직자를 확장시키는 데 어떻게 사용될 수 있는지를 토론하게 할 수 있다(Woolfolk, 2000).

유의미 수용학습 수업모형을 단계별로 나타내면 〈표 10-3〉과 같다. 첫 단계에서는 수업목표를 명확히 하고 선행조직자를 제시한다. 둘째 단계에서는 학습자들에게 유의미한 학습과제 및 자료를 제시한다. 셋째 단계

표 10-3 … 오수벨의 선행조직자 수업모형

단계	활동내용
1. 선행조직자 제시	• 수업목표를 명확히 한다. • 선행조직자를 제시한다. • 학습자가 지니고 있는 사전지식과 경험을 현재 수업내용과 연결지을 수 있도록 자극한다. • 학습의욕을 고취시킨다.
2. 학습과제 및 자료 제시	• 학습과제의 구속성과 실사성을 분명히 한다. • 학습자료의 논리적 조직을 명확히 한다. • 자료를 제시한다. • 점진적 분화의 원리를 적용한다.
3. 학습자의 인지구조 굳히기	• 적극적 수용학습을 조장한다. • 통합조정의 원리를 이용한다. • 학습내용에 대한 비판적 접근을 유도한다. • 학습내용을 명료화한다(정리).

출처: 변영계, 김광휘(2003), p. 317.

는 수업의 마무리단계로 수업한 내용의 중요한 부분을 강조하고 요점을 정리해 준다(변영계, 김광휘, 2003).

3) 유의미 수용학습의 유형

오수벨은 유의미 수용학습을 표상학습, 개념학습, 명제학습으로 구분하고 있다. 이들을 간단히 살펴보면 다음과 같다(Ausubel, 1968).

(1) 표상학습

사물이나 낱말의 의미를 학습하는 것으로 학습의 가장 기본적인 유형이다. 예를 들어, '사회' 라는 단어의 의미를 학습할 때 처음에는 그 단어가 나타내는 소리에 불과하지만, 차츰 그 의미를 이해하게 되어 학생의 인지구조 속에 그 개념을 형상화한다. 즉, '사회'라는 단어를 자신이 경험한 고정된 실제사회를 표상하면서 이해하다가, 차츰 다양한 속성의 추상적인 사회를 이해하게 된다.

(2) 개념학습

한 무리의 사물들이 공통적으로 갖는 속성을 학습하는 것이다. 즉, 사물, 사건, 상황 등을 특정한 속성으로 나타내고, 그 속성을 개념으로 정의한 다음, 그 개념을 학습한다. 개념학습은 표상학습과 달리, 개념의 속성이 기존의 인지구조에 연결되어 새로운 의미를 생성함으로써 일어난다.

(3) 명제학습

명제학습은 문장으로 구성된 한 집단의 낱말들이 나타내는 의미를 학습하는 방법이다. 여기서 중요한 것은 문장의 복합적 의미를 이해하는 것으로, 이를 위해서는 각 용어를 이해하고, 이를 통해 문장의 구조를 이해한 후, 언어적 부호로 생긴 각각의 상들을 표상적 상으로 변형시킨다. 이 과정에서 명제의 의미와 인지구조 내의 관련 정착의미가 포섭관계를 맺게 된다(김경옥, 2001).

3. 질문법

교사는 수업을 진행하면서 수업의 일환으로 많을 질문을 하게 된다. 미국의 경우 전체 수업시간의 80%를 질문과 대답을 하는 데 보낸다(Brown & Edmondson, 1984). 이와 같이 수업에서 질문이 차지하는 비중이 크기 때문에 교사는 질문을 효율적으로 사용하도록 노력해야 한다. 확산적 질문은 학생들의 사고력, 상상력, 창의력을 활성화시키는 데 도움이 되므로 영재교수방법으로도 많이 활용되고 있다.

보리치(Borich, 2000)는 질문이 사용되는 목적을 다음과 같이 일곱 가지로 설명하였다.

① 수업을 재미있게 만들고 주의를 끈다(예 "여러분들이 달에 간다면, 가장 먼저 보게 되는 것이 무엇일까요?").
② 진단하거나 체크를 한다(예 "이 단어의 의미를 아는 사람?").
③ 정보나 구체적인 사실을 회상시킨다(예 "이 소설에 등장하는 주인공의 이름은?").
④ 학급관리 측면에서 사용한다(예 "이번 수업을 위한 준비물을 갖추지 않은 사람?").
⑤ 고차원적 사고를 격려하기 위해 사용한다(예 "지금까지 배운 것을 종합하여 자기 자신의 의견을 발표해 볼 사람?").
⑥ 학생들의 이해도를 파악하여 교수의 방향을 정하기 위해 사용한다(예 "지금 배운 은유적인 표현을 예를 들어 설명할 사람?").
⑦ 학생들의 정서를 파악하기 위해 사용한다(예 "『노인과 바다』의 어떤 점이 좋은가요?").

1) 질문의 종류

질문을 분류하는 다양한 방법들이 있으며, 각각의 분류방법은 서로 상이한 측면에 초점을 두고 있다. 여기서는 여섯 가지 범주로 분류해 본다. 이런 분류에는 중복되는 부분도 있으며, 동일한 질문이 여러 범주에 속할 수도 있다. 교사들은 각각의 분류방법을 살펴보고 수업에서의 유용성을 분석해 보아야 한다(Cole & Lorna, 1998).

(1) 저차원 · 고사원 질문

저차원 질문은 교과내용지식 또는 사실의 회상과 관련되며, 사실질문

(fact question)이라고도 불린다. 고차원 질문은 교과내용의 해석, 적용, 분석, 통합, 평가 등과 관련되며, 사고질문(thought question)이라고도 불린다.

한 단원 내에서 교사는 저차원, 고차원 질문을 모두 사용한다. 저차원 질문은 기본적인 지식과 개념을 검토하도록 하며, 고차원 질문은 학생들의 교과내용에 대한 사고기술과 추론력을 발달시키도록 한다. 어떤 범주의 질문을 할 것인가에 대한 결정은 교수목표, 질문의 목적, 그리고 이전 질문에의 학생들의 반응을 고려해야 한다. 일반적으로 학생이 저차원의 질문에 신속 · 정확한 응답을 하면 교사는 그 주제에 관해 고차원의 질문을 할 수 있다. 반면에 학생들이 기본사실들을 이해하는 데 어려움을 겪고 있다면 저차원의 질문을 많이 해야 한다.

연구결과에 의하면, 대체로 모든 학년수준에서 교사들에 의해 사용된 질문의 대부분은 저차원의 질문이라고 한다. 이런 질문들은 전형적으로 학습을 용이하게 해 주고 고차원적 인지학습목표를 달성하는 데 도움을 준다(Brophy & Good, 1986). 수학능력이 부족한 학생과 결손환경 출신의 초등학교 학생들은 저차원의 질문을 자주 해주는 직접적인 교수법으로부터 많은 것을 배운다(Rosenshime, 1985). 사고기술 개발을 일차 목표로 한다면 고차원의 질문이 가장 적합하다. 특히 성숙한 학습자들에게, 그리고 복잡한 교과내용을 학습해야 하는 상황에서는 고차원의 질문이 적절하다.

(2) 산출질문, 과정질문, 의견질문

산출질문은 결론, 결과인 답을 요구하며 대개 상대적으로 간단한 답을 필요로 한다. 예를 들면, "프랑스 혁명의 세 가지 원인은?"과 같은 형식의 질문이 여기에 해당한다.

과정질문은 문제해결 혹은 결론을 내리기 위해 학생들이 사용했던 절차, 목표에 도달하는 수단, 단계 등에 관한 질문으로 대개 긴 설명을 요한다. 예를 들면, "자네는 프랑스 혁명의 몇 가지 원인을 이야기했는데, 어떻게 그런 답을 하게 되었나? 그런 요인들이 왜 중요하다고 생각하는지 설명해 보게."와 같은 형식의 질문이 여기에 해당한다.

의견질문은 판단, 내용의 평가, 의견의 제시 등에 대한 대답을 요구한다. 의견질문은 대개 객관적인 답을 요구하는 다른 형태의 질문과는 대조된다. 예를 들면, "프랑스 혁명 이전의 프랑스 독재자들의 행동에 대해 어떻게 생각하는가?"와 같은 질문이 이에 해당한다. 이러한 질문은 객관적인 증거뿐만 아니라 판단이나 개인적 의견을 요구한다.

(3) 열린(확산적) 질문과 닫힌(수렴적) 질문

닫힌 질문은 수렴적인 사고를 촉진시키고 좁은 범위의 규정된 응답만을 허용한다. 예를 들면, 교사는 "이 이야기는 어떻게 끝났니?"라고 물어볼 수 있다. 열린 질문은 발산적이거나 창의적인 사고를 강조하고 넓은 범위의 수용 가능한 응답들을 허용한다. 예를 들어, "이 이야기가 다르게 끝난다면, 어떻게 끝날 수 있겠니?"라는 질문이 이에 속한다.

열린 질문 또는 닫힌 질문의 용도는 질문을 하는 목적과 가르치는 교과내용에 달려 있다. 예를 들면, 철자를 가르치는 단원에서는 구체적이고도 정확한 반응을 강조하는 닫힌 질문이 요구된다. 철자 교수에서는 다양한 반응과 창의성이 발휘될 여지가 거의 없다. 교수의 목표는 학생들이 높은 수준의 정확성을 달성하도록 하는 데에 있다. 한편, 문학수업은 다른 접근을 요구한다. 문학교사는 가능한 한 많은 대답을 생각할 수 있도록 학생들을 고무시키고자 한다. 이 교과에서는 발산적 사고가 요구되며 다양한 견해도 격려되어야 한다.

(4) 누가 · 무엇을 · 언제 · 어디서 · 왜 · 어떻게 질문

'무엇' 질문은 대개 지식 또는 중요한 아이디어와 세부내용의 회상에 관련된다. '언제' 질문은 학생들에게 사건의 시간적 계열에 대해 사고하도록 요구한다(예: 무엇이 먼저 발생하고, 무엇이 다음에 발생했는가?). ‘어떻게’ 질문은 절차와 과정에 관련된 질문이다(예: 어떤 일을 발생시키기 위해서 어떤 일이 행해져야 하는가?). ‘누가’ 질문은 특별한 사태에 관련된 사람들을 찾아낼 것을 요구한다(예: 어떤 사람들이 역사적 사건에 연루되었는가?). ‘왜’ 질문은 특정 현상의 원인을 규명할 것을 요구한다. 이 범주의 질문은 가장 도전적이다. 왜냐하면 이 질문을 정확히 답하기 위해서는 먼저 인과관계에 대한 이해가 선행되어야 하기 때문이다.

(5) 기억질문과 연구질문

기억질문은 교과내용의 회상을 요구한다. 기억은 학교학습에 있어서 중요한 요소다. 기억질문을 적절히 사용하면 종종 학생의 학습을 향상시킬 수 있다. 그러나 어떤 교사들은 정보의 회상만을 고려하여, 다른 범주의 질문은 배제하고 이런 기억질문들을 주로 사용한다. 이것은 잘못된 것이다. 왜냐하면 이런 질문들은 사실과 세부내용의 회상만을 요구하고 고등의 사고기술을 향상시키지 못하기 때문이다.

연구질문에 대한 답을 구하려 할 때, 학생들은 책과 참고자료와 같은 외적 자료들을 참고해야 한다. 실생활의 많은 문제해결능력은 자료를 분석하고 연구하는 능력에 좌우된다. 이와 같은 질문들은 단순한 기억력을 요구하는 것과는 다른 기술과 능력을 요구한다.

(6) 명시적 · 묵시적 · 배경적 질문

명시적 질문은 한 단원의 명시적 내용 또는 학습자에게 제공된 자료들의 표면적 의미에서 얻어질 수 있는 답을 요구한다. 예를 들면, 교사는 이야기를 읽고 주요 인물들을 말해 보라고 학생들에게 요청할 수도 있다.

묵시적 또는 추론질문은 묵시적인 단원 내용 또는 교과서나 교재의 심층 구조의 의미 속에서 발견될 수 있는 답을 요구하며, 표면 또는 축어적 의미 이상의 추론을 요구한다. 예를 들어, 한 소설의 저자가 등장인물의 동기에 대해서 명시적으로 설명하지는 않을지라도, 교사는 학생에게 그 소설을 읽고 주요 등장인물의 동기에 대해 논해 보라고 요구할 수도 있다.

배경적 질문은 단원 또는 과제에 제공되지 않은 관련 배경정보에 대한 지식을 요구한다. 예를 들어, 시사성 있는 질문에 대답하기 위해서는 일간지의 기사에서 발견된 것보다 더 많은 지식을 요구한다. 많은 자료원에서 얻을 수 있는 사태에 대한 폭넓은 배경지식도 필요하다. 적절한 배경지식을 가진 학생들은 보통 이런 질문에 대답할 수 있다. 그러나 이런 지식이 없는 학생들은 어려움을 겪게 된다. 결손가정의 학생들은 관련 경험이 부족하기 때문에 교사가 교실에서 질문하는 배경지식이 요구되는 질문에 대해 대답할 수 없는 경우가 있다.

2) 효율적인 질문방법

효율적으로 질문하는 능력은 여러 해에 걸쳐 점진적으로 향상된다. 이것은 제2의 천성, 즉 습관이다. 운전이나 골프스윙과 마찬가지로 질문에서도 나쁜 습관을 가질 수도 또는 좋은 습관을 가질 수도 있기 때문이다. 나쁜 습관이 생기기 전에 좋은 습관이 생기도록 꾸준히 연습해야 한다. 다음은 오네슈타인(Ornestein, 2000)이 추천하는 좋은 질문습관들이다.

- 단순히 기억으로 답할 수 있는 질문이 아니라 사고를 자극하는 질문을 한다. 효율적인 교사는 사고를 자극하는 질문을 하여 학생들이 신중히 생각할 수 있도록 만든다. 정보의 기억을 요하는 질문은 학생들의 주의를 집중시키는 데 한계가 있고, 이런 질문을 많이 하면 수업 분위기가 어수선해지고 통제가 어려워진다.
- 학생들의 수준에 맞는 질문을 한다. 너무 쉬운 질문은 학생들을 지루하게 만들고, 너무 어려운 질문은 학생들을 불안하게 만든다. 학생들의 대다수에 적합한 질문을 준비한다.

- 학생들과 관련이 있는 질문을 한다. 학생들의 경험이나 생활과 관계 있는 질문들을 준비한다.
- 계열적인 질문을 한다. 질문과 대답은 다음 단계 질문의 기초가 될 수 있어야 한다.
- 분명하고 단순한 질문을 한다. 학생들이 쉽게 이해할 수 있는 질문을 한다.
- 다양한 수준의 질문을 한다. 다양한 수준의 학생들이 답할 수 있는 여러 질문들을 준비한다.
- 학생들이 서로 질문하고 답할 수 있는 기회를 준다. 이런 기회를 통해서 학생들은 더욱 활동적이고 협동적이 된다.
- 자발적으로 대답하는 학생들과 그렇지 않은 학생들을 잘 안배하여 질문한다.
- 주의를 집중하지 않는 학생에게 주의를 집중시킬 목적으로 질문한다.
- 수업목표나 교수내용을 요약할 수 있는 질문을 준비한다.

4. 토론법

인간은 사회적 동물이다. 따라서 의견이 다른 타인과 의견을 조율하며 살아가게 된다. 이때 사용되는 방법이 토론이다. 이처럼 토론은 인간사회가 존재한 이래 계속 사용되어 왔다. 토론법은 집단의 의견을 창출할 수 있고 학생들의 자발적, 능동적 참여를 높여 주는 효율적인 교수방법 중 하나다. 그러나 교사가 준비해야 할 일이 많고 학생들이 아직 토론에 익숙하지 않아 교육현장에서 기피되어 왔다. 교사들이 토론을 통한 교수방법을 교실현장에 적절히 잘 활용한다면 학습효율을 높일 수 있을 뿐만 아니라, 학생들이 사회생활을 할 때 타인과 의견을 조율하며 살아가는 삶의 지혜도 얻게 될 것이다.

토론은 사람들이 서로 말을 주고받는 집단적 상호작용의 한 형태다. 각자 한 주제에 대해 다른 관점을 가지고 있을 때, 타인과 생각을 공유함으로써 의문을 제기하고 수정하면서 자신의 관점을 발전시켜 나간다. 사람들은 타인과 의견을 나누는 과정을 통해서 의문에 대해 더 만족스럽고 새로운 답을 얻게 된다. 타인의 관점이나 질문으로 더 깊이 사고하게 되고, 자신의 관점을 새롭게 평가하여 결국 더 현명한 결론에 도달할 수 있다.

사람들은 자신들이 이미 알고 있는 주제에 관해서는 토론을 하지 않는다. 자신의 관점이 불분명하거나 아직 결정되지 않았을 때 토론을 하게 된다. 따라서 토론은 공통적인 의문에 대한 집단적인 문제제기다. 구성원들은 함께 공통 관심사에 대해 의문을 제기하고 답을 얻기 위해 서로 다른 관점들을 교환함으로써 논점이 되는 문제들에 대한 지식이나 이해, 평가나 판단, 그리고 결정, 결의, 행동 등을 조장하는 것이다(Dillon, 1997).

1) 토론의 원리

토론은 강의처럼 일방적으로 진행되지 않고 집단적으로 상호작용이 일어나기 때문에 복잡하게 진행된다. 따라서 수업을 진행하기 위한 기본조건들이 충족되어야만 수업목표를 달성할 수 있다. 딜런(Dillon, 1997)은 토론수업을 위한 여섯 가지 기본조건을 다음과 같이 주장하였다.

① 합리성: 토론자들은 기꺼이 이유에 대해서 들으려고 하고, 증거에 입각해서 기꺼이 이해관계와 관점들을 수용하려고 한다. 그들은 독단적이지 않고, 자신의 의견을 고집하지도 않는다. 또한 근거나 증거, 논의들의 영향을 받아들인다.
② 화목과 질서: 토론자들은 의사교환을 촉진시키는 규칙들, 예를 들면 '한 번에 한 사람씩 이야기하기' 등을 준수한다. 끼어들거나, 싫어하는 의견에 대해 소리 질러 반대하지 않는다.

③ 진실성: 토론자들은 신중히 숙고하여 그들이 사실이라고 믿는 것에 대해서 말하고, 고의적으로 허위를 말하지 않는다. 또한 침묵하거나, 말을 삼가거나, 숨기지 않는다.
④ 자유: 토론자들은 자신들의 의견을 나타내는 것에 방해받지 않는다. 그들은 구속받지 않고, 또한 비웃음이나 당혹스러움 때문에 자유롭고 진지하게 이야기하는 것이 방해받지 않아야 한다.
⑤ 평등: 모든 참여자는 각자의 이해관계나 의견이 있을 것으로 추정한다. 자신의 의견을 평등하게 표현할 수 있는 편안한 분위기를 느낄 수 있어야 한다.
⑥ 타인에 대한 존중: 참여자들은 상호 보완적인 배려라는 기준과 인간애와 보살핌의 관계를 공유한다. 어떤 희생을 치르더라도 특정인의 의견을 관철시켜야 한다는 욕망을 지니거나 그렇게 행동하지 않는다.

이러한 조건이 충족되고 토론수업을 진행할 때 교사나 학생이 다음과 같은 태도를 가져야 한다.

① 타인의 의견을 존중한다.
② 토론수업에 제시되는 모든 의견은, 특히 자신의 의견은 수정될 수 있다는 개연성을 인정한다.
③ 토론수업에서 제시되는 다양한 의견을 모두 수용하는 열린 마음을 가진다.
④ 타인의 의견을 잘 경청하고 즉흥적으로 받아들이거나 거절하지 않는다.
⑤ 자신의 의견을 정확한 증거에 근거하여 명확하게 표현한다.
⑥ 자신의 의견을 간결하고 일관성 있게 표현한다.

2) 토론의 과정

토론수업을 실행하기 전에 교사는 많은 준비를 해야 한다. 토론을 위한 질문과 개요를 신중히 구성하여 수업이 산만해지지 않도록 해야 하고, 학생들이 토론에 대한 준비를 하여 토론수업에 적극적으로 참여할 수 있도록 지도해야 한다.

토론수업은 교사가 사전에 학생들에게 질문을 던짐으로써 시작된다. 이 질문은 단편적인 정보를 찾아내는 것이 아니라 총체적인 답을 찾아내야 하는 포괄적인 질문이어야 한다. 이를 위해서는 오랜 시간 검토를 해보아야 하며, 수업내용과의 관련성, 학생들의 인지적 수준, 학생들의 흥미 등을 고려하여 결정해야 한다.

토론의 주질문을 던진 후에는 토론을 진행시켜 가면서 상황에 적합하게 임기응변적으로 부가질문, 후속질문, 관련질문 등을 해야 한다. 토론수업을 원만히 잘 이끌어 나가기 위해서는 교사의 역할이 중요하다. 그러나 수업이 더욱 효율적이 되기 위해서는 학습자인 학생들도 철저하게 준비해야 한다. 학습자가 토론수업을 위해 준비해야 하는 내용을 정리하면 다음과 같다(Dillon, 1997).

① 학습자는 토론주제에 대해 토론의 개요와 자신의 견해를 정리해 본다.
② 읽을거리가 주어졌을 때는 충분히 읽고, 자신의 반응을 기록하며, 그와 관련되어 떠오르는 질문들을 적어 놓는다.
③ 학습자는 토론이 진행되는 과정에서 떠오르는 부가질문, 후속질문, 관련질문들을 적절히 표현한다.

일단 개요질문을 제시한 다음에는 학생들의 의견을 듣는다. 학생들이 개요질문과 관련 없는 내용에 대해 응답하거나 난정적으로 답하지 않도록 유도하면서 토론을 진행시켜 나간다. 토론이 진행되는 동안 집단적 이해가 형성되기 시작하면 다시 한 번 정리하여 이야기해 주거나 칠판에 적어 토론이 후퇴하는 것을 방지해야 한다.

질문에 대한 의사교환이 일어나는 동안 교사는 토론이 도달해 있는 상황을 파악하고, 토론이 산만해지는 경향이 있으면 중간요약을 해 주어 학생들의 이해를 도와야 한다. 또한 학생들이 토론주제에서 벗어나는 것을 막고, 중요한 부분에는 시간을 더 할애하며, 지엽적인 내용의 응답은 시간제약을 줌으로써 토론의 속도를 조절한다.

토론을 마칠 때는 교사가 간결하고 정확하게 토론의 개요를 정리해야 한다. 이때 학생들이 스스로 요약을 하게 하여 결론을 맺는 것도 한 방법이다. 교사는 이 요약을 통해서 학생들이 토론수업을 통해서 무엇을 이해하게 되었고, 그 주제에 대해 어떤 문제를 해결할 수 있게 되었는지를 설명해 준다. 토론을 통해 해결되지 않은 문제에 대해서는 어떤 점이 해결되지 않았는지를 명확하게 설명하고, 이를 토대로 새로운 질문을 갖게 한다. 더 나아가 이 새로운 질문을 해결하는 방법도 제시해 준다.

5. 협동학습

1) 협동학습의 이론적 배경

학습구조는 크게 경쟁학습구조, 개별학습구조, 협동학습구조로 나눌 수 있다. 경쟁학습구조는 우리의 교육현장에서 흔히 볼 수 있는 학습구조로, 한 명 또는 소수의 학생만이 달성할 수 있는 목표를 위해서 학생들은 서로 경쟁상대가 되어 공부를 하게 된다. 다른 학생보다 빠르고 정확하게 공부하도록 요구되며, 학생들은 상대적으로 성적이 매겨진다. 이 학습구조에서는 목표성취 사이에 부정적 상호 의존성이 존재한다. 즉, 타인의 실패가 곧 나의 성공으로 인식된다(정문성, 김동일, 1998).

경쟁학습구조의 대안으로 개발된 방법이 개별학습구조다. 이 학습구조에서는 다른 학생과 관계없이 자신에게 주어진 학습목표를 향해 자신에게 적합한 속도와 학습계열을 통해 학습한다. 다른 학생이나 교사와의 상호작용에 대해서는 전혀 생각할 필요 없이 오직 자신의 학습목표 성취만을 위해 노력하면 된다. 인지적인 측면에서는 다소 효율적일 수 있지만, 정의적 측면의 사회성이나 표현력 등에서는 많은 비판을 받고 있다.

경쟁학습구조와 개별학습구조의 대안으로 최근 각광받고 있는 학습구조가 바로 협동학습구조다. '협동'은 오랫동안 인류의 생존방식이었으므로 협동학습(cooperative learning)도 새로운 아이디어는 아니다. 슬라빈(Slavin, 1990)은 협동학습을 학습능력이 각기 다른 학생들이 동일한 학습목표를 향하여 소집단 내에서 함께 활동하는 수업이라고 정의를 내렸다. 변영계(1998)는 협동학습을 소집단의 구성원들이 공동으로 노력하여 주어진 학습과제나 학습목표에 도달하는 수업방법이라고 정의하였다. 결국 협동학습은 다양한 학습능력을 가진 학습자들이 공동의 목표달성을 위해 협동적으로 수업을 이끌어 나가는 방법이라고 할 수 있다.

인간 상호작용의 대부분이 협동인데도 불구하고 수업상황에서 협동이 배제되는 것은 모순이 아닐 수 없다. 협동학습은 지적인 능력을 향상시키는 것은 물론, 민주시민으로 타인과 더불어 살아가는 사회적 능력도 동시에 향상시킬 수 있는 교수방법이다.

현대교육에서 협동학습의 필요성에 대해 존슨 부부(Johnson & Johnson, 1989)는 다음과 같이 설명하였다.

첫째, 과거의 교육학자들은 사회과학의 지식을 충분히 이용하지 않고 유행에 따라 교수과정을 선택했으나, 최근에는 사회과학의 연구와 이론에 기초한 교수방법에 관심이 증대되었다. 이런 점에서 협동학습은 사회심리학적 지식을 교육현실에 교수방법으로 적용한 것이다.

둘째, 인간주의 교육운동이 일어나고 있다. 학교현장을 비인간적으로 만드는 것은 관료적 조직구조와 경쟁력이다. 이런 학교현장의 분위기는 학생들 사이에 부정적이고 파괴적인 관계를 조장하고 비인간화를 가속화시킨다. 그러나 협동학습구조는 교사와 학생, 학생과 학생 간의 관계를 인간적으로 회복시켜 준다.

셋째, 정보나 사실을 가르치는 것보다 문제해결에 필요한 기능을 가르칠 것을 강조한다. 지식의 폭발적 증가와 함께 도래한 정보화 사회에서는 사실과 정보에 관한 학습보다는 문제해결학습을 중시하게 된다. 문제해결학습에서는 인지적인 활동보다는 정의적인 측면이 더욱 중요하다. 즉, 문제해결학습은 본질적으로 협동학습의 성격이 강하다.

넷째, 현대에 들어서면서 열린교육이 강조되고 있고, 이 열린교육은 주로 협동학습방법으로 이루어진다. 열린교육의 이념은 다양한 연령층의 소집단을 구성하여 협동하면서 서로를 가르치고 배우는 협동학습의 방법을 통해 달성될 수 있다.

다양한 지적 수준의 학생들이 함께 수업하는 협동학습을 진행할 때는 영재들을 위해 세심한 주의를 기울여야 한다. 만약 영재가 집단 내에서 상대적으로 덜 중요한 구성원이라면, 그러한 집단은 영재가 다른 학생들의 다양한 관심과 능력을 알 수 있게 해주는 소중한 기회를 제공한다. 하지만 영재가 집단 내에서 중요한 구성원이라면, 영재는 학습능력이 떨어지는 학생들을 위한 교사 노릇을 해야 할 경우도 있으며, 그 결과 자신과 비슷한 수준의 동료학생들을 그리워할 수도 있다. 영재들에게 다양한 학생들을 섞어 놓은 협동학습을 행함으로써 야기되는 문제점들에 대해서는 우려하는 사람들이 많다. 그러나 영재들이 협동학습을 함으로써 얻을 수 있는 정서적 가치는 매우 크다. 지식 습득이 그들의 학습경험의 전부는 아니다. 다양한 학생들이 섞인 집단에 참여하는 것은 영재들에게 사회성과 지도력을 기를 수 있는 좋은 기회가 되고, 그들의 학급동료들은 영재들을 받아들이고, 고마워하며, 좋아하게 된다. 하지만 영재들이 항상 이러한 집단활동을 해야 한다는 것은 아니다. 때로는 영재들은 다른 학생들과 떨어져서 개인적으로 혼자 학습해야 한다. 존슨 부부(Johnson

& Johnson, 1989)는 협동학습이 갖추어야 할 요건을 다섯 가지로 정리하였다.

① 학생들이 생각을 함께 나누고 집단으로 작업하여 그들에게 주어진 과제를 함께 해결하기 위해서 집단은 2~4명의 소집단으로 여러 수준의 학생이 함께 섞인 것이 좋다.
② 학생들은 강한 상호 의존성을 가지며, 공동의 목적을 공유하고, 그것을 위해 노력하며, 집단이 성공적일 때에만 보상을 받는다.
③ 각각의 집단 구성원은 강한 개인적 책임을 느끼고, 각자가 자료에 대해 이해하려 하고, 그것에 대해 설명할 수 있어야 한다.
④ 교사는 집단활동을 모니터한다.
⑤ 학습과제 완성에 대해 집단단위로 평가를 받는다.

2) 협동학습의 구성요소

(1) 교사-학생 상호작용

협동학습에서 교사-학생 상호작용의 목적은 학생의 독립적 사고를 향상시키는 것이다. 자기주도학습에서는 학생의 독립적 사고를 향상시키기가 쉽다. 그러나 협동학습에서는 학생들이 교사에게 의존적이 되기 쉽다. 교사는 "그것에 대해 좀 더 생각해 볼래?" "도서관에서 자료를 찾아보는 건 어때?" "교과서에 적혀 있는 안내문을 읽어 보는 게 어때?"와 같이 말해 줌으로써 학생이 독립적이 되도록 도와주어야 한다

(2) 학생-학생 상호작용

협동학습에서 학생들은 다른 학생들과의 상호작용 속에서 자신의 역할과 임무를 찾아 나간다. 협동학습과정에서 다른 학생으로부터의 피드백, 강화, 지원 등은 협동학습의 핵심요소다. 교사는 협동학습과정을 주의 깊

게 관찰하여 협동학습의 가장 중요한 요소인 학생 간의 상호작용이 원만히 이루어지도록 도와주어야 한다.

(3) 구체적인 교육내용 및 주제 준비

교사는 학생의 상호작용을 극대화할 수 있는 과제를 준비하고, 각 집단이 활용할 수 있도록 구체적인 소주제들을 준비해 두어야 한다.

(4) 역할 기대 및 책무성

교사는 구체적인 소주제를 집단에 제공하고, 각 개인이 해야 할 역할과 임무에 대해서도 분명하게 설명해 주어야 한다. 학생들에게 조장, 연구자, 기록자, 요약자 등의 역할을 정해 줄 수 있고 또는 학생들 스스로 결정할 수도 있다(Borich, 2000).

3) 협동학습의 모형

(1) Jigsaw

교사는 수업주제를 선정한 후 한 반을 5~6명으로 구성된 소집단으로 나누어 홈팀(home team)을 만든다. 모든 홈팀에게 수업주제를 제시하고, 팀원들이 각자 담당하게 될 소주제를 정하여 유인물로 만들어 나누어 준다. 각 홈팀에서 같은 소주제를 받은 학생들은 전문가팀을 구성하여 소주제를 집중적으로 공부한다. 전문가팀에서 공부를 마친 후 홈팀으로 돌아가, 자신이 전문가팀에서 배운 내용을 홈팀의 팀원들에게 가르치고 질문도 받는다. 이런 과정이 끝나면 개인평가를 받는다.

① Jigsaw II

교사는 수업주제를 선정한 후 한 반을 5~6명으로 구성된 소집단으로 나누어 홈팀을 구성한다. 소집단에 속한 팀원들은 각자 소주제를 할당받고 학습해야 할 전문가 학습지를 배포한다. 각 팀원들은 이 학습지를 중심으로 소주제에 대해 공부한 후, 전체적으로 모여 단원 전체를 읽는다. 이때 자신이 담당한 소주제에 초점을 맞추어 전체를 읽어 전체적 맥락에서 소주제를 이해하도록 한다. 단원 전체를 읽고 난 후, 각 전문가들은 전문가팀을 구성하여 자신들의 주제에 대해 토론한다. 전문가 모임을 끝낸 후 홈팀으로 다시 모여 자신들이 전문가팀에서 배운 내용을 다른 팀원들에게 가르친다. 이 과정이 끝나면 개인평가를 받고, 향상된 팀 점수에 따라 보상한다.

② Jigsaw III

Jigsaw III는 Jigsaw II를 좀 더 정교하게 발전시킨 모형이다. 교사의 수업에 대한 안내, 팀 조직, 역할 부여, 단원 및 수업 소개, 학습과제와 역할 점검, 전문가팀 조직, 전문가 과제 수행, 교사의 순회지도, 홈팀 모임에서의 상호 교수, 교사의 전체내용 정리 및 요약, 교사의 팀활동 점검, 휴식기, 평가를 대비한 홈팀 재소집, 평가, 보상의 순으로 구성된다.

(2) 집단탐구모형

교사가 탐구주제를 제시하면, 학생들은 그 주제와 관련된 구체적인 질문들을 생각해 내고 이 질문들을 범주화한다. 이 범주가 소주제가 되며, 학생들은 자신들이 선택한 소주제를 중심으로 집단을 형성한다. 각 집단은 소주제에 대해 무엇을 어떻게 연구하고, 누가 어떤 역할을 담당할지 보다 구체적으로 정한다. 각 집단의 학생들은 소주제에 대한 정보를 모으고 조직한 후, 토론을 하여 소주제에 대한 이해력을 높인다. 그런 다음 각 집단은 학급 전체에 발표할 내용을 준비하고 발표한다. 교사는 집단별로 활동하는 과정을 계속적으로 평가하며, 개인평가는 일정기간이 지난 후 시험으로 실시한다.

(3) 팀보조 개별학습모형

사전에 평가를 통하여 가급적 학습능력이 이질적인 아동들로 한 집단을 구성한다. 이 집단의 학생들에게 문제해결방식으로 구성된 학습내용의 학습자료를 배포하여 학습하게 한다. 이 학습자료는 집단별로 학습하는 방법에 대한 안내, 연습훈련을 할 수 있는 문제, 형성평가 문항, 정답으로 구성된다. 학습자료를 받은 학생들은 집단 내에서 학습하는데, 연습문제를 학습할 때 어려우면 집단 내 다른 동료들이 도와주고, 그래도 안되면 교사가 도와준다. 이런 과정이 끝나면, 교사는 각 집단의 비슷한 수준의 학생들을 불러내어 그들의 수준에 맞게 교수를 실시한다. 교사는 매주 말 평가를 실시하여 집단별 점수를 계산하고 집단별로 보상을 한다(정문성, 2002).

(4) 의사결정모형

교사는 토론에 적합한 학습내용을 학습지로 만들어 학생들에게 배포한다. 학생들은 각자 자신의 개인적인 의사를 미리 결정하여 종이 위에 적은 다음, 집단으로 모여 토론에 들어간다. 각 집단은 만장일치로 하나의 의견을 도출하여, 이 의견을 학급 전체 앞에서 발표한다. 한 단원이 끝난 다음 개인평가를 받는다.

(5) 성취과제 분배모형(Student Teams-Achievement Divisions: STAD)

교사가 전체학생을 대상으로 강의한 후, 학생들의 사전 학업성취도를 고려하여 4~5명이 한 팀이 되도록 구성한다. 각 팀은 자신의 팀 구성원들이 퀴즈테스트의 좋은 성적을 받을 수 있도록 서로 교수-학습을 실시하고 교사는 퀴즈로 평가를 실시한다. 평가는 각 학생이 이미 가지고 있는 '기본점수'를 바탕으로 개인점수의 증감이 계산되고 또한 한 팀의 성적에 반영한다. 팀 구성원들의 개인별 증가점수의 합이 팀 점수가 되어 적절한 보상을 받고, 이 팀 성적은 구성원의 최종 성적에 특정 비율로 반영된다.

(6) 단체경기모형(Teams-Games-Tournament: TGT)

TGT는 STAD의 학습방법과 같지만, 개인별로 퀴즈에 참여하여 개인별 증가점수가 계산되는 것 대신 토너먼트 게임을 한다는 점이 다르다. TGT는 교사의 강의가 있고, 팀별로 공부를 한 후에 각 팀에서 사전 성취도가 비슷한 학생들끼리 모여 모든 학생들이 동시에 일정한 규칙에 따라서 토너먼트 게임을 시작한다. 토너먼트에서 개인이 얻은 점수의 합이 팀점수가 된다. 개인별 점수는 다음 토너먼트에서 자신이 속하게 될 위치를 결정한다. 즉, 각 팀에서 최우수자가 모인 토너먼트에서 가장 낮은 점수를 받은 학생은 다음 토너먼트에서는 이전보다 낮은 학생들이 모이는 토너먼트에 참여하게 된다.

(7) 공동학습모형(Learning Together: LT)

공동학습은 4~5명의 이질적인 학생들로 집단을 구성하며, 각 집단은 공동학습을 얼마나 잘하고 집단과제를 어떻게 수행하는지를 집단단위로 평가한다. 공동학습이 끝난 후, 학생들은 집단의 평균에 기초하여 개인 성취검사에 대한 점수를 받는다.

(8) 집단조사법(Group-Investment: G-I)

교사가 역사나 문화, 생태 등과 관련된 광범위한 주제를 주면, 학생들은 이 주제를 좀 더 세분화시켜 하위주제를 선정한다. 이때 학생들의 흥미나 배경뿐만 아니라 학생들 간 의견교환을 통해서 여러 가지를 고려하여 정해야 한다. 구체적인 하위주제를 정하고 나면 학생들은 교실 내에서나 밖에서 다양한 정보를 수집한다. 다양한 정보를 찾는 방법은 책이나 기관방문, 인터뷰 등 주제와 관련된 모든 방법을 사용한다. 이때 교사는 자원인사(resource person)나 촉진자의 역할을 하게 된다. 교사는 집단을 둘러보면서 학생들이 자료를 잘 수집하고 처리하고 있는지 알아보고, 어려움에 처한 집단이 있으면 도움을 준다.

6. 프로젝트 학습법

1) 프로젝트법의 이론적 배경

프로젝트법(project learning)이 본격적으로 거론되기 시작한 것은 19세기 말 과학수업에서 실험위주의 수업방법을 활용하면서부터다. 교사 위주의 교과중심 교육과정에서 학생 위주의 경험주의 교육과정으로 전환되는 과정에서 특히 각광을 받았다. 그러나 진보주의 교육사상이 지나치게 아동중심이라는 비판을 받으면서 다소 주춤하였다. 그러다가 다시 인간중심 교육과정이 중시되면서 프로젝트법이 새롭게 관심을 받게 되었다.

프로젝트법은 개인 또는 소집단이 특정한 주제를 심층적으로 연구하며 학습하는 방법이다. 프로젝트법에서는 학습자가 스스로 연구주제와 절차, 탐구방법을 결정하여, 그것에 대해 계획적으로 연구하고 문제를 해결하는 유목적적 활동이다. 따라서 수업목표로서의 교과내용도 중요하지만, 학습자가 학습하는 방법을 학습하게 하는 것도 중요한 수업목표가 된다.

프로젝트법은 조직된 교과에 근거하기보다는 학습자의 요구와 흥미에 기초를 두고 있다. 따라서 교사가 부과한 활동이나 과제가 아닌 학습자 자신이 제안한 문제나 프로젝트를 수행하며, 학습자가 제각각 하나의 복잡한 문제를 놓고 자기가 맡은 분야를 탐색해 나가는 과정에서 경쟁적인 분위기보다는 협력적인 상호작용 분위기 속에서 진행된다(이성은, 오은순, 성기옥, 2002).

프로젝트법의 특징은 네 가지로 요약할 수 있다(Katz, 1972).

첫째, 학습에 대하여 학습자가 책임을 진다. 학습자는 학습의 전 과정에서 의사결정을 하게 되며, 동시에 학습에 대한 책임도 진다. 이 말은 학습자가 학습의 전 과정에 의사결정권을 행사할 수 있는 기회를 갖는 것을 의미한다. 즉, 학습의 제반활동에 대한 의사결정 권한과 책임이 교사에게만 귀속된다는 배타적 의미가 아니라, 학습자에게도 있음을 인정하는 것이다. 다시 말해, 학습자들이 프로젝트법에서 행사할 수 있는 주도성은 학습에 대한 학습자의 의사결정권을 발휘할 기회와 책임을 가리키는 것이며, 학습자의 연령, 능력, 경험, 다루는 주제의 성격, 학습환경 등의 다양한 요인에 따라 실질적으로 제약을 받을 수도 있다는 것이다(김대현 외, 1999).

둘째, 학습할 주제에 관한 탐구활동과 표현활동을 한다. 프로젝트법에서의 주제는 주로 많은 사람들의 관심사가 되고 있는 문제나 쟁점이 된다. 이런 문제나 쟁점을 통합적으로 접근하여 탐구하는데, 현장활동이나 견학활동이 반드시 포함되는 것은 아니며, 더욱이 모든 탐구방법과 표현기법이 망라되어야 하는 것도 아니다. 프로젝트법에서 생각할 수 있는 탐구활동이란 문헌조사, 현장조사, 현장실험, 자원인사 면담 등의 다양한 방법을 활용하고 그 결과를 토의하고 분류하고 정리하는 활동을 의미한다. 또한 표현활동도 할 수 있는데, 이는 문집, 그림, 책, 구성물, 멀티미디어 등의 자료형식을 만들고, 이를 동료와 교사, 그리고 학부모에게 발표하기, 전시하기, 극 활동하기 등의 여러 가지 방법으로 제시하는 활동을 의미한다.

셋째, 프로젝트법에서는 학습내용이 복잡한 실제 문제상황에서 문제를 제시하는 것에서 시작된다. 학습자는 복잡한 실제상황의 문제를 협동을 통하여 해결해 나간다. 문제를 제시하거나 혹은 학습자들이 제기한 문제들은 한 가지 답으로 끝나는 것을 지양하고, 고차적인 사고과정과 다양한 사고력을 요구하기 때문에 학습자의 동기를 유발시킨다. 학습자들은 소집단으로 문제를 해결해 가는 과정에서 비판적 시각을 갖게 되고, 또 그러한 질문들에 답하기 위해 무엇을 알아야 하며 어디서 답을 구해야 하는

지를 자연스럽게 파악해 간다. 학습자들은 이러한 문제들을 해결하면서 필요한 지식뿐 아니라 문제해결에 필요한 고차원의 사고력과 창의성도 키우게 된다(최호성, 2003).

넷째, 프로젝트법에서는 과정중심 교육과정이 중요하다. 즉, 결과로서의 학습목표보다는 학습과정이 더 중요하기 때문에 학습목표를 달성하기 위해 취하게 되는 계획이나 탐구방법 등도 중요한 학습목표가 된다. 이 방법은 학습자가 학습의 전 과정에 주도성을 가지고 탐구하게 되며, 교사는 학습자의 탐구과정에 필요한 정보를 제공해 주거나 탐구의 방향을 안내해 주는 역할만 한다.

2) 프로젝트법의 교수-학습원리

많은 학자가 교육현장에 프로젝트법을 효율적으로 적용시키기 위해 노력해 오고 있다. 프로젝트법은 다양한 교수방법이 동원되고 학생 위주로 수업이 진행되는 특성 때문에 교사가 치밀하게 계획을 세우지 않으면 수업이 산만해질 가능성이 높다. 교사의 열의와 능력, 학습자의 적극적인 참여와 협력, 교육환경의 개선 등의 조건이 구비될 때만 효율적인 학습결과를 가져올 수 있다. 여기서 유념해야 할 교수-학습원리를 정리하면 다음과 같다(이성은, 오은순, 성기옥, 2002).

첫째, 학습자의 내적 동기를 효율적으로 유발시켜 이를 잘 활용해야 한다. 내적 동기는 학습 그 자체, 즉 학습을 완성했다고 느끼는 만족감이나 성취감이다. 이 방법에서는 학습자의 참여를 높여서 학습에 대한 내적 동기를 최대한 유발시키도록 노력해야 한다. 이 내적 동기는 후속학습에 대한 심리적 준비상태를 마련해 준다.

둘째, 학습자의 책임감을 느끼게 한다. 학습자는 프로젝트법을 진행해 나가는 과정에서 끊임없이 탐구하고 선택하고 결정하는 활동을 해 나간다. 만일 어떤 학습자가 소극적으로 참여한다거나 자신의 책임을 다하지 않으면, 결국 그 피해가 동료 학습자들에게 돌아간다. 모든 학습자들은 이러한 교수상황을 정확히 이해하고 자신의 역할에 대해 책임감을 가져야 한다.

셋째, 과제를 진행해 나가는 과정에서 혼자가 아니라 동료들과 협동하여 문제를 해결해 나가도록 격려한다. 학습단계별로 의사를 결정해야 하는 상황이 자주 발생한다. 이때 동료들과 함께 토의하여 결정할 수 있는 분위기를 조성한다. 특히 타인의 이야기를 경청하고, 존중하며, 자신의 의견도 논리적으로 발표하게 함으로써 사회성 발달을 도모한다.

넷째, 지역사회를 문제해결의 중요한 자원으로 활용한다. 프로젝트법의 과제는 대개 실생활에서 일어나는 현상이나 문제 또는 쟁점들이다. 이런 과제들을 탐구하기 위해서는 지역사회의 각종 기관이나 인사들을 적극 활용해야 한다. 학습자는 이런 기회를 통해서 학교에서 배운 지식을 실제상황과 자연스럽게 관련시킬 수 있게 된다.

다섯째, 여러 가지 학습방법을 사용하게 함으로써 다양한 능력이 균형적으로 발달하도록 해야 한다. 프로젝트법은 조사, 실험, 면담 등의 여러 가지 학습방법을 통하여 사물이나 현상을 탐구함으로써 탐구능력과 표현능력뿐 아니라 탐구하는 방법과 기술, 태도 등도 학습할 수 있도록 도와주어야 한다.

여섯째, 학습목표와 내용을 추가하거나 삭제하고 학습방법을 바꾸거나 학습단계를 적절히 조정함으로써 학습자의 사고의 유연성을 길러 준다. 프로젝트법에서 학습자의 선택과 결정은 매우 중요한 역할을 한다. 학습을 진행하는 과정에 더 중요한 학습내용이나 방법이 제안되면 융통성 있게 수정해 나가야 한다. 이런 과정을 통해 학습자는 사고의 유연성을 높일 수 있다.

일곱째, 체험적 학습기회를 많이 제공하여 학습효율을 높인다. 오늘날의 학교수업에서는 직접경험을 할 수 있는 기회를 갖기가 쉽지 않다. 따라서 프로젝트법을 진행하는 동안 현상이나 사물을 직접 관찰하는 일차적인 경험을 하게 한다. 이 방법은 현상이나 사물에 대한 친근감과 경외감, 두뇌와 오감의 연결, 학교교육과 실생활과의 관계, 삶에 대한 자체 반성 등의 교육적 효율을 높이는 데 적합하다.

여덟째, 긍정적인 자아개념을 심어 준다. 학습에서의 긍정적인 자아개념은 학습과정의 만족과 학습결과의 성취감, 그리고 교사와 동료들의 인정 등으로 생긴다. 프로젝트법은 학습자의 자발적인 학습 참여를 유도한다는 점에서 학습자 개개인에게 만족감을 제공하고, 학습의 단계마다 이루어지는 결과물을 통하여 성취감을 맛볼 수 있으며, 자신의 아이디어가 교사와 동료들에게 수용될 기회를 많이 제공함으로써 자신에 대한 긍적적인 생각을 갖게 한다.

아홉째, 교사들에게 새로운 교수경험을 제공한다. 프로젝트법은 교사들에게 새로운 도전이다. 우선 프로젝트법을 계획해 봄으로써 현행 교과별 교육과정과 교과서중심 수업의 한계를 인식하게 된다. 그리고 프로젝트 학습을 통하여 학습자의 잠재력을 확인하게 되며, 교사의 철저한 준비, 유연한 진행, 학습자에 대한 헌신하는 자세가 이러한 잠재력을 현실화시킨다는 것을 알게 된다.

열째, 교육에 대한 학부모의 관심을 높인다. 학부모들 중 상당수는 학습은 학교에서 하는 일이며, 가정은 학습을 위한 여건 조성이나 보조의 역할을 하는 것으로 생각하고 있다. 프로젝트 학습은 학부모가 프로젝트법에 참여할 기회를 제공하는데, 주제관련 선경험의 도출이나 탐구 및 표현활동, 그리고 전시활동에서 적극적인 동참이 기대된다. 이러한 과정을 통하여 학부모는 학교교육에 대한 관심과 이해를 높이고 가정의 교육자로서 자신의 역할을 반성하는 기회를 갖게 된다.

열한째, 프로젝트법은 교육에 대한 사회의 관심을 촉구시킨다. 오늘날 우리 사회는 교육은 학교에서 하는 일이며, 사회는 교육과 관련하여 아무 책임 없는 것처럼 행동하고 있다. 그러나 학교와 가정과 사회가 공동의 목적을 향하여 교육적인 노력을 하지 않는다면, 학습자들의 심신이 건강하게 자라나고 사회가 건전해지기를 기대할 수 없다. 프로젝트법은 과제의 성격에 따라 차이는 있지만, 대체로 지역사회와 인사가 교육에서 맡아야 할 역할을 강조한다.

이와 같이 프로젝트법은 학습자에게 내적 동기유발, 책임감, 긍정적 자아개념, 협동심, 사회적 기술, 사회에 대한 관심과 문제해결력, 다양한 탐구와 표현능력, 사고의 유연성, 체험적 학습기회를 제공하거나 신장시켜 주므로 영재학생은 물론 모든 학생들에게 적극 활용될 수 있는 교수방법이다.

7. 자기주도학습

1) 자기주도학습의 이론적 배경

교사 위주의 수업이 팽배해 있는 우리 교육현장에서 자기주도학습(self-directed learning)이 자주 논의되고 있다. 자기주도학습이란 학습자 스스로가 학습의 주체가 되는 교육으로서, 자신의 삶과 관련되어 중요한 문제를 해결하는 데 제3자의 권위와 의견에 종속되지 않고 스스로 판단하여 주체적으로 결정하며, 그 결과에 책임지는 학습자가 되는 교육이다. 교사의 입장에서 볼 때는 학습자의 자유를 받아들이는 교육으로서, 중요한 문제를 해결하는 데 다르게 생각할 수 있는 자유가 학생들에게 허용되고 획일적인 기준 대신에 다양성이 허용되는 교수방법이다(이성은, 오은순, 성기옥, 2002).

노울스(Knowles, 1975)는 자기주도학습을 "학습자가 다른 사람의 도움을 받거나 혹은 받지 않든 간에 자신의 학습을 위한 필요를 진단하고 학습의 목표를 설정하며, 학습을 위한 인적 · 물적 자원을 밝히고 적절한 학습의 전략을 선정하고 이를 적용하며, 그 학습의 결과를 평가하는 과정에서 스스로 주도적인 역할을 수행하는 학습이다."라고 정의하였다.

자기주도학습에서는 학생이 학습을 자율적으로 선택하고 결정하며 수업을 진행해 나간다. 학습결과와 함께 학습과정이 강조되는데, 스스로 학습을 계획하고 관리해 가는 과정을 통해 학습전략을 학습하게 된다는 주장이다. 이때 교사는 방관자가 아니라 학습자인 학생들이 더욱 주도적이 되도록 도와주어야 한다.

노울스(Knowles, 1975)는 자기주도학습의 기본가정을 다음과 같이 정리하였다.

첫째, 인간이 성숙함에 따라 자기주도적 능력은 발달하며, 그 능력을 가능한 한 빨리 계발시켜야 한다.

둘째, 학습자들의 개인적 경험은 전문가적 자원과 함께 학습의 풍부한 자원이 될 수 있도록 계발되어야 한다.

셋째, 각 개인이 일상생활의 과업을 수행하고, 자신의 삶의 문제를 보다 적절하게 해결하기 위해 자기주도학습이 이루어진다고 간주하므로 개인에 따라 학습준비도 다르다.

넷째, 자기주도학습은 과업이나 문제지향적이므로 문제를 스스로 해결하거나 탐구할 수 있는 학습과제의 형태로 학습내용을 조직해야 한다.

다섯째, 자기주도학습은 자존심의 욕구, 호기심, 성취욕구, 성취에 대한 만족감 등의 내재적인 동기로 유발된다고 가정한다.

2) 자기주도학습의 원리

흔히들 교사가 정보나 지식을 학생들에게 전달하면 학생들은 그것을 수용한다고 생각한다. 즉, 학생은 마치 정보의 용기에 비유되어, 정보를 받아들여 저장하고, 이 저장된 정보를 필요할 때 꺼내 사용한다고 생각한다. 이것이 행동주의자들의 입장이다. 구성주의자들은 학생들이 단순히 세상에서 정보를 받아들이는 것이 아니라, 자기 나름대로의 방식으로 자신들의 의미를 구성해 간다고 주장한다.

구성주의는 오늘날 교육원리의 기초를 이루며, 자기주도학습에도 지대한 영향을 주고 있다. 구성주의자들이 주장하는 교수-학습원리를 제시하면 다음과 같다(이성은, 오은순, 성기옥, 2002).

첫째, 학생중심 개별화 원리다. 지식이 학생 자신에 의해 자주적으로 구성되어야 한다는 관점은 바로 학생 자신에 의한 지식의 능동적인 학습을 목표로 하는 오늘날의 교육에서 요구되는 관점과 일치한다고 할 수 있다. 지식의 자주적 구성은 학생 개개인의 개인차를 고려하고 있다는 점에서도 그러하다고 보이며, 학습자의 개인차를 인정하는 데서 출발하는 열린교육의 개별화와 같은 의미를 갖는다고 할 수 있다.

둘째, 발문중심 상호작용원리다. 구성주의는 학생에 의한 지식의 자주적 구성을 도모하고, 공통적이고 주관적인 의미에서 지식의 객관성을 확보하기 위해 교사와 학생 및 학생과 학생 사이의 상호작용을 매우 중요시한다. 이러한 이유에서 구성주의는 교사가 적절한 발문을 통해 학생의 응답을 유도해 냄으로써, 학생이 일련의 추측 및 논박 활동을 통해 지식을 구성할 수 있도록 교수-학습환경을 설정할 것을 요구하고 있다. 이러한 발문의 중요성이 전통적인 교육에서도 중요시되어 왔지만 구성주의에서도 강조되고 있기에, 발문을 중심으로 한 교사와 학생 사이의 상호작용을 하나의 원리로 삼을 수 있는 것이다. 열린교육에서도 교사와 학생, 학생과 학생 사이의 상호작용을 중시하는 개방적 학습환경을 중시하며, 상호작용이 활발히 일어나는 개별 소집단학습에서 앎의 증식이 더욱 강화된다고 보는 것에서 그 맥을 같이한다고 볼 수 있다.

셋째, 의미지향적 원리다. 지식이 자주적으로 구성된다고 할 때, 우리는 왜 그러한 지식을 구성하는가? 이는 교육에서 가장 먼저 대답해야 할 질문이라고 할 수 있다. 왜냐하면 아무런 가치 없는 것을 배워야 할 그 어떤 이유도 없기 때문이다. 사실상 지금까지의 교육에서 이러한 가치의 문제는 학생이 생각해야 할 문제는 아니었다. 교사와 사회는 지식의 가치를 인정한다 해도, 그래서 교육의 당위성을 인정하고 이해한다고 해도, 학생이 이를 이해한 것은 아니었기에 필요성의 인식이 적은 학생을 교수하는 것이 상당한 장애가 되어온 것은 사실이다. 유효한 교육이 이루어지기 위해서는 학생들이 배워야 할 내용, 즉 학습내용이 학생들에게 의미 있는 것이어야 하고, 동시에 학생들이 교수-학습활동에 참여하고자 하는 의지가 수반되어야 함을 의미한다는 것도 분명하다. 유효한 교수-학습활동에의 참여 의지를 하나의 원리로 택할 수 있다.

8. 발견학습

1) 발견학습의 이론적 배경

발견학습은 학습자에게 가르쳐야 할 내용을 최종적인 형태로 제공하는 것이 아니라, 그 최종 형태를 학습자 스스로 조직하도록 하는 상황에서 일어나는 수업이라고 정의할 수 있다. 발견학습은 수용학습(reception learning)과 대비되는 학습의 방법이다. 예를 들면, 수용학습에서는 교사가 학생들에게 개구리의 삶의 주기를 설명해 준다. 그러나 발견학습에서 교사는 학생들에게 스스로 개구리의 삶의 주기를 찾아보도록 한다.

발견학습의 이론적 기반을 확립한 브루너(Bruner, 1964)는 학습자에게 의미 있고 진정한 학습이 이루어지게 하려면 학습자들에게 개념이나 아이디어들 간의 관계를 스스로 발견할 수 있는 기회를 제공해야 한다고 주장한다.

발견학습은 귀납적 방법으로 개념을 형성하는 데 근거를 두고 있기 때문에 학생들이 구체적인 사실 간의 규칙을 찾아서 기술하도록 한다. 귀납적인 사고는 전조작기를 벗어나서 전형적인 구체적 조작기에 있는 아동들이 할 수 있는 활동이다. 따라서 초등학교 3~4학년 이상의 아동들에게 적합한 방법이다.

발견학습에서는 어떠한 개념을 형성하고 일반화하는 과정이 중요하다. 이 과정에서 자료나 정보를 수집해서 체계화하거나 규칙성을 찾아내는 수업을 잘 수행하려면 다음 5단계를 따르도록 한다(최호성, 2003).

1단계는 자료를 제시하고 관찰하는 단계이고, 2단계는 보충자료를 제시하고 관찰하는 단계이며, 3단계는 처음 자료와 보충자료에서 유사점, 규칙성을 찾아 추리하는 단계다. 그다음 4단계는 다시 추리한 내용을 정리하는 단계이고, 마지막 단계인 5단계에서는 정리단계에서 도출된 하나의 개념을 다른 자연현상이나 사회현상에 적용한다.

발견학습은 개념이나 원리를 발견 또는 재발견하는 과정을 학습자가 체험하도록 함으로써, 과학의 성과와 탐구의 과정 및 기법을 통일적으로 파악시키려는 학습법이다. 발견학습의 기본가정을 살펴보면 다음과 같다.

① 발견학습에서는 교사가 자료를 잘 조직하여 적절한 형태로 제시하면 학습자는 더 나아지려는 내적 동기에 의해 능동적으로 개념을 획득한다.
② 발견학습은 귀납적인 방법을 통해서 개념을 획득하므로 사실 간에 존재하는 규칙성을 찾아 기술할 수 있는 구체적 조작기 이후의 아동들에게 적합하다.
③ 발견학습의 성공은 교사의 역할에 달려 있다. 따라서 교사는 수업의 목적을 깊이 숙고해야 하며, 발견학습활동에 적당한 내용을 선정해야 한다. 또한 그 내용을 설명해 줄 수 있는 자료를 선택하는 것이 중요하다. 이때 자료는 학생들이 배울 추상적 개념을 학생 스스로 발견해 내려고 할 때 도움이 되어야 한다.

이와 같은 발견학습은 교재의 기본구조에 대한 철저한 학습을 강조하며 학습효율의 전이를 중요하게 생각한다. 학습의 결과보다는 과정과 방법을 중요시하며 학습자의 주체적인 학습을 강조한다.

2) 발견학습의 목적

교사는 세 가지의 교육목적을 달성하기 위해서 발견학습을 사용한다. 첫 번째 목적은 학생들이 스스로 지식을 습득할 수 있도록 하기 위해서 독립적으로 사고할 수 있는 기회를 제공하는 것이다. 두 번째 목적은 학생들이 정보를 수집하고 조직함으로써 어떻게 지식을 형성하게 되는지를 알려 주는 것이다. 세 번째 목적은 분석, 종합, 평가와 같은 고등 사고기술을 증진시키는 것이다.

3) 발견학습의 절차

발견학습은 준비, 전달, 정리의 진행과정을 따르는데, 구체적으로 살펴보면 다음과 같다.

(1) 준비

발견학습을 활용하여 교수-학습활동을 준비할 때, 다음 사항들을 고려해야 한다. 학생들이 스스로 학습할 수 있는 상황을 어떻게 만들 것인가? 어떻게 학생들의 흥미를 유발시킬 것인가? 학생들이 무엇을, 어떻게 관찰하게 할 것인가? 마지막으로 관찰, 기록, 분석 등의 귀납적인 방법으로 학습을 어떻게 진행해 나가도록 할 것인가?

(2) 전달

수업을 시작하면서 가장 중요한 것은 학생들의 주의를 집중시키는 것이다. 수업목표와 관련된 핵심적이면서도 흥미로운 질문을 던지거나 흥미로운 그림을 보여 주는 것도 좋은 방법이다. 일단 학생들의 주의를 끈 후에는 실제 혹은 가상적인 한 상황을 제시한다. 생물시간이라면 학생들에게 다음과 같은 질문을 할 수 있다. "환자의 건강을 체크하기 위해서 의사는 무엇을 해야 하는가?" "환자가 건강한지 어떻게 알 수 있는가?"

수업목표와 관련하여 학생들이 수업시간에 답을 찾아내야 하는, 지식의 종류에 따라 할 수 있는 질문들은 〈표 10-4〉와 같이 정리할 수 있다. 학생들이 호기심을 가지고 도전적으로 답을 찾으려고 노력할 수 있는 질문을 던진 후에는 그 질문에 대한 답을 찾는 방법을 학생들이 알고 있는지 확인해야 한다. 학생들에게 "이 질문의 답을 발견하기 위해서 어떻게 할 예정이니?" 라고 물어볼 수 있다. 학생들이 관찰, 자료수집, 분석과 같은 방법을 통해 학습해 나갈 준비가 되면, 교사는 학생들이 탐구하는 과

표 10-4 … 지식의 형태와 질문

지식의 형태	질문의 예
개념 (사물이나 생각에 주어진 이름)	• 포유류 동물이란 무엇인가? • 랩음악은 무엇인가? • 민주주의란 무엇인가? • 행운이란 무엇인가?
사실 (검증된 진리)	• 평균 맥박수는 얼마인가? • 개구리의 삶의 주기는 어떠한가? • 삼각형의 내각의 합은 얼마인가? • 파란색과 빨간색을 합치면 어떤 색이 되는가?
일반화 (검증된 사실은 아닐 수 있지만 일반적으로 지지받는 추론)	• 가족은 어떻게 변하는가? • 어떻게 수업을 준비하는가? • 훌륭한 교사의 특징은 무엇인가? • 인간은 왜 화성을 탐사하려고 하는가?
규칙/법칙	• 한 단어는 음절로 어떻게 나눌 수 있는가? • 탁구의 경기규칙은 무엇인가? • 분수의 나눗셈은 어떻게 하는가? • 어떤 물체는 왜 물에 뜨는가?

출처: Cruickshank et al. (1994).

정을 관찰하고 조력자로서의 교사역할을 수행한다. 이는 학생들이 스스로 잘할 수 있다는 기대를 하면서, 그들의 의견을 수용하고, 그들이 좀 더 생각할 수 있도록 도와주는 것이다. 학생들이 비웃음이나 비판 또는 실패의 두려움에서 벗어날 수 있는 분위기를 조성해 주어야 하는데, 이것이 평가가 없는 분위기를 의미하지는 않는다. 학습결과에 대해서 교사는 반드시 공정하게 평가를 해주어야 한다.

(3) 정리

발견학습의 정리단계에서 교사는 수업을 정리해 준다. 수업 전에 제시했던 질문을 다시 한 번 던지고 학생들이 간단명료하게 자신의 말로 표현하게 한다. 그다음 학생들이 발견한 지식들을 실제로 적용시킬 수 있는

표 10-5 … **훌륭한 발견학습 교사의 자질**

발견학습의 단계	교사의 자질
준비	• 수업의 일반적인 목적을 결정한다. • 구체적인 수업목표(개념, 사실, 일반화, 법칙/규칙)를 결정한다. • 유용한 자료를 수집한다. • 발견학습의 수업계획을 수립한다. • 학생들이 귀납적 방법을 사용할 수 있는 능력이 있는지 점검한다.
전달	• 학생들의 주의를 끈다. • 도전적인 학습상황을 제시한다. • 발견을 촉진할 수 있는 질문들을 자주 사용한다. • 학생들이 발견해 나가는 방법을 아는지 확인한다. • 학생들의 활동과 사고를 모니터한다. • 관찰, 자료수집, 조직, 조작, 분석 등의 활동을 격려해 준다. • 동료와 상호작용을 하고 학생들의 사고와 아이디어 평가를 격려해 준다.
정리	• 학생들이 발견한 개념, 사실, 일반화, 법칙/규칙들을 잘 조직하도록 도와준다. • 발견한 새로운 지식들을 사용할 수 있는 기회를 준다.

출처: Cruickshank et al. (1994).

기회를 주거나, 시간이 부족할 경우에는 발표를 해 보도록 한다.

발견학습을 잘 운영하는 교사의 자질은 앞의 〈표 10-5〉와 같이 요약할 수 있다.

9. 독립연구학습

1) 독립연구학습의 이론적 배경

독립연구학습(independent study)은 학교 과제를 수행하기 위해서 단독으로 진행하는 학습방법이다. 독립연구학습의 예로 문헌조사연구, 과학실험연구, 교과서 읽기, 작문, 단어시험을 위한 연습, 리포트 준비 등의 학습활동을 들 수 있다.

(1) 목적

다양한 목적을 위해 독립연구학습을 실시할 수 있으나, 학생들이 어떤 내용을 연습하고 시연할 필요가 있을 때 가장 적합하다. 배운 내용을 반복하거나 그것에 대해 깊이 생각하고 시연해 보는 것은 매우 중요하다.

교사는 학생들이 구체적인 지식이나 기술을 배우기를 원할 때 독립연구학습을 사용하는 경우가 많다. 그러므로 초등학교나 중등학교 학생들은 독해력기술, 작문과 같은 언어기술이나 문제풀기와 같은 산수기술을 연습하게 된다. 중등학교 교사는 운동 코치가 하는 것과 같이 학생들을 연습시킨다. 스포츠에서는 같은 운동기술을 반복적으로 연습하여 운동기억의 한 부분이 되도록 한다.

형식교육의 궁극적인 목적은 학생들이 학습하는 방법을 배워 더 이상 교사나 학교에 의존하지 않게 하는 것이다. 따라서 독립연구학습의 목적은 평생 사용하게 될 공부기술을 학생들이 배우도록 도와주는 것이다. 이

기술에는 정보의 위치를 발견하고, 분석하고, 종합하고, 평가하는 능력이 포함된다. 학습자에게 스스로 연구하고, 판단하고, 정보를 사용할 수 있는 기회가 많이 주어질수록 스스로 배울 준비를 더 잘 갖추게 된다. 열 살 때 시냇물에 사는 물고기에 대해 배운 호기심 많은 학생은 스무살 때는 사라져 가는 늪지에 대해 더 많은 것을 찾아낼 수 있다고 가정할 수 있다.

독립연구학습은 다른 목적을 위한 수단으로 사용되기도 한다. 예를 들어, 교사가 해야 할 일이 많을 때 학생이 무엇인가를 할 일거리를 주는 목적으로 잘못 사용되는 경우도 있다. 학생 입장에서는 교사의 간섭을 받지 않고 잠시 쉬는 시간으로 간주할 수도 있다. 독립연구학습은 교사가 다른 업무를 보는 시간, 학생이 휴식을 취하는 시간으로 사용되어서는 안 된다.

(2) 유형

교사가 학습과제를 선정해 주는 방법과 학생 스스로 학습과제를 선정하는 방법으로 구분될 수 있다. 학습과제 중 가장 핵심이 되는 내용은 교사가 선정해 주는 것이 바람직하다. 그러나 한 번 배운 내용을 좀 더 완벽하게 숙지하기 위해 연습이 필요한 내용은 학생들이 자신의 이해 정도나 흥미에 따라 선정하는 것이 좋다.

(3) 교사의 역할

독립연구학습의 목적은 자발적으로 학습하도록 도와줌으로써 학습에서의 만족감을 높여 주는 것이다. 그러나 교사가 학생이 공부하는 과정을 잘 안내해 주지 못하면 학습의 효율은 떨어진다. 독립연구학습이 집에서 해야 하는 숙제의 형태를 취하면 교사가 도와주는 것은 불가능하다. 부모들의 능력은 매우 다양하여, 어떤 부모들은 좋은 교사의 역할을 할 수 있지만 대부분의 부모들은 교수방법적인 측면이나 시간적인 측면에서 교사처럼 지도하기는 어렵다.

존슨 부부(Johnson & Johnson, 1989)는 독립연구학습을 진행하는 교사가 따라야 할 지침을 다음과 같이 정리하였다.

- 잠재능력과 기술을 혼동하지 않는다: 학생들은 고차원의 생산적인 산물을 만들어 낼 수 있는 잠재능력을 가지고 있으나, 독립연구학습의 수행에 필요한 기술은 없을 수도 있다. 예를 들어, 학생들은 좋은 질문을 하는 방법이나 다양한 자원에서 정보를 수집하는 방법, 종합적인 공부방법을 모를 수도 있다. 교사는 독립연구학습을 시작할 때 먼저 이런 방법들에 대해 가르쳐 주어야 한다.
- 독립적인 공부기술을 확인한다: 독립연구학습을 원만히 실행하기 위해서 교사는 이 방법의 단계마다 필요한 기술들을 알아야 한다. 예를 들어, 학생들이 역사적인 연구과제를 수행하고 있다면, 교사는 각 단계를 파악하고 있어야 한다.
- 학생들의 흥미의 변화에 따라 융통성 있게 대처한다: 학생들의 흥미가 변하여 원래의 계획을 싫증낼 수도 있다. 이때 융통성 있게 독립연구학습을 하도록 도와주어 학생들이 언제, 무엇을, 어떻게, 얼마나 많이 탐구할 것인가를 스스로 결정하게 한다.
- 다양한 형태의 연구방법을 사용한다: 학생들이 독립연구학습을 수행할 때 백과사전이나 인터넷을 사용할 수도 있다. 그러나 자원인사와의 면담, 실험, 현장조사, 관찰, 조사, 토론, 브레인스토밍과 같은 다양한 일차적인 연구방법을 사용하도록 도와준다. 연구방법은 주제, 공부방법, 교과에 적합해야 한다.
- 독립연구학습을 보충 프로그램이 아닌 정규 프로그램으로 구성한다: 때때로 독립연구학습은 학생들이 자신들의 정규 프로그램을 마쳤을 때 수행하는 보충 프로그램으로 활용되고 있다. 이런 경우에 학생들은 자신들이 흥미롭게 여기는 주제를 충분하게 연구하기가 힘들다. 영재학생들을 위해서는 교육과정 축약을 통해서라도 정규 프로그램

의 일부로 독립연구학습을 할 수 있도록 한다.

- 평가방법을 개발한다: 평가는 각 과정의 특성과 학생들의 경험에 적합해야 한다. 학생들이 처음으로 독립연구학습을 하고 있다면, 이 점을 감안하여 평가해야 한다. 평가를 통해 학생들은 학습기술을 발전시켜 나갈 수 있고, 흥미와 학습에 대한 열망을 키울 수 있다.
- 학생들의 능력을 신뢰하고 학생들에게 모델이 된다: 독립연구학습에서는 학생들의 흥미가 가장 중요하다. 교사는 규칙적으로 학생들의 수행을 잘 살펴보아야 하며, 교사 스스로가 독립연구를 하면서 모델 역할을 할 수도 있다.

2) 훌륭한 독립연구학습 교사

독립연구학습 방법을 사용하려면, 이 방법의 목적과 가치를 믿어야 한다. 특별히 시연하고 연습하는 방법 또는 학생들이 학습하는 방법을 배우도록 도와주는 방법으로서 독립연구학습의 가치를 믿어야 하는 것이다. 또한 학생들이 혼자 학습할 수 있는 능력이 있는지 확인해야 한다.

이 방법을 사용할 때, 교사는 학생들이 자신의 독립연구학습에 지속적으로 집중하게 하는 방법을 알아야 한다. 쿠인(Kouin, 1970)은 교실에서 독립연구학습을 잘 진행시키는 교사들의 특성을 네 가지로 설명하였다.

① 도전감 제시: 학생들에게 호기심과 열정을 가지고 과제에 참여하게 하는 능력이 있다. 교사 스스로가 열정적이기 때문에 이 열정이 학생들에게 전달된다.

② 다양성: 다양한 과제를 제공하여 학생들이 흥미를 잃지 않고 계속 주의를 기울이게 하는 능력이 있다.

③ 현장성: 교사가 없을 때조차 학생들이 교사가 항상 옆에 있는 것처럼 느낄 수 있도록 학생들을 지도하는 능력이 있다. 특히 학생들이

어려움을 느낄 것으로 예상되는 경우에 미리 찾아가서 도와주면, 학생은 기대하지 않았던 교사의 접근에 감사하게 되고 교사가 항상 자신의 옆에 있다고 생각하게 된다.

④ 동시성: 동시에 여러 학생들을 살펴볼 수 있는 능력이 있다. 한 학생이나 소집단을 지도하면서 동시에 다른 학생들을 살펴볼 수 있다.

10. 사사제

1) 사사제의 개념

멘터(mentor)의 사전적 의미는 '현명한 조언자'라고 할 수 있다. 이 단어는 호머의 『오디세이』에서 처음 유래되어, 점차 지도해 주는 사람과 지도를 받는 사람과의 일대일관계를 나타내는 의미로 발전하였다. 멘터십(mentorship)이라는 의미와 비슷한 단어로는 인턴십(internship)과 도제제도(apprenticeship)가 있다. 인턴십은 의사의 인턴과 같이, 일정기간 교실에서의 수업과정을 마친 후에 실제적인 실습을 하는 것을 의미한다. 도제제도는 목수의 도제와 같이, 장인이 지켜보는 가운데 한정된 장소에서 교수가 이루어지는 것을 의미한다. 그러나 사사제(mentorship)는 학생이 학교 안이든 학교 밖이든 일정한 시간에 교육을 받으면 된다. 사사제는 학생들이 수행해야 하는 지속적인 프로그램이 있고, 학점을 받기도 하고, 적절한 멘터와 연결시켜 준다는 의미에서 형식적인 교육의 일환이 될 수도 있다.

영재교육에서 흔히 사용되고 있는 사사제란 학교가 영재를 일정한 기간 동안 전문가에게 보내서 보다 깊이 있는 학습을 하도록 하는 제도를 말한다. 사사제는 사실상 새로운 개념은 아니다. 서양의 경우 고대 그리스시대에 아리스토텔레스는 플라톤에게서 사사했고, 플라톤은 소크라테

스에게서 사사했다고 볼 수 있다. 그러나 현대적 의미의 사사제란 영재학습을 일대일의 형태로 지도해 줄 전문가를 학교가 주선해 주는 심화학습의 한 방법이다. 사사제는 주로 영재학생의 진로지도에 효율적이며 초등학생보다는 중 · 고등학생을 대상으로 한다. 일반적인 형태는 학생이 전문가의 사무실에 직접 찾아가서 배우는 것이다. 이 경우 전문가를 멘터라 부른다. 그러나 때로는 전문가를 학교에 초빙하여 강의를 할 수도 있다. 경우에 따라서는 학생이 진로결정과 예비준비를 하기 위하여 여러 명의 전문가를 방문해 보고 그중 한 사람을 선택할 수도 있다.

전형적인 사사제는 학생 한 명이 지역사회의 전문가 한 명에게 수개월간 지도를 받는 것이다. 학생은 대개 실습생 또는 보조원 역할을 한다. 학생은 특정 직종의 활동내용, 책임, 문제, 애로사항, 특히 그 분야의 직종과 관련한 생활방식이 어떠한 것인지 직접, 그리고 좀 더 자세히 배우기 위해 전문가를 방문한다. 현장실습을 통한 산교육을 받음으로써 자신이 직접 그 분야의 전문가가 되어 보는 체험을 한다.

사사제의 주목적은 자신이 미래에 무엇을 하기를 원하는지 깨닫게 하는 내적 체험의 촉진에 있다. 또한 정규학교에서 체험하기 어려운 교육환경을 제공해 줌으로써 배움에 대한 동기가 강한 학생의 잠재능력을 발전시킬 수 있다.

사사제가 진행되는 동안 학생은 때때로 전문가의 일을 정식으로 도와줄 수도 있는데, 이때는 작업일정이 보다 구체화되며, 학생이 전문가에게 보수를 받기도 한다(이군현, 1986).

2) 사사제의 유형

사사제는 다양한 목적, 다양한 연령층을 위해 사용될 수 있는데, 학생들의 흥미, 직업 탐색, 정의적 발달을 위해 형식적 또는 비형식적으로 실행될 수 있다. 사사제는 학교 밖의 산업현장 또는 학교와 교실 안에서 이루어질 수도 있다. 밀람(Milam, 1998)은 사사제의 목적에 따라 세 유형으로 나누어 설명하였다.

① 홍미 증진: 한 분야의 전문가들과 함께 기술, 지식을 발전시킴으로써학습에 대한 홍미를 증진시킨다.
② 직업 탐색: 직업 탐색의 기회를 제공한다.
③ 정의적 발달 증진: 학생들의 자신감을 고취시키고 가치관 확립을 도와준다.

대부뷴의 사사제는 이 세 유형을 동시에 추구하지만, 그중 한 유형만을 강조히면서 운영된다.

사사제는 초등학생, 중학생, 고등학생 등 다양한 연령층의 학생들에게 사용되며, 또한 몇 주 정도의 단기간이나 한 학기 또는 1년 정도의 장기간에 걸쳐 실시될 수도 있다. 사사의 시간도 정규 수업시간 중, 방과 후, 방학 중, 주말 등 여러 가지로 활용할 수 있다. 시행장소도 학교, 지역사회의 공공건물, 인터넷, 전문가의 사무실 등 다양하다.

11. 연구기술법

1) 이론적 배경

학교에서 높은 성취도를 보이건 보이지 않건 간에, 능동적으로 탐구할 수 있는 분위기를 좋아하는 학생들이 있다. 이들은 또래의 능력을 넘어서는 과제에 홍미를 갖는다. 과제에 강한 집착을 가지고 있어 상당한 기간 홍미를 가진 주제를 탐구하게 된다. 강한 호기심을 갖고 과제를 조사하고, 질문을 제기하고, 이유를 찾아내려고 노력한다. 성격이 전혀 다른 정보들을 종합할 수 있는 능력이 있기 때문에 복잡한 문제를 선호하고, 통찰력을 가지고 있어서 다른 사람들은 생각지도 못한 문제의 해답을 찾아낸다.

대부분의 연구기술법(research skill)은 도서관 자료를 찾는 것에 한정되는 경우가 많다. 이런 연구방법은 사전이나 책에서 정보를 수집하는 정도에 머문다. 이런 연구의 결과는 기껏해야 지루한 보고서가 되고, 학생들에게 발견의 즐거움을 안겨 주지 못한다.

과학 프로젝트는 학생들에게 매우 친숙한 연구기술법이다. 이 프로젝트에서 과학적 방법에 따라 학생들은 탐구노력을 하게 된다. 즉, 가설을 설정하고, 연구를 설계하고, 자료를 수집하고, 분석하고, 가설이 맞는지 확인하고, 결론을 내린다. 그러나 원래의 연구기술법은 과학뿐 아니라 사회, 수학, 언어과목 수업에서도 사용될 수 있다. 탐구를 좋아하는 학생들은 또한 호기심이 많고 동기화된 자연과학자로서 일하는 것처럼 사회과학자로서도 일할 수 있다. 그러나 사회과학에 기초한 연구기술법(조사, 관찰, 인터뷰, 분석)을 사용하는 영재 프로그램은 거의 없다. 그러므로 학생들은 두 가지 연구기술법을 모두 사용할 수 있어야 한다. 자연과학자처럼 이론을 검증할 수 있는 실험을 수행할 수 있는 능력이 있어야 하고, 또한 사회과학자처럼 관찰하고, 면담하고, 자료들을 분석하여 일반적인 사실에 도달할 줄도 알아야 한다.

학생들은 지식의 생산자가 되도록 도와주는 학문적 경험을 필요로 한다. 왜냐하면 학생들이 성인이 되었을 때는 세상을 변화시키고 재정의해야 하기 때문이다. 학생들은 단지 문화에 참여하는 사람들이 아니라 문화를 발전시키는 사람들이 된다. 그러므로 교육은 학생들이 혼자 연구하고, 발전된 자원과 자료를 사용할 수 있고, 비구조화된 시간을 허락하고, 정신적으로나 신체적으로 능동적이고, 문제에 개인적으로 접근하고, 창의적 행동을 드러낼 수 있는 기회를 제공해 주어야 한다.

많은 학자가 학생들이 실제적인 산출물을 창조해 내도록 돕는 것이 중요하다고 강조한다. 그들은 한 내용 영역에서는 다를지 모르는 다양한 방법론을 이해하고 사용할 줄 아는 능력이 중요하다고 생각한다. 지식을 구체적인 문제에 적용하는 연습을 함으로써 학생들은 다른 문제를 다루는데 필요한 방법을 터득하게 된다. 결국, 어떤 내용에 대한 지식도 중요하지만, 새로 접하게 되는 문제들을 해결하기 위해서는 문제를 다루는 방법에 대한 지식이 중요하다. 연구기술법은 바로 이런 방법지식의 발달을 도와주는 좋은 교수방법이다.

2) 연구법 실행과정(Sisk, 1976)

연구를 하는 방법에는 두 가지의 접근법이 있다. 하나는 양적인 접근법이고 다른 하나는 질적인 접근법이다. 양적인 접근법은 주로 자연과학에서 사용되는 방법으로, 가설을 설정하고 그 가설을 검증하는 순서로 연구를 진행해 나간다. 질적인 접근법은 주로 사회과학에서 많이 사용되는 방법으로 관찰, 인터뷰, 문서 분석 등을 통해 일반적인 원리를 찾아내는 순서로 진행된다. 어느 방법을 사용하든 연구법에 참여하는 학생은 다음과 같은 비슷한 절차를 밟아 나간다.

(1) 주제 선정

연구법에서 첫 번째 단계인 주제 선정은 가장 중요하다. 이것은 학생의 연구방향을 결정하고, 더 나아가 학습의 질을 결정하기 때문이다. 학생들이 교사나 관심분야가 같은 어른들과 대화를 나누는 것도 도움이 될 수 있다.

(2) 연구문제 제기

학생들이 관심 영역을 결정하고 난 후에 그 영역 내에서 연구문제를 제기한다. 이 문제는 학생들이 단순히 독서를 함으로써 대답할 수 있는 문제가 아니어야 한다. 학생들이 관심 있는 주제를 문제로 전환하는 절차는 다음과 같다.

① 브레인스토밍 방식을 사용하여 문제들의 목록을 만든다.
② 자신의 주제와 관련되는 전문가를 방문하거나 초청하여 자문을 받는다.
③ 지역사회의 사람들을 면담하여 개혁적인 해결책이 필요한 문제를 선정한다.
④ 연구에 도움이 될 만한 지역사회 공공기관들을 조사한다.

(3) 실행계획

교육의 목적 중의 하나는 학생들이 자기주도적이고 독립적인 학습자가 되는 것이다. 그러나 교실수업에서 이런 기술을 배울 수 있는 기회는 거의 없다. 그러므로 학생들이 효율적으로 연구를 수행하도록 연구의 단계를 구체적으로 세세하게 나누어 준다. 이렇게 함으로써 학생들이 어떻게 할지 몰라 당황해하며 시간을 낭비하는 것을 방지할 수 있다.

① 학생들은 자신의 연구목표와 연구평가기준을 명확히 이해한다.
② 교사는 학생들이 연구를 주의 깊게 계획하는 것을 도와주고, 정기적으로 점검하면서 진행과정에 대해 대화를 나눈다.
③ 연구를 시작하기 전에 연구기술을 소개한다.
④ 부모들에게 연구목적, 연구기간, 연구마감일 및 도와주어야 할 일과 도와주어서는 안 될 일 등에 대해 알려 준다.

(4) 정보 수집

모든 연구가 과학적 방법을 사용하지는 않는다. 학생들은 자신들이 연구하고자 하는 주제와 관련된 분야에서 가장 많이 사용되는 연구기술법에 대해 알아야 한다. 그 방법 중에는 조사, 인터뷰, 일차자료 등을 통해 정보를 수집하는 방법들이 있다.

(5) 정보 분석

학생들은 자신들이 수집한 자료를 분석하기 위해 통계학자가 될 필요는 없다. 연구의 결론을 도출해 낼 정도로 정보를 조직화할 수 있는 능력만 있으면 된다. 세부적인 정보 분석기법은 전문가의 자문을 받아야 한다.

(6) 결과 보고

연구결과물은 문서 형태 또는 구두보고 형태를 취할 수 있다. 결과물의 성격과 결과 보고에 관계되는 사람들에 따라 어떤 형태를 택할 것인지를 결정해야 한다.

(7) 평가

성인들의 연구결과는 유명 저널에 기고하거나, 콘퍼런스(conference)에서 발표함으로써 평가를 받는다. 그러나 학생들의 결과는 주로 점수를 부여하는 정도로 끝나는 경우가 많다. 학생들의 연구결과도 성인들의 방식과 비슷하게 학생신문에 기고하거나 연구발표회를 개최하여 발표하는 기회를 제공할 수도 있다.

12. 모의실험

1) 모의실험의 이론적 배경

교수도구로서 모의실험(simulation)은 전혀 생소한 것은 아니다. 법대생들은 모의재판을 하기도 하고, 중 · 고등학생들은 모의 정치집회 행사를 갖기도 한다. 그럼에도 불구하고 교수법으로서의 모의실험기법은 의미 있는 성장을 해 오고 있다.

모의실험은 실제의 행동 또는 체제를 모방상황에서 구성해 보고 작동해 보는 것이라고 정의할 수 있다. 다시 말하면, 모의실험은 실제과정을 모방하여 가상적으로 실행해 보는 것이다.

모의실험은 높은 동기적 가치를 가지고 있다. 왜냐하면 학생들은 모의실험에서 즉각적으로 학습하고, 성공한 이유를 알 수 있기 때문이다. 시합을 하는 상황은 학생들의 경쟁심을 자극한다. 모의실험 게임에서는 비판적이고 창의적인 사고, 논리적인 사고, 의사결정과 같은 고차원의 사고를 할 수 있는 기회가 주어진다. 사회적 가치를 모의실험을 통해 가르칠 수 있고, 경쟁도 경험할 수 있다. 그러나 공동의 목표를 달성하기 위해 협동이 필요하다는 것을 배우기는 쉽지 않다. 모의실험을 통해 학생들은 또한 실제생활에서 결정하는 연습을 할 수 있으며, 다양한 상황의 결과를 더 잘 이해할 수 있다.

학생들은 모의실험에서 배워야 할 주요 개념, 과정, 사실들에 관심이 많을 때 적극적으로 상호작용하게 된다. 상호작용은 학습을 위한 합법적인 도구다. 학생들은 재미있고 만족스러운 놀이를 하면서 더 효율적인 학습을 하게 된다.

2) 모의실험의 효율적인 사용

모의실험 게임을 처음 사용할 때, 교사는 게임의 규칙과 진행방식에 대해 간단하게 설명해 주어야 한다. 어떤 학생이 게임을 잘하여 앞서 나가려고 한다면, 그것을 허락해 주어야 한다. 학생들이 게임을 하고 있는 동안 교사의 역할은 학생들을 잘 관찰하되, 가급적 간섭은 하지 않아야 한다. 학생들이 게임에 열중하고 있을 때, 게임을 중단시키기 위해서는 "30분

동안 게임을 했는데, 그동안 어떤 일이 있었는지 이야기해 보자."라고 말할 수 있다.

성공적으로 모의실험 게임을 활용하기 위해서 가장 중요한 것은 융통성과 상상력이다. 높은 수준의 학생 간 의사소통은 물리적으로나 지적으로 이동이 용이한 분위기가 필요하다. 이런 분위기를 활성화시키기 위해서는 언제 도와주어야 할지, 언제 게임을 멈추게 할지를 알아야 한다.

결과를 보고하는 시간은 모의실험학습에서 중요한 요소다. 학생들은 모의실험에서의 자신의 경험을 분석하는 활동을 통해 잠재학습능력을 충분히 사용할 수 있다. 게임을 마친 후 토론하는 과정에서 학생들은 의견의 일치를 보게 된다. 이때 교사의 역할은 모의실험에서 제시되었던 과정이나 개념을 비판적으로 생각하도록 하는 것이다.

결과 보고 시간은 학생들이 경험한 것을 공유하는 데 도움이 된다. 이 시간을 통해서 다른 학생들의 경험도 들을 수 있다. 학생들이 각자 경험한 믿음이나 감정에 대해 이야기할 때, 그들은 어떤 일이 발생한 이유가 무엇이며, 어떤 편견을 가졌으며, 그로 인해 어떤 식으로 잘못 관찰하게 되었는지를 분석한다. 교사는 학생들이 모의실험의 상황을 실제상황에 연결시킬 수 있도록 격려한다. 그 후 모의실험에 제시된 핵심개념들을 요약해 주면서 결과 보고를 마무리지을 수 있다.

결과를 보고하는 다른 효율적인 방법은 학생들에게 토론 중에 나왔던 구체적인 아이디어를 공유하고, 이것을 기초로 일반화된 결론을 내리도록 하는 것이다. 학생들 스스로 일반화시키고 결론을 내리는 것은 매우 의미 있는 과정이므로 이런 접근법은 매우 효율적이다.

모든 사회에서 아직 모의실험에 익숙치 않기 때문에, 교사는 모의실험이 학습목표 달성에 적합한지 직접 확인해야 한다. 좋은 모의실험 게임을 결정하는 최선의 방법은 없다. 그러나 학습 성공의 가능성이 섞어 보일 때 사용하면 효과를 볼 수 있다. 모의실험을 결정할 때는 교사의 친숙도, 관련주제 취급 여부, 신뢰도 수준, 그리고 학생들의 성숙수준과 관련하여 의미가 있는지 등을 고려해야 한다. 모의실험 게임을 이해하는 가장 좋은 방법은 몇몇의 제품들을 간단히 직접 실행해 보는 것이다.

13. 개별화 학습

1) 개별화 수업의 특징

학습자의 개성을 존중하고, 각 학습자가 능력에 따라 학습하며, 모든 학습자들이 자신의 잠재능력을 계발하도록 교육기회의 균등을 위해 집단보다는 개인을 중심으로 학습을 유도해 나가는 수업이 개별화 수업이다. 이 개별화 수업은 수업의 초점을 학급성원인 개별 학습자에게 두고, 모든 개별 학습자가 학습목표에 도달하도록 하기 위해 각자의 필요, 흥미, 능력, 진도 등을 고려해서 적절하고 타당한 교수방법 및 절차, 교수자료의 선택, 그리고 학습평가 등을 변별적으로 실천하는 수업이다(김신자, 1999).

개별화 수업은 다음과 같은 공통적인 특징이 있다.

첫째, 수업의 목표가 상세화되어 있고, 이것이 수업의 출발점이 된다. 대체로 수업목표에서는 성취기준이 제시되어 있어서 이것은 수업이 종료되었을 때 평가의 기준이 된다.

둘째, 수업처치 이전에 학생에 대한 진단이 선행된다. 이 진단결과에 따라 학생이 받은 수업처치, 수행해야 되는 개별화 과제, 따라가야 될 통로가 결정된다.

셋째, 학생의 진단결과에 따라 각자 다양한 처치가 주어진다. 이 수업처치에는 프로그램화된 교재, 시청각교재, 자습, 컴퓨터 프로그램, 강의, 토론 등이 있다.

넷째, 개별 과제 수행 후에는 반드시 평가를 실시한다.

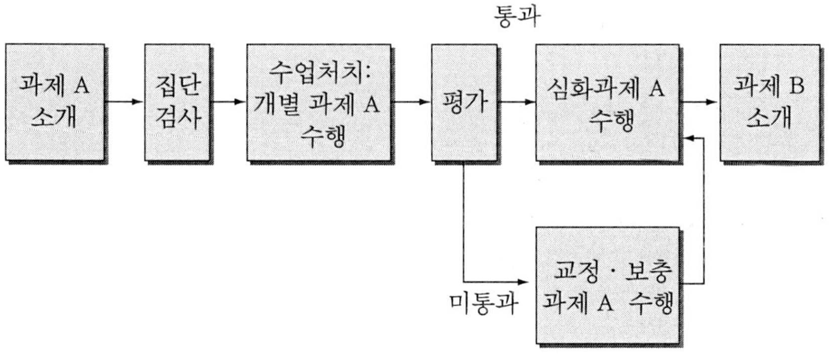

[그림 10-2] 개별화 수업의 진행순서

출처: 전성연(2001).

다섯째, 평가의 결과에 따라서 교정 또는 보충과제나 심화과제가 주어진다. 교정이나 보충과제를 받은 학생들이 학습목표를 달성하였다는 증거가 확인되면 다음 과제로 이행한다. 이와 같은 진행절차는 [그림 10-2]와 같이 나타낼 수 있다(전성연, 2001).

개별화 수업이 효과가 있긴 하지만 전통적인 방법보다 언제나, 어떤 경우에나 효과가 있다고 단정하기는 힘들다. 개별화 수업은 초등학교나 중등학교 수준의 학업성취도에 분명히 긍정적인 영향을 미친다. 또한 자기학습에 대한 계획수립능력과 자율적으로 공부하는 학습태도에 긍정적인 효과를 가져다준다. 그러나 개별화 수업의 단점은 우수한 학생들에게는 그 효과가 크지 않다는 것이다. 즉, 대부분의 학생들이 성취할 수 있는 목표의 숙달에 대한 강조는 우수한 학생에게는 불리할 수도 있다. 또한 개별화 수업은 쉽게 싫증을 느끼게 되고, 동기를 파괴할 위험성이 높다. 이 외에도 개별화 수업은 구체적인 목표에 대한 필요 이상의 강조가 교수-학습과정을 제한하고, 중요한 우연학습의 출현을 방해할 수도 있다.

2) 개별화 수업의 유형

(1) 위네트카와 돌턴 방법

초기 개별화 수업방법 중 가장 대표적인 것이 위네트카와 돌턴(Winnetka & Dalton)의 방법이다.

이 방법에서는 학생들에게 자유롭게 스스로 학습할 수 있는 시간을 준다. 대신 수학, 사회, 영어, 외국어, 과학과 같은 교과목을 학습할 때는 교사와 계약을 맺은 후 각자 학습을 한다. 계약을 맺을 때 학생에 따라 학습목표의 난이도가 다르다. 난이도가 높은 계약을 하고 잘 이행하면 높은 점수를 받지만, 난이도가 낮은 계약을 하고 그것을 이행했을 때는 다소 낮은 점수를 받는다.

(2) 컴퓨터 보조수업

컴퓨터 보조수업은 자습의 형태로 진행된다. 학습내용은 작은 단위로 나누어진다. 학생이 한 단위를 성공적으로 학습을 한 후에야 다음 단계로 넘어갈 수 있다. 어떤 단계에서 학습에 실패하면 그 학습내용을 반복적으로 학습해야 한다. 이때 학습에 도움이 되는 정보가 보충적으로 제공된다. 좀 더 정교한 컴퓨터 보조수업은 학생들의 실패를 분석하여 그에 적절한 피드백을 제공해 준다.

(3) 개인처방수업(Individually Prescribed Instruction: IPI)

학기 초에 앞으로 배우게 될 학습내용에 대해 학생들이 무엇을 알고 있는지 정확하게 조사한다. 그 결과에 따라 각 학생의 수준에 적합한 과제를 제공한다. 수업을 진행해 나가는 도중에 테스트를 실시하여 성공적이면 계속 진도를 나가게 하고, 그렇지 못하면 다시 반복하게 한다.

(4) 개인별 안내수업(Individually Guided Education: IGE)

이 수업방법이 다른 수업과 다른 점은 학년의 구분 없이 진행된다는 것이다. 여러 명의 교사에 100~150명의 학생들이 배정되고, 이 학생들은 학년이 아니라 능력에 따라 5~6개의 그룹으로 나누어진다. 이렇게 동질집단으로 나눈 후에, 교사는 자신이 담당한 집단의 학생들을 되도록이면 개인적으로 지도한다. 이때 각 학생이 가장 잘 학습할 수 있는 속도와 방법에 따라 지도한다.

(5) 개인지도(tutoring)

이 방법은 가장 오래된 교수방법 중 하나다. 학생에게 교정적인 처치를 하거나 보충적인 정보를 제공하는 데 사용되며, 학년을 무시하고 학생들의 능력에 따라 개별 지도를 할 수 있는 교수방법이다.

(6) 원격교육

지리적으로 멀리 떨어져 있는 학생들을 가르치는 방법이다. 알래스카나 캐나다와 같이 학교가 멀리 떨어져 있는 경우 많이 활용되고 있다. 원격교육에는 전화, 라디오, TV, 컴퓨터 프로그램 등을 사용할 수 있다. 이 방법은 통신강좌의 한 유형이라고 볼 수 있다.

14. 점진적 책임이양 교수방법

1) 점진적 책임이양 교수방법의 개요

점진적 책임이양 교수방법은 인지적 부담을 교사에게서 점진적으로 학습자에게 넘겨 주는 교수방법이다. 교수 초기에는 교사 위주로 가르치다가, 교사와 학생이 함께 참여하고, 그 후에는 학습자가 독립적으로 학습하며, 배운 지식을 적용하도록 안내한다. 이 교수방법은 다음의 이론들에 기초하여 개발되었다.

- 피아제의 인지구조와 스키마이론
- 비고츠키의 근접발달이론
- 반두라의 인지적 사회학습이론
- 우드, 브루너, 로스의 비계교수이론(scaffolded instruction)

2) 점진적 책임이양 교수방법의 수업절차

앞에서 제시한 이론들은 학습은 타인과의 상호작용을 통해서 이루어지고, 이 상호작용이 의도적일 때 구체적인 학습이 이루어진다고 주장한다. 점진적 책임이양 교수방법은 주의집중, 안내된 수업(guided instruction), 협동학습(collaborative leaning), 학습자 주도적 과제(independent task) 수행의 순서로 진행된다.

주의집중단계에서는 교사가 수업목표를 명확하게 설정하고 학습자에게 정확하게 설명해 준다. 이 단계의 또 다른 목적은 학습자가 정보를 처리하는 방법에 대한 요령을 알려 준다. 종종 생각을 말로 표현하기(think-aloud) 기법을 사용하며, 수업 시작 후 약 5~15분 정도의 시간을 할애한다.

안내된 수업 단계에서는 학생의 필요에 기초하여 편성된 그룹별로 가르친다. 그룹은 형성평가의 결과에 따라 편성하고, 이 단계는 그룹별로 다르게 가르칠 수 있는 좋은 시간이 된다. 이때 교사는 그룹에 따라 학습내용, 질문의 수준, 교수방법을 다르게 할 수 있다. 교사는 학생들이 기대하는 수업목표에 도달할 수 있도록 도와주고 지원해 준다.

협동학습단계에서는 학생들이 서로 토론하고, 정보를 교환하며, 질문을 함으로써 주의집중단계와 안내된 수업단계에서 배운 내용을 사용할 수 있도록 한다. 이 단계에서는 학생들에게 새로운 정보를 제시해서는 안

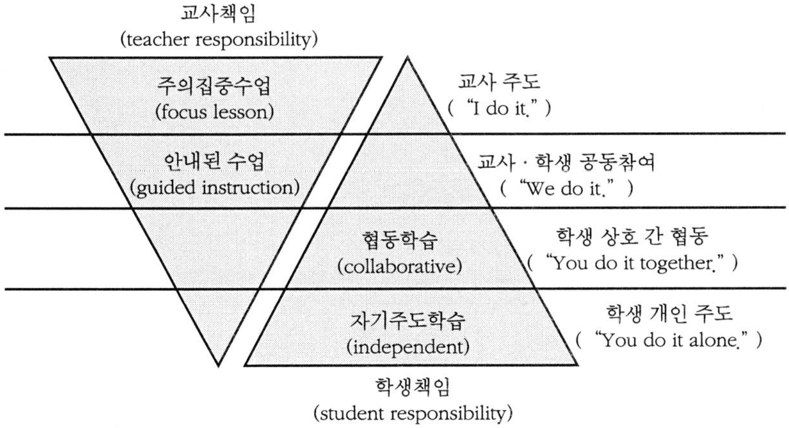

[그림 10-3] 성공적인 수업구조

출처: Fisher & Nancy Frey (2008), p. 4.

된다. 그보다는 학생들이 새로운 상황에 정보를 적용하고 앞에서 배운 지식을 회상하면서 활용하도록 도와주어야 한다.

학습자 주도적 과제수행단계에서는 학습자들이 스스로 과제를 수행할 수 있는 분위기를 조성해 주어야 한다. 이를 위해서는 많은 연습이 필요한데, 점진적으로 교사의 교수활동에서 학생의 학습활동으로 책임이 넘어가, 최종적으로는 학생 스스로 과제를 수행하게 한다. 이 단계에서는 학생이 이미 배운 내용을 적용할 수 있는 기회를 제공해야 한다. 또한 자신의 기존 지식을 사용하여 새로운 지식을 익히는 기회도 만들어 주어야 한다(Fisher & Nancy Frey, 2008).

제11장

실기교육수업과 학습지도안

1. 수업계획의 필요성

수업계획은 좋은 수업을 하기 위한 준비활동의 한 단계로서, 좋은 수업을 위해서는 좋은 수업계획이 있어야 한다. 수업계획이 왜 필요한가에 대하여 살펴보면 다음과 같다.

- 수업계획 없이는 수업의 효과성, 효율성, 매력성, 안전성을 보장하기 힘들다.
- 교직은 전문성이 있기에 수업은 교사의 책임이며, 교사는 전문인으로서의 자신의 활동을 미리 계획해야 한다.
- 최근 수업에 활용되는 매체나 체제 등은 갈수록 복잡해지고 다양화되고 있으며, 수업의 목표 역시 질과 양이 변화하고 있다.
- 최근 학습자들의 요구나 개인차가 크게 벌어지고 있다. 이런 수업환경에 맞는 수업을 하기 위해서는 반드시 수업계획이 필요하다.

2. 수업계획 시 고려해야 할 요소

좋은 수업계획을 위해서 고려해야 할 요소에 대하여 변영계 등(2003)은 다음과 같이 말하고 있다.

첫째, 수업목표나 내용에 적합한 수업방법이 무엇인지 분석하고 선택해야 한다.

둘째, 수업은 여러 가지 학습활동이 포함되기에 학습활동에 대한 계획이 수립되어야 한다. 즉, 동기유발을 위한 활동 등 다양한 형태의 활동을 고려해야 한다.

셋째, 수업의 대상, 즉 학습자들을 분석하고 이들에 맞는 수업방법을 계획해야 한다.

넷째, 수업계획은 교사의 자질, 능력, 선호하는 수업방법 등을 고려하며 이루어져야 한다. 아무리 첨단시설이 있더라도 교사가 사용할 수 없다면 그 시설은 무용지물이다.

다섯째, 수업에 관련된 현실적인 여러 가지 여건이 고려되어야 한다. 여기에는 허용된 수업시간의 양, 학습활동을 할 공간과 장소, 교수-학습자료, 시설, 예산, 안전, 이동의 문제, 부모의 동의나 허락 등 다양한 요소들이 있다.

수업의 효율화는 한 사람의 교사가 칠판과 분필만으로 해결할 수 없다. 따라서 다양한 학습활동, 수업매체, 수업방법, 혁신적 여건 등이 종합적으로 고려되어야 할 것이다. 이러한 여러 요인들이 정해진 수업목표를 효과적으로 달성시켜 제 기능과 역할을 다할 수 있도록 하기 위해서 교사는 수업 전에 치밀하고 과학적인 사고를 통해 자기 수업에 대한 결정을 해야 할 것이다.

3. 수업의 단계와 주요 활동

수업활동은 도입, 전개, 정리의 세 단계로 이루어진다.

1) 도입단계의 성격과 주요 활동

도입단계는 본 수업이 시작되는 단계로 비교적 짧은 시간 안에 이루어진다. 수업상황에 따라 약간의 차이는 있지만 5~10분 정도가 적절하다. 이 시간에는 학습자의 주의를 집중시키고, 도달해야 할 학습목표를 제시해야 하며, 본 수업과 관련된 과거의 학습내용들을 회상시켜 관련지어 주어야 한다.

(1) 학습동기의 유발

교사는 수업에 대한 학습자의 동기유발을 위해 다양한 방법을 사용해야 한다.

첫째, 그 시간에 배울 학습과제와 관련이 있는 경험담을 들려주거나 뉴스, 신문을 통해서 알려진 사건들을 제시해 줌으로써 학습자의 관심을 불러일으킨 다음, 이것이 그 시간의 학습과제와 어떻게 관련이 있으며 왜 중요한지를 설명한다. 그러므로 교사는 자신의 주위에서 일어나는 일들을 주의 깊게 관찰하거나 기록하였다가 필요한 수업에 적절하게 활용해야 하며, 학습자들이 가지는 관심과 흥미 등에 대하여도 면밀한 조사가 필요하다.

둘째, 학습자의 성취동기를 유발시키기 위해서는 그 시간의 수업목표를 달성했을 때 학습자가 무엇을 할 수 있게 되는지에 대하여 설명해야 한다.

셋째, 학습과제를 설명하거나 표현해 주는 시청각자료를 적절하게 사용하여 학습자의 학습동기를 유발시킨다. 학습해야 하는 주제와 관련된 사진, 비디오, 인터넷 자료 등을 소개함으로써 학습자의 관심을 촉구하고 학습자의 호기심을 충족시킨다.

(2) 학습목표의 제시

수업목표란 학습자가 한 시간 혹은 한 단원의 학습활동에 참여하여 성취해야 할 목표다. 그러므로 수업이 효과적으로 이루어지기 위해서는 수업의 도입단계에서 학습자에게 학습목표를 분명히 인식시켜 주어야 한다. 학습목표를 제시할 때 유의할 점은 다음과 같다.

첫째, 학습목표는 그 시간의 수업이 끝났을 때 학습자가 할 수 있는 행동으로 진술해야 한다. 이때 진술된 학습목표는 수업의 성공 여부를 판단하는 평가기준으로 작용하기 때문에 가능한 한 행동적인 수준에서 구체적으로 제시되어야 한다.

둘째, 교사는 학습자에게 학습목표를 분명히 인지시킨 다음 수업에 임해야 한다. 수업목표를 제시하는 방법으로는 ① 수업자의 구두설명으로 제시, ② 칠판에 판서를 통한 제시, ③ 완성된 모범작품의 제시, ④ 교사나 숙달된 학생을 통한 시범, ⑤ 유인물로 된 평가문항의 제시 등이 있다.

(3) 선수학습과 관련짓기

본시의 학습과제가 제대로 성취되기 위해서는 그 과제와 관련 있는 선수학습을 회상시키거나 상기시켜 주어야 한다. 학습자가 지난 시간에 학습한 내용과 본시의 학습할 내용과의 연결이 잘 될 때 새로운 학습이 잘 이루어질 수 있다.

2) 전개단계의 성격과 주요 활동

수업에서 전개단계는 핵심이 되는 과정으로, 도입단계와 정리단계를 연결하며, 실제 수업의 대부분을 차지하여 50분 수업의 경우 35분 내외의 시간이 이 단계에 해당된다. 여기서는 학습내용을 조직하여 학습자에게 제시하고 다양한 수업방법을 사용하여 교수-학습활동을 한다.

(1) 학습내용의 제시

학습내용을 학습자에게 제시하기 위해서 교사가 생각해야 할 것은 어떤 순서로 제시할 것인가 하는 문제다. 여기에는 몇 가지 방법이 있다(변영계, 김광휘, 2003).

첫째, 학습과제 분석표를 기초로 가장 기본적인 학습과제부터 시작하여 점차 일반적인 학습과제에 이르기까지 순차적으로 제시한다. 즉, 먼저 단순하고 쉬운 과제를 학습하게 하고, 그다음 이를 토대로 점차 복잡하고 어려운 학습과제를 학습하도록 제시하는 것이다.

둘째, 한 시간에 가르칠 학습내용을 학습자의 수준과 특성, 수업의 조건과 활동상황 등을 고려하여 적당한 크기로 묶는다. 예를 들어, 수준이 낮은 학습자를 위한 한 단위의 학습활동의 묶음은 수준이 높은 학습자의 그것에 비해 비교적 작아야 하며, 수업상황의 변화도 자주 일어나야 한다.

셋째, 주어진 학습목표를 성취하기 위해 학습해야 할 내용과 예들을 선정하여 계획한다. 학습자가 학습내용을 보다 쉽게 이해하도록 하기 위해서 가르칠 개념이나 원리에 해당하는 예들을 선정하여 적당한 때에 제시해 주어야 한다.

(2) 다양한 학습자료의 제시

학습자료는 단위시간의 학습목표를 달성하는 데 도움을 줄 수 있는 다양한 프로그램이나 매체들을 말한다. 학습자료에는 비투사자료, 시각자료, 청각자료, 시청각자료, 컴퓨터 자료 등 종류가 다양하다. 따라서 학습자의 학습목표 달성을 위해 가장 적합한 자료를 선정하여 활용하는 것이 중요하다.

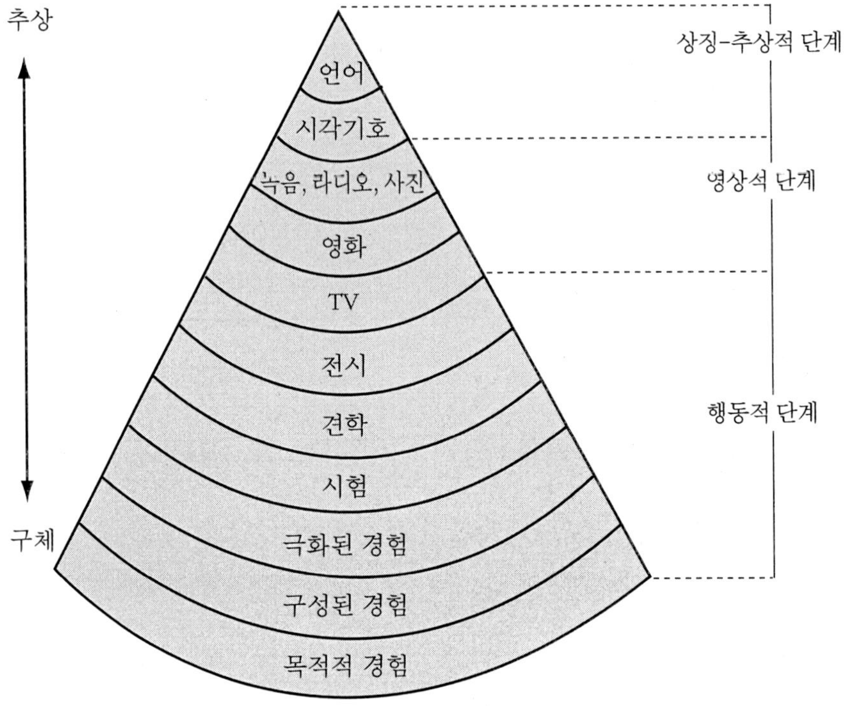

[그림 11-1] 데일의 경험의 원추

학습자료 및 매체를 선정하고 활용할 때에는 학습자의 특성을 고려해야 한다. 데일(Dale, 1969)은 경험의 원추라고 부르는 모델을 제시하였는데, 학습자가 가지는 경험을 상징-추상적 단계, 영상적 단계, 행동적 단계의 세 가지로 구분하였다([그림 11-1] 참조). 직접적 경험을 통한 행동적 단계에서 시청각자료를 이용하는 경험이나 관찰을 통한 영상적 단계, 그리고 언어와 시각기호를 통해 이해를 도모하는 상징-추상적 단계로 개념 형성이 이루어진다고 제시하였다.

학습자의 연령이 낮을수록 또 지능이 낮을수록, 추상적인 기호나 언어를 수단으로 하는 수업매체보다는 구체적인 매체로 학습하는 것이 보다 효과적임을 알 수 있다(이용걸, 김순택, 1982).

(3) 학습자의 참여 유도

전개단계에서는 교사가 단순히 일방적으로 학습내용을 가르치기보다는 학습자가 적극적으로 학습활동에 참여해야 한다. 학습자의 참여를 유도하기 위해서는 개별화 수업, 협동학습 등 학습자를 능동적으로 수업의 장으로 끌어들이는 노력이 교사에게 필요하다. 데이비스(Davies, 1991)는 학습자를 수업에 능동적으로 참여시키는 방법을 다음과 같이 제시하였다.

첫째, 학습자의 생각과 의견을 상호 교환하는 방식으로 토론의 기회를 마련한다.

둘째, 학습자가 그들이 학습한 지식, 기술, 경험, 태도 등을 구두로 표현할 수 있도록 질문한다.

셋째, 학습자에게 학습과제를 부과한다. 이러한 과제제시는 학습자들 간에 서로를 가르칠 수 있고, 동료학습을 유도한다는 점에서 학습자의 적극적인 참여가 기대된다.

넷째, 학습자들이 수업시간에 노트를 함으로써 핵심적인 학습내용에 주의를 기울이며, 이는 학습을 강화시켜 학습목표 도달에 기여한다.

(4) 시간과 자원의 관리

전개단계는 몇 개의 하위단계로 구분하여 시간과 자원을 관리하는 것이 좋다. 그래야 계획한 수업을 주어진 시간 내에 차질 없이 잘 가르칠 수 있다. 시간배분을 잘하기 위해서는 학습지도안을 구체적으로 작성해야 한다.

3) 정리단계의 성격과 주요 활동

(1) 학습내용의 요약과 종합

그 시간에 학습한 내용들을 살펴보면서 중요한 사항들을 요약하고 종합해 준다. 요약이란 중요한 하나 하나의 지식을 정리해 주는 것이며, 종합이란 학습자가 부분적으로 파악하고 있는 학습내용을 전체적인 맥락에서 이해시켜 하나의 큰 학습과제로서 수행하도록 해주는 것이다.

(2) 연습과 일반화

학습자가 학습한 내용을 이와 유사한 상황이나 새롭고 다양한 상황에 적용시킬 수 있도록 연습해야 한다. 또 학습한 내용을 주변의 생활문제에 적용해서 해결해 보는 경험이 필요하다.

(3) 형성평가

형성평가(formative evaluation)는 학습자에 대한 교수-학습과정이 진행되는 도중에 실시하는 평가방법으로서 학습 효과를 증진시키고 교수방법을 개선하기 위하여 실시된다. 형성평가의 개념을 가장 먼저 제안한 스크리븐(Scriven, 1967)은 교수-학습이 진행되고 있는 유동적인 상태에서 학생에게 피드백을 제공하고, 교과과정을 개선하며, 수업방법을 개선하기 위해 실시하는 평가가 형성평가라고 정의하였다. 그러나 수업의 정리단계에서 그 시간에 학습한 내용을 평가를 통해 확인함으로써 이때 나온 정보를 학습효과의 극대화를 위한 교수-학습과정을 개선하는 데 유용한 정보로 이용할 수 있다는 의미에서 형성평가라 이름 붙일 수 있을 것이다. 형성평가는 다음과 같은 역할을 한다(황정규, 1998).

첫째, 형성평가를 통해 단지 한 학습단위에서 성공했는가 혹은 실패했는가의 정보뿐 아니라 만약 실패했다면 그 원인에 관한 정보를 제공한다.

둘째, 형성평가의 결과는 학생의 학습에 도움을 주기 위해 활용될 뿐 아니라 교사의 교수방법 개선에도 크게 이바지한다. 어떤 학습이든지 그 성과를 증진시키기 위해서는 형성평가 뒤에 어떤 방법으로든 학습에서의 곤란을 확인하고 교정해 주는 교수가 투입되어야 한다.

(4) 과제 부여, 보충자료의 제시 및 차시예고

수업시간에 충분히 연습하지 못했던 부분을 연습하도록 적절한 양의 과제를 부여해 주고, 학습자가 더 알고 싶어 하는 주제에 관한 보충자료나 참고문헌 등을 언급해서 학습자의 지적 욕구를 충족시켜 준다. 또 다음 시간에 배울 내용이나 주제를 이번 수업시간에 학습한 내용과 관련지어 제시해 주고, 차시에 필요한 준비물이나 학습관련 내용을 미리 챙겨오도록 한다.

4. 학습지도안 작성

학습지도안이란 학습지도의 계획서를 말하는데, 이것을 교수안 또는 교안, 수업지도안, 생활안, 본시 전개안 등으로 부른다(신동로, 2001).

1) 학습지도안 작성의 중요성

교사는 학습자를 잘 가르쳐야 할 책임이 있다. 가르치는 일에 종사하는 사람은 누구나 자신이 좋은 수업을 전개하고 있는가 또는 과연 좋은 수업을 얼마만큼 실행해 왔던가라는 자기반성의 질문을 던져 보았을 것이다. 만약 좋은 수업의 실체가 쉽게 발견된다면, 좋은 수업을 설계하고 실천할 수 있을 뿐만 아니라 잘 가르치는 교사와 잘 가르치지 못하는 교사를 구분짓는 평가기준으로도 활용될 수 있을 것이다.

그래서 좋은 수업의 실체를 밝히기 위해서 여러 가지 접근방법이 시행되고 있다. 예컨대, 좋은 수업을 실천한다고 생각되는 교사의 행동특성을 찾아내기도 하고, 특정한 수업방법과 다른 대안적 수업방법의 상대적 효과를 비교하기도 하며, 학습자의 학업성적, 태도 변화의 정도를 측정하기도 한다. 무엇보다도 좋은 수업이 되기 위한 조건을 충족시키기 위해서는 수업의 전체과정의 주요 구성요소를 체계적으로 사전에 계획하는 것이 절실히 요망된다. 사전의 충실한 계획이 전제되지 않은 수업은 실패할 가능성이 높다. 물건을 만들다가 실패하면 새로 고쳐서 다시 만들 수 있지만, 사람을 다루는 인간교육에서 교사의 무계획성으로 인한 학습실패는 용납되지 않는다.

따라서 수업계획이란 곧 학습실패를 예방하기 위한 사전계획의 일환으로 실천되는 활동이다. 다시 말해, 수업계획은 수업목표를 성공적으로 달성하기 위하여 수업과정에 포함되는 여러 가지 구성요소, 즉 수업목표, 내용, 방법, 활동, 시간, 자료와 설비, 평가 등을 체계적으로 조직하는 수단이다.

수업계획은 궁극적으로 학습지도안의 형태로 나타난다. 학습지도안은 좋은 수업이 되게 하는 길잡이 역할을 수행한다고 하겠다. 이 같은 학습지도안의 기능은 다음 일곱 가지로 요약할 수 있다.

① 학습지도안은 교사의 수업활동의 방향을 가르쳐 준다.
② 학습지도안은 학습자가 도달해야 할 학습목표가 무엇인지 가르쳐 준다.
③ 학습지도안은 교사의 수업활동과 학생의 학습활동을 예측하고 안내하는 지침서다.
④ 학습지도안은 대단원과 단시 수업의 전체적인 흐름을 가르쳐 준다.
⑤ 학습지도안은 학습자의 학습진도상황을 가르쳐 준다.
⑥ 학습지도안은 수업 및 학습에 유용한 보조자료를 사전에 가르쳐 준다.
⑦ 학습지도안은 학습내용과 학습경험의 제시순서와 계열을 안내한다.

이와 같이 학습지도안을 작성하는 근본목적은 수업, 즉 교수-학습의 효율성과 효능성을 가능한 한 제고시키려는 데 있다. 여기서 효율성과 효능성의 의미는 교수-학습의 질과 양 두 측면에서의 효과를 극대화시키고자 하는 것이다. 이는 곧 좋은 수업을 실시해야 한다는 것이 전제되어야 한다. 좋은 수업은 수업의 효율성과 효능성을 극대화시킬 수 있기 때문이다.

이성호(1988)는 학습지도안을 작성하는 부수적인 목적과 가치를 네 가지로 요약하였다.

① 학습지도안은 가르치는 사람에게는 교과과정의 내용을 탐색하는 좋은 기회다.
② 학습지도안은 가르치는 사람과 배우는 사람 간의 의사소통의 한 가지 매체다.
③ 학습지도안을 작성함으로써 타 과목, 타 수업 간의 연계성, 통합성, 균형성을 유지할 수 있다.
④ 학습지도안은 가르치는 사람의 가르치는 일에 대한 책무의식을 드높일 수 있다.

학습지도안의 목적과 가치에서 논의된 것 이외에 한 가지 유념해야 할 사항은 학습지도안은 가르치는 사람의 창작활동이라는 점이다. 무엇보다 중요한 것은 교사의 창의성이다. 학습지도안은 결코 일정한 형식이나 서식에 획일적으로 얽매일 필요는 없다. 각자의 창의적 사고와 노력이 동원되어야 한다. 특히 실제 수업장면에서는 가르치는 사람의 창의성이 크게 요구된다는 사실을 간과해서는 안 된다.

2) 학습지도안의 양식

학습지도안의 일반적인 양식을 살펴보면 다음과 같다.

학습지도안의 일반양식

과 목: ○ ○

일 시: 20○ ○년 ○월 ○ ○일(○요일) ○교시

대 상: 제 ○학년 ○반(남:○ ○, 여:○ ○, 계:○ ○)

지도교사: ○ ○ ○ 선생님

1. 단원명

단원명은 교과에 따라 소단원, 중단원, 대단원명을 기입한다. 대단원의 지도시수가 많지 않을 경우에는 일반적으로 대단원명을 기입하고 있으나, 학습지도시간이 너무 많은 경우에는 중단원이나 소단원명을 기입하는 것이 바람직하다.

2. 단원의 개관

단원의 개관에는 학습자, 사회적 요구, 교과의 특성의 세 가지 측면에서 단원의 정당성을 찾아서 작성한다. 즉, 단원이 학생의 어떠한 필요나 흥미에 의한 것인지, 사회적으로 어떠한 의의와 가치가 있는지, 교육과정의 내용상 범위와 계열에서 어떠한 위치에 있는지를 기술해야 한다.

3. 단원의 목표

단원의 목표는 단원지도 후에 학습자가 성취해야 할 행동으로, 단원의 주요 내용과 그 내용에 대하여 학생들이 어떤 행동으로 성취되기를 바라는지가 분명하게 진술되는 것이 바람직하다. 단원의 목표는 교사용 지도서에 상세하게 기술되어 있으나, 학교나 학생의 특성에 맞게 조정해야 한다. 즉, 중요한 내용의 영역과 그 내용을 다룸으로써 달성될 것으로 기대되는 행동의 양자를 포함하여 진술되어야 한다. 여기에는 지식, 태도, 기능이 골고루 뽑혀서 진술되어야 한다. 단원의 목표는 차시별 수업목표(학습목표)에 비하여 상대적으로 포괄적이고 종합적이다.

4. 지도상 유의점

해당 단원을 지도하기 위해서는 교사용 지도서에 기록되어 있는 지도상 유의점을 살펴본 다음, 각 학습과제별 지도상 유의점에 관심을 두어 지도계획을 세우고 실제 수업에 임해야 한다. 그러나 교사용 지도서에 나타난 내용들은 학생의 특성, 학교의 특성을 전부 고려하였다고 볼 수 없기 때문에 교사용 지도서를 참고로 하되, 교사 자신이 본 단원 학습내용을 분석하여 지도상 유의점을 찾아내야 한다. 특히 발견학습, 탐구학습, 토의학습이 강조되는 단원에서는 그 단원을 처음부터 어떻게 이끌어 나갈지에 관하여 수업이론이나 모형을 참조하여 지도방법을 탐색하고 구체적 지도방법을 선택해서 진술한다.

5. 단원 지도계획

대단원의 단원구성을 소개하고, 차시별로 나누어 시간배정을 하며, 본시가 단원의 어디에 위치하는가를 표시해 준다.

6. 본시의 수업목표

본시의 수업목표는 학습자가 학습한 후에 도달해야 할 성취행동으로 진술하되, 명시적 동사를 사용하여 성취결과를 명확하게 알 수 있도록 해야 한다. 즉, 단원의 목표와 달리 본시의 수업목표는 암시적 동사(예: 이해한다, 감상한다, 인식한다, 깨닫는다)가 아닌 명시적 동사(예: 진술할 수 있다, 구별할 수 있다, 비교 설명할 수 있다, 문제를 풀어 그 정답을 구할 수 있다, 열거할 수 있다, 지적할 수 있다, 적용할 수 있다)를 사용하여 행동적 용어로 진술해야 한다.

7. 본시 학습과정안(학습지도안)

수업활동은 도입, 전개, 정리라는 세 단계로 구분할 수 있다. 학습지도의 한 시간 수업시간에 제공될 주요한 교수-학습활동을 도입, 전개, 정리의 세 단계로 나누어 요약 · 제시하면 다음과 같다.

〈교수-학습활동〉

지도 단계	주요 활동
도 입	• 전시학습 확인 • 학습자의 동기유발 • 학습목표 제시
전 개	• 학습내용 제시 • 학습자료 제시 • 학습자의 참여 • 다양한 수업기법의 활용 • 시간과 자료의 정리
정 리	• 요약정리 • 강화 • 형성평가 실시 • 일반화의 유도 • 과제 부여 및 차시 예고

3) 학습지도안의 실제

여기서는 실기교육과 관련이 있는 몇 과목의 모범 학습지도안을 예시하고자 한다.

(1) 컴퓨터과 학습지도안

① 교재

• 교과서명: HTML과 자바 스크립트를 한 번에

• 저자 및 출판사: 김준성, 이상철(호서출판사)

② 단원명

• 그림과 음악이 있는 웹 문서

③ 단원의 설정 이유

• e-mail은 실시간 통신은 가능하지 않지만 우리에게 시간과 지역의 개념을 벗어난 통신수단으로 자리 잡고 있다. 하지만 우리는 대부분 text 형식의 사무적 느낌을 주는 e-mail을 주고받는다.
• 이 단원을 학습함으로써 단순한 text 형식의 e-mail에서 벗어나, HTML을 이용하여 그림과 음악이 함께하는 e-mail을 작성해 보고자 한다.

④ 단원의 학습목표

• 학생관: 이미 인터넷은 우리에게 생활의 한 부분으로 자리 잡고 있다. 그리고 우리는 인터넷을 통하여 많은 웹 문서를 주고받는다. 하지만 대부분의 웹 문서는 text 형식에서 벗어나지 못하고 있다. 오늘날 가장 대표적인 웹 문서라고 할 수 있는 e-mail을 보면 잘 알 수 있을 것이다. 그러므로 학생들에게 단지 인터넷을 사용하여 정보를 주고받는 능력뿐만 아니라 좀 더 다듬어진 정보를 주고받을 수 있는 능력을 키워 주어야 할 것이다. 우리가 배우고자 하는 이번 단원은 HTML의 기본적 형태를 익힘으로써 실생활에 가장 많이 이용되는 웹 문서인 e-mail을 좀 더 효율적으로 꾸밀 수 있도록 할 것이다.
• 교사관: 본 단원을 지도하는 데 HTML의 문법적 익힘도 중요하지만 실생활에의 응용이 더 중요함을 잊지 말아야 한다. 부분적인 문법사항보다는 전체적인 흐름을 익히게 하고, 학생 자신이 직접 하나의 웹 문서를 작성할 수 있도록 지도한다.

⑤ 교수-학습활동 시간계획

차 시	학습목표	학습자료	배당시간	비 고
1차시	1. 기본 태그의 구성을 이해할 수 있다. 2. 〈font〉 태그의 구성을 이해할 수 있다. 3. 〈marquee〉 태그의 구성을 이해할 수 있다. 4. 〈table〉 태그의 구성을 이해할 수 있다.	교과서 컴퓨터	50분	
2차시	1. 웹 문서에 그림을 삽입할 수 있다. 2. 웹 문서에 음악을 삽입할 수 있다. 3. 전시의 학습과 연계하여 웹 문서를 작성할 수 있다. 4. 작성한 웹 문서를 e-mail로 보낼 수 있다.	교과서 컴퓨터	50분	본시

⑥ 본시 교수-학습과정안

- 주제: 글과 그림이 함께하는 e-mail 보내기
- 학습목표
  - 웹 문서에 그림을 삽입할 수 있다.
  - 웹 문서에 음악을 삽입할 수 있다.
  - 글, 그림, 음악이 함께하는 웹 문서를 작성할 수 있다.
  - 작성한 웹 문서를 e-mail로 보낼 수 있다.
- 본시 교수-학습과정안

단계	학습과정	교수-학습활동		시간(분)	지도상 유의점	학습자료
		교 사	학 생			
도입	인사	• 인사를 한다. 여러분 반갑습니다. 컴퓨터 수업에 관심이 많은 학생들과 수업을 하게 되어서 기쁘게 생각합니다.	• 선생님께 인사한다.	5분	• 학습분위기 조성	• 출석부 • 교재 • 컴퓨터
	출석 점검	• 출석을 점검한다.				

	전시학습	• 전시학습을 복습한다. 기본 태그의 구성과 〈font〉 〈marquee〉 〈table〉 태그의 개념을 점검한다.			• 학습동기를 유발시킨다.	• 완성된 웹 문서 자료
	학습목표 제시	학습목표 ① 웹 문서에 그림을 삽입할 수 있다. ② 웹 문서에 음악을 삽입할 수 있다. ③ 글, 그림, 음악이 함께하는 웹 문서를 작성할 수 있다. ④ 작성한 웹 문서를 e-mail로 보낼 수 있다.				
전개	• 웹 문서에 그림 삽입	• 웹 문서에 그림을 삽입해 본다. 〈img src=" "〉 〈background=" "〉 태그 명령을 익힌다.	• 예문을 통하여 컴퓨터로 실습을 해 본다.	40분	• 실습 분위기가 흐트러지지 않게 한다.	• 교재 • 컴퓨터 • 예시문
	• 웹 문서에 음악 삽입	• 웹 문서에 음악을 삽입해 본다. 〈embed src=" "〉 태그 명령을 익힌다.				
	• 웹 문서를 통하여 배운 내용을 종합	• 미리 작성된 웹 문서를 통하여 배운 내용을 체계적으로 종합해 본다.				
	• 웹 문서를 e-mail로 보내기	• 작성한 웹 문서를 e-mail로 보내 본다.	• 작성된 웹 문서를 e-mail로 직접 보내 본다.		• 문법적 사항보다는 전체의 흐름 이해에 목적을 맞춘다.	

정리	개념화 및 형성평가	• 웹 문서를 만들면서 사용되었던 태그의 명령을 다시 한 번 정리한다.	• 문답형식으로 확인을해본다.	5분	• 학생들이 정확하게 이해했는지 확인한다.	• 형성평가
	차시예고	• 직접 웹 문서를 작성해 보고 선생님에게 e-mail을 보내기 바랍니다. 그리고 다음 시간에는 홈페이지를 작성하면서 필요한 태그 명령을 배우도록 하겠습니다. 홈페이지에는 링크 명령이 있는데, 어떤 태그 명령인지 찾아보기 바랍니다.	• 과제를 기록한다.			
	인사	• 한 시간 동안 수업에 참여해 주어서 감사합니다. 여러분께 많은 도움이 된 한 시간이었으면좋겠습니다.	• 선생님과 인사한다.			

형성평가

1. 그림 및 음악 삽입 태그에 대하여 설명해 보아라.
2. e-mail을 웹 문서로 보낼 때 유의할 점은 무엇인가?

⑦ 학습자료

• 웹 문서에 음악 넣기

〈bgsound src="음악주소"〉

주로 홈페이지의 배경음악을 넣는 데 사용하는 태그입니다. mid 파일을 주로 사용하고요, wav 파일이나 mp3 파일도 되지만 bgsound 태그는 일단 음악파일을 모두 다운로드받은 다음 재생시키기 때문에 mp3나 wav는 시간이 오래 걸린답니다.

〈embed src="음악주소"〉

bgsound 태그가 익스플로러 전용으로 만들어진 것이라면, embed 태그는 넷스케이프에서 음악을 재생시킬 수 있도록 만들어진 태그입니다. 그런데 요즘은 익스플로러와 넷스케이프 양쪽 다 잘된답니다. embed 태그의 특징은 bgsound 태그와는 달리, 파일을 모두 다운로드받은 다음에 재생하는 것이 아니라 다운로드와 동시에 실시간으로 재생시켜 준다는 것이죠.

- 속성

autostart=true/false	true의 경우 로딩되자마자 자동실행되고 false의 경우 그 반대입니다.
hidden=true/false	음악조절판이 true의 경우 보이지 않고 반대로 false의 경우 보이게 됩니다.
loop=true/false	true일 경우 계속 반복, false일 경우 한 번만 반복합니다.
width=수치 height=수치	음악조절판의 좌우 높이 조절을 하는 옵션입니다.

• 웹 문서에 그림 넣기

- 배경그림 넣기

〈body background="이미지 주소"〉

배경그림을 넣을 때 위와 같은 태그를 사용할 수 있습니다.

- 이미지 태그

〈img src="이미지 주소"〉

이미지 태그는 웹 제작에 가장 기본적인 태그입니다.

- 속성

width="수치"	넣은 수치만큼 이미지의 가로 너비를 조정해 주는 속성입니다.
height="수치"	넣은 수치만큼 이미지의 세로 높이를 조정해 주는 속성입니다.
hspace="수치"	이미지의 가로 간격(공간)을 주는 속성입니다. 여기서 간격이란 하나의 이미지와 글자 사이의 너비를 말합니다.
vspace="수치"	이미지의 세로 간격(공간)을 주는 속성입니다.
border="수치"	이미지의 테두리 두께를 나타내 줍니다. border = "0" 일 경우에는 테두리가 나타나지 않고 1부터 테두리가 나타납니다.

(2) 체육과 학습지도안

① 단원명

- 대단원: 육상
- 중단원: 장애물달리기
- 소단원: 허들 넘기

② 대상

- 중 · 고등학생

③ 단원의 설정 이유

- 신체적으로 급속한 성장과 정서적 불안정의 특징을 지니는 학생들에게 육상활동을 시킴으로써 신체적 조화와 발달과 운동기능 향상 및 정서 순화에 도움을 줄 수 있다.
- 육상의 실천을 통해서 순발력 · 민첩성 · 근력 · 유연성 · 지구력 등의 발달을 꾀하며, 또 그 결과로 얻어지는 정신적인 건강의 문제까지 해결함으로써 자신감 · 창조성 · 책임감 · 인내심 · 협동성 · 진취성 · 판단력 등의 사회적 태도를 함양하여 현대사회가 체육교과에 요구하는 바람직한 인간상으로 만들어 갈 수 있다.

• 육상의 특성과 효과를 정확하게 익히고 실시하여 신체적인 지각, 운동능력을 기름으로써 다른 운동활동을 실시하는 데 보다 효과적이고 능률적으로 자신의 신체를 조정할 수 있고, 운동을 수행할 수 있다.

④ 단원의 학습목표

• 허들 넘기의 요소를 열거, 설명할 수 있다.
• 올바른 스탠딩 출발법으로 출발할 수 있다.
• 허들 넘기에 앞서 걸음 수를 조절할 수 있다.
• 허들 앞에서 도약하여 넘을 수 있다.
• 공중자세 시 올바른 팔과 다리의 자세를 취할 수 있다.
• 올바른 착지자세를 취할 수 있다.
• 올바른 허들 넘기를 할 수 있다.
• 경기규칙과 심판법을 숙지하여 육상 운동경기를 관전할 수 있다.

⑤ 학습과제 분석

• 허들 넘기 이론: ⓐ 출발, ⓑ 걸음 수 조절, ⓒ 도약, ⓓ 자세, ⓔ 착지
• 허들 넘기 실기: ⓐ 스탠딩 출발, ⓑ 허들 앞 걸음 수 조절, ⓒ 허들 앞 도약, ⓓ 공중자세, ⓔ 자세의 유지, ⓕ 착지법, ⓖ 허들 넘기

⑥ 본시 학습과정안(학습지도안)

<table>
<tr><th rowspan="2">단계</th><th rowspan="2">학습내용</th><th colspan="2">교수-학습활동</th><th rowspan="2">시간(분)</th><th rowspan="2">학습자료 매체 및 방법</th></tr>
<tr><th>교 사</th><th>학 생</th></tr>
<tr><td rowspan="5">도입</td><td>새로운 학습 내용 제시</td><td>• 히들경기 필름 보여 주기 (동기유발)</td><td>• 필름 보기</td><td rowspan="5">5분</td><td rowspan="5">• 괘도
• 필름
• 슬라이드</td></tr>
<tr><td rowspan="2">학습목표 제시</td><td colspan="2">학습목표</td></tr>
<tr><td colspan="2">1. 허들 넘기의 요소를 열거, 설명할 수 있다.
2. 올바른 스탠딩 출발법으로 출발할 수 있다.
3. 허들 넘기에 앞서 걸음 수를 조절할 수 있다.
4. 허들 앞에서 도약하여 넘을 수 있다.
5. 공중자세 시 올바른 팔과 다리의 자세를 취할 수 있다.
6. 올바른 착지자세를 취할 수 있다.
7. 올바른 허들 넘기를 할 수 있다.
8. 경기규칙과 심판법을 숙지하여 육상 운동경기를 관전할 수 있다.</td></tr>
<tr><td>실습 시 주의사항 지시</td><td>• 운동 시 사고 설명</td><td>• 주의사항 경청</td></tr>
<tr><td>몸풀기체조 실시</td><td>• 몸풀기운동</td><td>• 체조 실시</td></tr>
<tr><td>전개</td><td>허들 넘기 출발법

걸음 수의 조절

허들 앞 도약 (90㎝)

자세의 유지: 도약시 각 다리 90도 유지</td><td>• 내용별 학습목표 제시

• 학습내용 제시

• 질의
(허들 앞 도약 위치는?, 도약 시 팔과 다리의 자세는? 등)</td><td>• 내용별 학습목표의 인식

• 교사의 설명 경청

• 질문법

• 지식 습득(검토)</td><td></td><td>• 괘도
• 설명식</td></tr>
</table>

<table>
<tr><td rowspan="3">전
개</td><td>공중자세 시 다리의 위치, 착지방법 및 착지 시 자세</td><td>• 착지 시 다리의 위치는?</td><td>• 습득된 지식을 말한다(응답).</td><td rowspan="3">33분</td><td rowspan="3">• 각 조별 허들 1개
• 시범과 모방
• 조별 연습
• 연습</td></tr>
<tr><td>허들 넘기 조별 연습</td><td>• 허들 넘기 시범
• 조 구성(조장 결정 및 연습위치 지정)
• 각 조별 순회 지도(적용)</td><td>• 시범을 본다.
• 이해를 위한 질의(이해)
• 조별로 3~5회 정도 허들 넘기 실시(적용)
• 조별 연습</td></tr>
<tr><td>허들 넘기 전체 연습</td><td>• 자세 최종 시범(요약)
• 2~3회 전체 연습 지도</td><td>• 시범을 통한 자세의 교정
• 순서에 따라 연습</td></tr>
<tr><td rowspan="5">정
리
및
평
가</td><td>전체 내용 확인 및 요점정리
연습 시 애로점 확인</td><td>• 전체 내용 요약</td><td>• 전체 내용 정리</td><td rowspan="5">7분</td><td rowspan="5">• 괘도
• 설명식
• 질문법</td></tr>
<tr><td>형성평가</td><td>• 질의 및 평가</td><td>• 응답 및 지명된 조 허들 넘기 실시</td></tr>
<tr><td>정리운동</td><td>• 몸풀기운동</td><td>• 체조 실시</td></tr>
<tr><td>운동기구 정리</td><td>• 운동기구 정리 지도</td><td>• 운동기구 정리</td></tr>
<tr><td>차시예고</td><td>• 다음 시간에는 '이어 달리기'를 하겠습니다.</td><td>• 경청한다.</td></tr>
</table>

(3) 미술과 학습지도안

① 단원명

• 제5단원: 공예

② 대상

• 중학교 3학년

③ 교재

• 교과서명: 중학교 3학년 미술
• 저자 및 출판사: 김병종, 전상철, 고만석(삼화출판사)

④ 단원의 설정 이유

• 미술을 통해서 아름다움을 창조하고 자신의 느낌을 표현할 수 있다. 공예는 이러한 미술의 특징에 실용적인 면이 더 추가된다.
• 공예에 대해서 배워 봄으로써 실생활에 쓰이는 물건을 만드는 기법을 익히고 아름다움을 표현하는 능력을 기른다.
• 전통공예의 한 부분인 한지공예에 대해서 집중적으로 배워 봄으로써 잊혀져 가는 전통미의 아름다움을 알게 해 준다.
• 이를 현재생활에 응용할 수 있도록 한다.

⑤ 단원의 학습목표(교사관 포함)

• 본 단원을 통해서 학생들에게 공예의 정의, 그리고 공예의 한 종류인 한지공예에 대해서 설명한다.
• 실생활에 사용되는 한지 공예품을 알아보고 만드는 법을 설명한다.
• 한지공예의 한 종류인 사각상자를 만드는 법을 지도하고 만들어 본다.
• 사각상자를 만들어 봄으로써 생활용품을 만들어 쓰는 재미와 가치를 인식시킨다.
• 공예란 실생활에 쓰이는 일용품이나 장식품을 직접 손으로 만드는 것을 의미한다.

- 오늘날에는 공예품을 쉽게 구입할 수 있기에, 직접 만들어 쓰는 경우가 많지 않다. 공예품을 직접 만들어 봄으로써 만들어 쓰는 재미와 가치를 인식한다.
- 전통공예의 한 종류인 한지공예를 공부하고 만들어 봄으로써 잊혀져 가는 한지공예의 아름다움을 감상하고 이를 계승한다.

⑥ **본시의 학습목표**

- 공예의 뜻과 종류를 안다.
- 한지공예의 특성과 종류를 알고 공예품을 감상한다.
- 한지를 이용하여 실용적이고 아름다운 생활용품을 만들 수 있다.

⑦ **본시 학습과정안**(학습지도안)

단계	학습내용	교수-학습활동		시간(분)	유의점	학습자료
		교 사	학 생			
도입	인사	• 인사를 한다. 안녕하세요, 여러분. 즐거운 미술시간입니다.		5분	• 밝은 웃음으로	
	출석 점검	• 출석을 점검한다.				• 출석부
	전시학습 확인	• 전시학습을 확인한다. 1. 색의 3요소 색상: 다른 색과 구별되는 그 색 고유의 성질 명도: 색의 밝고 어두운 정도 채도: 색의 맑고 탁한 정도 2. 보색관계 색상환에서 서로 마주 보는 두 색의 관계	• 색의 3요소를 알아야 한다. • 보색관계의 의미를 알고 예를 들 수 있어야 한다.		• 질문형식으로 해서 학생들이 복습을 하였는지 알아본다.	• 파워포인트

도입	학습목표 제시	1. 공예의 뜻과 종류를 안다. 2. 한지공예의 특성과 종류를 알고 공예품을 감상한다. 3. 한지를 이용하여 실용적이고 아름다운 생활용품을 만들 수 있다.	• 학습목표대로 성취하도록 한다.		• 목표대로 성취한다.	• 판서
전개	동기유발	• 오늘 배울 내용을 살펴봄으로써 동기를 유발한다.				• 파워포인트
	공예이론	1. 공예의 뜻 실생활에 쓰이는 일용품이나 장식품을 직접 손으로 만드는 것이다. 2. 조건 실용적이고 아름답게 만든다. 값싸고 질 좋은 재료로 견고하게 만든다. 3. 공예의 종류 금속공예, 염색공예, 도자기공예, 한지공예 4. 한지공예 (1) 한지공예의 특성 ① 내구성 ② 가볍고 부드러운 성질 ③ 친근한 자연 그대로의 빛깔 ④ 물들였을 때 다양한 색상의 변화 ⑤ 쉽게 다룰 수 있는 재질적 특성 ⑥ 재생성 ⑦ 풀먹임으로 충해와 습해 방지	• 내용을 이해한다.	30분	• 내용을 설명하면서 학생들이 잘 이해하고 있는지 알아본다.	• 파워포인트

전개		(2) 한지공예의 종류 ① 지승공예: 종이를 꼬아서 만듦 ② 지호공예: 창호지를 점토화 ③ 지장공예: 여러 가지 색지로 만듦				
	공예작품 감상	• 공예작품을 감상한다.	• 작품 감상		• 집중한다.	• 파워포인트
	실기	• 사각상자 만들기 • 준비물: 하드보드지, 한지, 칼, 자, 테이프, 풀 • 만드는 순서 1. 높이와 크기에 유의하여 전개도를 그린다. 2. 자를 대고 칼로 자른다. 3. 테이프로 붙여서 형태를 만든다. 4. 겉면에 준비한 한지를 붙이고 꾸민다.	• 사각상자를 만든다.		• 만드는 법을잘설명한다. • 잘 만들고 있는지 확인한다. • 못하면 도와준다.	• 만들기 준비물
	음악 들려주기				• Sailing in silence, Yurki Kuramoto	• CD 재생기 • CD
정리	작품 감상	• 학생들의 완성된 작품 감상	• 완성작품 감상		• 칭찬과 지적	
	형성평가	• 문제를 풀게 한다.	• 문제 풀기			
	차시예고	• 다음 시간에 정물화 밑그림 그릴 준비를 해오세요. • 준비물: 스케치북, 연필, 지우개	• 메모	5분	• 메모를 시킨다.	
	인사	• 수고하셨습니다. 다음 시간 준비를 위해서 책상 위를 깨끗이 정돈합시다.	• 반장인사			

형성평가

〈주관식〉

1. 공예의 뜻은 무엇인가?

〈객관식〉

1. 공예의 종류에 속하지 않는 것은?

① 한지공예 ② 금속공예

③ 도자기공예 ④ 염색공예

⑤ 보고 그리기

(4) 가정과 학습지도안

① 단원명

• 할 수 있어요: 땅콩쿠키 만들기

② 대상

• 고등학교 2학년

③ 교재

• 교과서명: 제과이론 교과서
• 저자 및 출판사: 한국제과고등기술학교

④ 단원의 설정 이유

• 국가경제가 발전하고 고도 산업사회가 도래함에 따라 식생활 향상과 더불어 식생활이 국제화되는 경향을 보인다. 더욱이 요즘은 바쁘고 선호기준이 변화하여 제과점에서 쉽게 아침대용으로 빵 등의 밀가루식품을 많이 선호하게 된다. 그렇기에 쿠키나 빵을 만드는

것을 학습함으로써 집에서 만들어 먹을 수 있는 간단한 방법을 익힐 수 있으며, 재료의 기능과 조리기구들의 사용법도 더불어 알고자 이 단원을 선택하였다.

⑤ 단원의 학습목표

- 쿠키의 전반적인 내용을 이해하고 쿠키를 만들어 봄으로써 제과의 기본을 알게 한다. 집에서도 간식거리를 직접 만들어 먹을 수 있으며, 학생들이 자신의 적성을 발견할 수 있는 기회로 삼는다.
- 적극적이지 못한 학생들도 모두 참여할 수 있도록 기회를 준다. 완성된 작품을 보고 성취감을 느낄 수 있게 한다. 조리에 들어가는 재료의 쓰임을 알 수 있다.

⑥ 교수-학습활동 시간계획

차 시	학습목표	학습자료	배당시간	비 고
1차시	• 제과에 필요한 재료와 기능을 총체적으로 학습한다. • 쿠키를 만드는 데 필요한 재료의 기능과 종류를 알 수 있다.	교과서 실물자료	50분	(이론)
2차시	• 재료의 역할과 기능을 정확히 알고 사용할 수 있다. • 재료를 정확히 계량할 수 있다. • 조리기구를 정확히 이용할 수 있다. • 완성품을 평가할 수 있다 • 가정에서도 손쉽게 쿠키를 만들 수 있다.	칠판 교재 조리기구	50분	본시 (실습)
3차시	• 식빵을 만드는 데 필요한 재료의 기능과 종류를 알 수 있다.	교과서 실물자료	50분	(이론)

⑦ 본시의 학습목표

- 재료의 역할과 기능을 정확히 알고 사용할 수 있다.
- 재료를 정확히 계량할 수 있다.
- 조리기구를 정확히 이용할 수 있다.
- 완성품을 평가할 수 있다.
- 가정에서도 손쉽게 쿠키를 만들 수 있다.

⑧ 본시 학습과정안(학습지도안)

단계	학습내용	교수-학습활동		유의점	시간(분)	학습자료
		교사	학생			
도입	인사	• 여러분 안녕하세요? 반갑습니다! 오늘은 우리가 쉽게 만들어 먹을 수 있는 쿠키를 만들어 보겠습니다.	• 아이들도 인사한다.	• 수업결손을 방지하기 위해 조리기구와 재료를 확인한다.		• 교재
	출석 점검	• 출석을 점검한다.				• 출석부
	조리기구와 재료 확인	• 조리기구와 재료를 확인한다.				
	전시학습	• 밀가루, 설탕, 버터, 계란, 우유, 물, 소금, 향신료의 기능과 종류를 확인한다.		• 실습분위기 조성	5분	
	학습목표 제시	• 재료의 역할과 기능을 정확히 알고 사용할 수 있다. • 재료를 정확히 계량할 수 있다. • 조리기구를 정확히 이용할 수 있다. • 완성품을 평가할 수 있다. • 가정에서도 손쉽게 쿠키를 만들 수 있다.	• 수업에 기대를 가질 것이다.			

전개	학습과제 인식	• 재료의 유무와 중량 확인		• 모든 학생이 참여할 수 있도록 유도한다.	40분	• 교재
	실습 할 수 있어요 땅콩쿠키	1. bowl에 유지(버터)를 넣고 거품기로 크림화 되도록 힘차게 저어 준다. 2. 설탕, 소금을 넣고 다시 힘차게 저어 준다. 3. 계란을 소량씩(세 번으로 나누어서: 크림법) 넣으면서 저어 준다. 4. 체에 친 밀가루를 넣고 살짝 섞어 준다. 5. 따뜻한 우유를 넣고 섞이 준다. 6. 짤주머니에 반죽을 넣는다. 7. 기름으로 닦아 놓은 팬에 소량씩 간격에 맞추어 짠다. 8. 땅콩을 골고루 뿌린다. 9. 180~210℃의 오븐에 연한 갈색이 되도록 구워 낸다. 10. 식혀서 평가할 수 있도록 그릇에 담는다.	• 학습과제인 땅콩쿠키 만들기를 이해한다. • 교사의 시범을 보고 실습내용을 이해하고 실습한다.	• 재료가 남거나 낭비되지 않도록 주의한다. • 순서에 맞추이 실습하게 한다. • 오븐의 사용법을 잘 알고 사용하게 한다. • 쿠키가 타지 않고 알맞게 익도록 한다.		
정리	학습목표 확인	• 학생들에게 쿠키의 전반적인 내용을 숙지했는지 확인한다.			5분	• 완성품
	쿠키 평가	• 학생들이 만든 작품을 평가하고 피드백을 준다.	• 학생들이 자신이 만든 것을 평가하고, 다른 조와 비교해 본다.	• 쿠키 모양, 맛, 색깔		

정리	차시예고	• 다음 시간 학습내용과 준비물을 안내(제빵이론)한다.	• 다음 시간을 기대한다.	• 마무리 확인 (설거지)		
	인사	• 여러분, 오늘 쿠키를 만든 시간 재미있었습니까? 다음 시간에는 제빵의 기본인 식빵의 각 재료의 기능과 역할을 공부해 보도록 하겠습니다. 다음 시간에 봅시다.	• 선생님께 인사한다.	• 다음 시간 준비물 예고		

형성평가

1. 땅콩쿠키 반죽법은?

2. 쿠키를 굽는 온도는?

3. 계란을 소량씩 넣는 이유는?

〈땅콩쿠키 재료 및 준비물〉

1. 재료 및 분량: 박력분(500g), 설탕(500g), 소금(4g), 버터(250g), 계란 3개(180g), 우유(120g), 땅콩(100g)
2. 조리기구: bowl, 거품기, 체, 짤주머니, 팬, 오븐, 주걱

(5) 음악과 학습지도안

① **단원명**

- 대단원: 감상
- 소단원: 모음곡 〈동물의 사육제〉 감상

② 대상

• 중학교 1학년

③ 단원의 설정 이유

• 본 단원은 음악의 체험을 통한 미적 감각을 길러 주며 정서를 순화시키고 학생들의 감성을 계발시켜 주는 데 적절하여, 정신적 및 육체적 변화가 매우 빠르고 자기를 표현하려고 하는 욕구가 강한 중학교 1학년에게 적합하다.
• 중학생들은 점차 음악에 대한 관심이 생기고 음악의 아름다움을 체득하는 단계이므로, 본 단원은 순음악보다는 이해가 쉬운 표제음악을 통해 음악성을 계발시키는 데 큰 도움을 줄 수 있을 것이다.
• 현대의 다양하고 급격한 변화에 의한 성장기 학생들의 정서적 불안을 감소시키고, 심리적인 안정을 얻게 하며, 생활 속에서의 음악 듣기로 음악을 즐길 수 있는 능력을 기르고, 이를 통하여 원만한 사회인으로 성장하는 데 도움을 줄 수 있을 것이다.

④ 단원의 학습목표

• 사육제의 뜻을 설명할 수 있다.
• 모음곡의 뜻을 설명할 수 있다.
• 감상곡에 나오는 여러 종류의 리듬을 칠 수 있다.
• 악기의 음조를 구별할 수 있다.
• 악기의 음색, 리듬, 빠르기, 셈여림 등에 따라 그 표현내용을 말할 수 있다.
• 선율의 아름다움을 느낄 수 있다.
• 음악을 조용히 듣는 태도를 가질 수 있다.
• 음악감상 및 문화공연장 이용 시의 예절을 습득할 수 있다.

⑤ 학습과제 분석

• 대단원: 감상
  – 바로크 시대: 바흐, 헨델, 하이든, 베토벤
  – 낭만파 시대: 슈베르트, 요한 슈트라우스, 생상스
  – 근대 및 현대: 브리튼

• 소단원
  – 모음곡 〈동물의 사육제〉: 사육제의 뜻, 모음곡의 뜻
  – 감상: 악기의 리듬 치기, 악기의 음조 구별, 악기의 음색, 빠르기, 셈여림의 표현, 선율의 아름다움 느끼기, 감상태도

⑥ 본시 학습과정안(학습지도안)

단계	학습내용	교수-학습활동		시간(분)	학습자료 매체 및 방법
		교사	학생		
도입	전시학습 확인 생상스에 대하여 제1곡, 2곡, 4곡 계이름	• 생상스를 설명하시오(지휘에 따라 계이름으로 부르시오.). • 동기유발	• 응답(생상스에 대해서 응답, 계이름으로 부른다.)	5분	• 교과서 • 녹음기 • 녹음테이프
	단원 및 학습내용 제시	• 이번 시간에는 모음곡 〈동물의 사육제〉를 감상합니다.	• 경청 또는 받아쓰기		
	학습목표 제시	• 사육제의 뜻을 설명할 수 있다. • 모음곡의 뜻을 설명할 수 있다. • 감상곡에 나오는 여러 종류의 리듬을 칠 수 있다. • 악기의 음조를 구별할 수 있다. • 악기의 음색, 리듬, 빠르기, 셈여림 등에 따라 그 표현내용을 말할 수 있다.			

		• 선율의 아름다움을 느낄 수 있다. • 음악을 조용히 듣는 태도를 가질 수 있다. • 음악감상 및 문화공연장 이용 시의 예절을 습득할 수 있다.			
	음악감상 시 주의사항	• 음악감상 시 주의사항 전달	• 경청한다.		
전개	음악감상 시 유의점 제시	• 끝까지 주의 깊게 듣는다. • 제목에 맞는 분위기를 상상한다. • 여러 동물을 표현한 악기의 음색, 리듬, 셈여림 등의 관계를 살핀다. • 반복되는 리듬을 외운다.	• 내용별 학습 목표를 인식한다.	33분	• 교과서 • 판서 • 녹음기 (CD재생기) • 녹음 테이프 (CD)
	대표적인 현악기와 목관악기의 음색, 리듬	• 바이올린 • 첼로 • 클라리넷 • 플루트	• 설명을 조용히 듣는다.		• 설명식
	감상곡 들려주기 및 설명 • 제6곡 • 제7곡 • 제8곡 • 제9곡 • 제10곡 • 제11곡 • 제12곡 • 제13곡 • 제14곡	• 제6곡: 캥거루의 뛰는 모습을 꾸밈으로 나타낸다. • 제7곡: 부드러운 선율로 평화로움을 표현한다. • 각 악기의 리듬을 쳐 보자. • 제8곡: 새 우는 소리를 바이올린으로 묘사한다. • 제9곡: 뻐꾸기 우는 소리를 클라리넷으로 나타낸다.	• 경청 또는 필기 • 악기의 소리에 따라 리듬을 쳐 본다.		• 교과서 • 유인물 • 또는 OHP • 녹음기 (CD재생기) • 녹음테이프 (CD)

		• 제10곡: 플루트와 합주로 많은 새들을 나타낸다. • 제11곡: 단순한 음계의 반복으로 피아니스트가 실력 없음을 나타낸다. • 제12곡: 실로폰으로 죽음의 무도를 나타낸다(프랑스 민요도 나온다.). • 제13곡: 첼로의 아름다운 선율로 백조의 모습을 나타낸다. • 제14곡: 모든 동물이 차례로 나와 본격적인 사육제를 이루며 끝난다.			
		• 각 악기의 음색을 느껴 보자.	• 악기의 음색을 느낀다.		
전		• 각 악기의 음조를 구별해 보자.	• 각 악기의 음조를 구별한다.	33분	
개	감상 제6곡~제14곡 동물그림 보여 주기	• 감상곡을 곡별로 설명하시오. • 9개 곡을 틀어 준다. • 동물그림을 보여 준다.	• 각 곡이 뜻하는 바를 발표한다. • 동물 그림을 보며 주의 깊게 듣는다. • 동물의 동작과 곡의 리듬, 음색의 관계를 살핀다. • 선율의 아름다움을 느끼려는 태도를 갖는다.		• 설명식 • 질문식

전 개	감상 • 대표곡 제13곡	• 대표적인 제13곡을 한 번 더 들려준다. • 제13곡의 멜로디를 외워 보도록 한다.	• 조용히 들으면서 감상한다. • 멜로디를 외워 노래한다.		• 녹음기 (CD 재생기) • 녹음테이프 (CD)
	감상소감 요령	• 제13곡: 첼로의 부드러운 선율이 잔잔한 호숫가에서 평화로이 떠다니는 백조의 아름다운 모습을 연상하게 한다.	• 감상소감을 적는다.		
	감상소감 발표	• 2～3명 지명하여 느낀 점을 발표하도록 한다.	• 감상 후 느낀 점을 발표한다.		
정 리 및 평 가	전체 내용 확인 및 요점 정리	• 전체 내용 요약		7분	
	평가 및 의의	• 질의 및 평가 - 다음 멜로디를 연주한 악기는? - 이 곡은 어떤 동물을 묘사했는가? - 다음 곡은 제 몇 곡에 해당하는가? • 의미 전달 오늘 감상은 여러 동물을 재미있게 표현한 음악이어			

정리 및 평가		서 이해도 쉽고 흥미도 있었습니다. 앞으로 좋은 음악을 자주 들어 정서를 풍부하게 하며 즐거운 생활을 꾸려 나가도록 노력합시다.			
	차시예고	• 다음 시간에는 현제명 작곡 〈고향 생각〉을 공부하겠습니다.	• 경청한다.		

제12장

실기지도의 교수매체

1. 컴퓨터 활용매체

날로 발전하는 컴퓨터와 그에 관련된 각종 테크놀로지는 교육에 엄청난 영향을 주고 있다. 컴퓨터가 최초로 만들어진 것이 1820년대였으며 그 성능이 오늘날의 계산기 수준이었음을 생각해 보면, 겨우 200년도 지나지 않은 현재 컴퓨터의 발전속도와 그 영향력은 실로 엄청나다고 볼 수 있다. 최근 떠오르고 있는 컴퓨터와 주변기기, 그리고 운영체제의 발달과 교육용 소프트웨어의 발달은 교육현장의 모습을 바꾸려 하고 있으며, 심지어는 교육의 근간이 되어 왔던 보수적인 그 어떤 본질에까지 영향력을 미치려 하고 있다. 따라서 교사는 컴퓨터의 교육적 장점과 한계를 잘 이해하고 교수-학습의 효율성은 기하되, 교육의 근간이 되고 있는 교육의 본질 영역은 흔들림 없이 잘 지켜 나간다는 의식이 필요하다.

1) 컴퓨터를 이용한 수업

컴퓨터를 이용한 수업은 보통 컴퓨터 보조수업(Computer Assisted Instruction 또는 Computer Aided Instruction: CAI)이라고 부르며, 그 유형에는 반복연습형(drill and practice mode), 개별 교수형(tutorial mode), 모의실험형(simulational mode), 교수 게임형(game mode) 등 여러 가지가 있다.

(1) 반복연습형

CAI 중 가장 많이 사용되는 양식으로, 이미 습득한 지식이나 기능을 반복연습하여 정규수업을 보충하고 강화하기 위한 목적으로 사용된다. 예를 들면, 수학에서의 연산이나 외국어학습의 단어 익히기, 발음연습 등에 적합하고 컴퓨터의 자판을 익히기 위해 타자연습을 하는 프로그램 등이 여기에 해당된다.

(2) 개별교수형

특정 영역에 관한 새로운 정보를 가르치고, 확인하고, 강화해 줌으로써 학습자가 독자적으로 학습할 수 있도록 짜여진 프로그램이다. 교수-학습에 관련된 모든 정보가 단위수업 내에 들어 있게 되므로 정규학습의 보충·심화과정이라기보다는 정규학습 그 자체라고 할 수 있다.

(3) 모의실험형

시간적·공간적·경제적 제한으로 실제 조작해 볼 수 없는 상황을 컴퓨터로 모의하여 실제와 유사한 경험을 갖도록 하는 것을 말한다. 실제로 실험해 보기에는 너무 많은 비용과 위험이 따르는 화학실험이나 관찰하고자 하는 변화가 장시간에 걸쳐 일어날 때, 실제와 유사한 상황을 제시하면 학습자는 능률적으로 원리나 작동절차, 변화과정 등을 배우게 되고 파지나 전이력, 상황에 대한 통찰력을 높일 수 있다(권성호, 1998).

(4) 교수 게임형

모의실험형과 프로그램 구조가 유사하나, 분명한 일련의 규칙에 따라 진행되어 최종적으로 승자와 패자가 나타나기 때문에 게임으로 분류한다. 이 유형은 학습자를 위하여 재미있게 설계되어 있고 이미 습득한 개념, 지식, 기능 등을 게임을 통해 강화하는 고도의 동기유발적인 접근방법이므로 사실과 원리, 과정, 문제해결능력, 사회화 과정, 태도형성 등을 가르치기에 적합하다.

이와 같은 컴퓨터 보조수업의 장점은 ① 수준, 속도 등에 맞게 개별적인 수업 가능, ② 현실성 있는 경험, 반복적인 연습으로 학습자에게 흥미있는 학습경험 제공, ③ 교사와 학습자 간의 상호작용 가능, ④ 교사는 교사 본연의 업무에 집중할 수 있어 학생들에게 더 주의를 기울일 수 있으며 학생의 개별적 지도 및 상담에 더 많은 시간을 할애할 수 있다.

반면, ① 하드웨어 구입비용 고가, ② 우수한 코스웨어 부족, ③ 코스웨어 개발에 전문적인 지식, 노력, 시간, 경비가 많이 소요된다는 단점이 있다.

2) 웹기반 학습

웹기반 학습(Web Based Instruction: WBI)이란 망들의 망이라고 불리는 인터넷(international network: Inter Net)을 기반으로 교사와 학습자가 의사소통하는 형태의 학습을 의미한다. 웹을 응용한 교육방법은 크게 두 가지로 나눌 수 있다(정명화 외, 2002).

첫째, 웹을 이용하여 교육을 실시하는 방법이다. 이 경우에는 웹의 검색기를 이용하여 교사가 제시하는 학습물을 학습자가 편리한 시간에 학습하게 하는 것이다. 웹을 이용하여 원격교육을 실시하는 방법에 따르면, 교사는 잘 정리된 하이퍼미디어 코스웨어를 지정된 웹 서버에 구축하면 된다. 웹 서버에 구축되는 하이퍼미디어 코스웨어는 독립된 컴퓨터 시스템에서 작동되는 코스웨어의 제작요건과 비슷하다. 즉, 일반적으로 학습자의 학습을 위해서 하이퍼미디어를 설계할 때는 정보 찾기, 지식 습득 등의 학습의 관점이 하이퍼미디어에 의해서 최대한 보장될 수 있도록 해야 한다. 따라서 하이퍼미디어와 상호작용적으로 활동하면서 학습자가 학습을 취하기 위하여 정보를 찾는 활동이 요구되도록 학습자료를 작성하여 인터넷으로 검색되도록 하면 된다.

둘째, 교사가 웹서비스를 이용하여 직접 학생들을 지도하는 방법이다. 즉, 탐구학습의 형태로 어떤 주제를 제시하면 학습자들은 웹의 하이퍼링크된 웹서버들을 통하여 필요한 내용을 학습한다. 웹을 이용하여 교육을 실시하는 방법과 달리, 학생들이 다양한 정보에 직접 노출된다. 즉, 교사가 특정 학습의 주제를 제시하면, 탐구학습의 방법으로 학습이 이루어지며, 학습의 주제나 학습방법을 선택하는 주체 역시 학습자가 된다.

이런 교육적 효과가 우리 교육현장에서 실질적으로 나타나기 위해서는 몇 가지 선행되어야 할 것들이 있다. 그것은 하드웨어의 보급, 지도교사의 교육, 교육과정과의 연계방안 탐구, 그리고 학부모와 교사들의 교육에 대한 인식의 전환 등이다.

멀티미디어와 인터넷은 물론 최근 각종 첨단 교수방법이 학교와 학습현장에 도입되고 있는데, 이들이 가진 여러 가지 긍정적인 측면이 있으나 이에 못지않게 부정적인 문제도 발생하고 있다는 것을 간과할 수는 없다(변영계, 김광휘, 2003). 예컨대, 교사들과 학부모들이 감당해야 할 각종 재정적인 부담뿐만 아니라 교사들의 재교육에 대한 저항과 인식의 부족, 그리고 급격한 첨단화와 이에 대한 부적응에 따른 교사들의 심리적 위축도 신중하게 고려되어야 한다.

효율적인 웹 이용 교육에서 유의해야 할 사항을 살펴보면 다음과 같다.

첫째, 사용자(학습자 및 교사)들이 쓰기에 편리한 교육적인 면이 고려된 웹 검색방법이 개발되어야 한다. 특별히 정보의 비구조적 하이퍼미디어 특징 때문에 항해하는 사람이 원래 의도와는 무관한 주제로 접근하여 적절한 학습이 이루어지지 않거나, 시작점으로 돌아오지 못하는 것을 막는 등 사용자 편의성이 고려된 검색기가 사용되어야 한다. 이러한 예로는 웹맵(Web Map)과 같이 웹의 하이퍼텍스트 항해를 도식적으로 표현해 주는 검색기의 사용이 요구된다(정명화 외, 2002).

둘째, 학생들이 웹을 허용하는 데 따르는 위험과 장점을 분명히 인식해야 한다. 웹에서 제공되는 정보가 모두 정확한 것은 아니고, 더욱이 학생들에게 교육적인 해를 가져오는 비교육적인 요소가 많은 것도 사실이다. 그러므로 교사는 이러한 사실을 주지하고, 학생들에게도 웹을 이용하는 에티켓에 대한 교육을 병행하여 학습자들이 정보의 가치를 판단하고 이용하도록 해야 한다.

셋째, 사용자들이 이러한 시스템을 통하여 분명한 이득을 볼 수 있어야 한다. 새로운 정보기기나 방법을 교육현장에 도입하는 데는 여러 가지 어려움이 따른다. 사용자들이 분명한 이익을 예상하지 못한다면, 또 하나의 부담으로서 학습의 능률을 감소시킬 수 있다.

넷째, 첨단 테크놀로지를 통하여 학습자는 지식과 정보를 습득할 수 있다. 그러나 교육에서 따뜻한 인격적 매개가 부족하다면 진정한 교육의 목적에 도달할 수 없다. 따라서 교육방법을 다양하게 함은 물론이고 이런 최첨단 기기나 정보기기를 교육에 활용할 때 교사는 소홀할 수 있는 협동과 인격 함양, 학습자에 대한 따뜻한 관심과 사랑, 전인교육에 심혈을 기울여야 할 것이다.

2. 프레젠테이션 기법과 응용

1) 프레젠테이션을 하는 이유

프레젠테이션은 교수-학습에서 매우 중요한 역할을 한다. 단순히 정보 제공의 수준을 넘어 제공된 정보를 바탕으로 학습해야 하기 때문에 프레젠테이션은 학습의 효율성이라는 측면에서 매우 중요하다. 프레젠테이션의 활용 이유에 대하여 김홍자(2009)는 다음과 같이 다섯 가지로 말하고 있다.

(1) 동기부여

청중들의 무관심한 부분을 관심 영역으로 끌어들인다. 청중들이 관심을 갖지 않았던 부분을 프레젠테이션을 통해 관심을 갖게 만들어야 한다.

(2) 정보제공

청중들이 프레젠테이션을 통해 모든 것을 알게 해 주어야 한다. 이때 정보는 공신력 있고 신뢰성이 있어야 한다. 인터넷에서 그대로 옮겨온 것은 신뢰성과 창의성이 떨어지므로 자제하고, 세 번 정도 그 분야에 관한 다양한 종류의 책을 읽은 다음 발표한다.

(3) 설득

청중들이 프레젠테이션을 통해서 구체적 실천사항을 행동으로 옮기기 전에 먼저 마음속으로 뭔가를 결심하도록 만드는 것이다.

(4) 실천

청중들이 행동으로 옮기게 한다. 예를 들어, 구체적으로 "관련된 교재를 20~30분 읽고 자료를 보내 주세요. 제가 피드백해 드리겠습니다."와 같은 것이 이에 해당한다.

(5) 위안이나 오락 제공

청중들에게 단순히 재미있고 즐거움을 주기 위하여 발표한다.

2) 효과적인 프레젠테이션 전략

(1) 말하고 행동해야 한다(practice)

사람들은 읽은 것은 10%를 기억하고, 들은 것은 20%를 기억하고, 본 것은 30%를 기억하고, 듣고 본 것은 50%를 기억하고, 말한 것은 70%를 기억하고, 말하고 행동한 것은 90%를 기억한다.

(2) 필요한 사람에게 적정량의 정보를 제공해야 한다(simple)

발표자가 너무 많은 정보를 제공하려고 하다가 실패하는 경우가 많다. 물을 마시고 싶을 때 2컵만 마시면 충분한데 그 이상을 주면 거부하는 것처럼, 주어진 시간 안에 주장하고자 하는 것 세 가지만 청중의 기억에 남더라도 그 발표는 성공한 것이다.

(3) 스토리 텔러가 되어야 한다(story)

스토리 텔링(storytelling)이란 이야기와 말하는 것이 결합된 말이다. 스토리란 어떤 사건을 겪은 사람의 경험을 중심으로 한 번 걸러진 지식, 즉 알기 쉽고 느끼기 쉬운 지식을 말한다. 이야기란 전달하고자 하는 가공된 정보로서, 사건과 사물의 사실에 대한 단순한 나열이 아니라 여기에 개인적인 경험, 감정 등이 뒤섞여 만들어진 것이다. 따라서 프레젠테이션의 3요소인 내용, 전달기술, 태도가 잘 어우러져야 한다. 내용은 '무엇을 말하는가?'에 대한 대답으로 목적, 목표를 말하며, 전달기술은 '어떻게 말하는가?'에 대한 대답으로 매체, 시각적 효과, 표현기법을 말한다. 태도는 '누가 말하는가?'에 대한 대답으로 인품, 이미지 등을 말한다.

(4) 잘 정리되어야 한다(smart)

사람은 머릿속에 정보가 들어올 때 순차 탐색(serial search)으로 정보를 인출한다. 따라서 발표를 잘하려면 '구조화' 할 줄 알아야 한다. 말의 구조화란 전체를 보고 큰 맥락을 놓치지 않고 명확하고 완벽하게 말하는 것이다. 첫째와 둘째, 문제점과 해결책, 공통점과 차이점, 정의와 예시, 강점과 약점, 기회요인과 위협요인 등으로 분석할 수 있어야 한다.

(5) 호기심을 자극해야 한다(curiosity)

서론 부분에 수수께끼나 퀴즈를 내서 발표 내내 그 의문을 상기시키면서 청중들의 호기심을 유지시키다가, 맨 마지막에 이해 가능한 결말을 제시함으로써 깨달음을 느낄 수 있도록 한다.

3) 프레젠테이션 4단계

(1) 1단계

① 청중을 분석한다: 몇 명이 참석하는지, 남자와 여자의 구성비율은 어느 정도인지를 미리 파악한다.

② 목적을 파악한다: 설득을 위한 것인지, 정보를 제공하기 위한 것인지의 여부를 알아야 한다.

③ 장소를 파악한다: 음향 스피커는 좋은지, 조명과 장소는 청결한지를 파악한다.

(2) 2단계

① 무엇을 넣고 무엇을 뺄 것인가? 스토리 라인을 설계한다.

② 어떤 순서로 보여 줄 것인가?: 핵심 메시지를 먼저 보여 주고, 그다음 소결론을 보여 준 후, 그것에 관한 내용설명을 한다(핵심 메시지 → 소결론 → 증거/내용/증거).

③ 논리적 빈틈을 어떻게 채울까?: 논리적 비약, 중복, 충돌을 피한다.

④ 서론의 조건

- 청중의 관심과 흥미를 유발시킬 수 있어야 한다.
- 자연스럽게 이야기의 주제를 도입해야 한다.
- 좋은 분위기를 조성할 수 있어야 한다.
- 내용을 적절히 예고해야 한다.

⑤ 서론의 기법

- 관심 끌기 기법: 깜짝쇼, 긴장 유발, 시각자료 소개, 이야기
- 청중과 호흡하기 기법: 수사적 질문, 퀴즈식 질문, 의견 개진 질문
- 인용기법: 속담, 고사성어, 다른 사람이 남긴 말, 유명한 사람의 명언, 유머 등

⑥ 내용 구성: 제목을 정한 다음 청중들이 이해하기 쉽고, 흥미 있으며, 일목요연하게 내용을 만든다. 내용구성의 세 가지 방법은 첫째, 항상 전체상황을 파악하고 있을 것, 둘째, 잊어버리지 않도록 모두 써 둘 것, 셋째, 우선순위를 매겨서 확정할 것이다.

(3) 3단계

① 시각자료를 만든다. 이때 슬라이드 컬러가 형형색색이면 안 된다.

② 가장 기본적인 시각자료는 발표자의 외모, 시선 교류, 표정, 태도, 몸짓 등이다. 좋은 비수얼의 표본은 한 시각물당 한 가지 아이디어를 적고 한 줄당 6단어, 한 시각물당 6줄을 사용하는 것이 효과적이다.

(4) 4단계

① 많은 연습 후에 발표한다. 말, 눈짓, 몸짓에 신경을 쓰며 청중의 질

문에 대비한다.

② 발표에서 가장 우선되어야 하는 것은 얼마나 잘 전달되느냐일 것이다. 전달을 잘할 수 있는 조건은 정확한 발음, 적당한 목소리 크기, 적절한 속도, 간격 등으로 이들 요소를 잘 갖추어야 한다.

③ 말의 속도는 빨리 해도 되는 부분과 천천히 해야 효과가 있는 부분이 있다. 말을 빨리 해도 되는 부분은 누구나 아는 사실, 그다지 중요하지 않은 사항, 억눌리지 않은 감정, 이야기의 클라이막스다. 천천히 해야 되는 부분은 강조 내용, 다짐하는 내용, 엄숙한 사실, 억눌린 감정, 의혹을 자아내기 쉬운 사항, 숫자, 사람의 이름, 지명 등이다.

4) 오감을 자극하는 프레젠테이션 팁(조에스트, 2007)

(1) 도입부에 공을 들인다.

정시에 시작하고 참가자들이 서로 어울리게 한다. 도입부에서는 참가자들이 서로 어울리게 하여 친밀도를 형성하고 학습목적을 자연스럽게 연결할 수 있는 방법을 연구해 본다. 간단하면서도 역동적인 방법을 사용하여 프로그램의 배경과 발표 핵심과 정신을 강조한다.

① 자기소개 및 주위환기를 한다.
② 흥미 있는 이야기나 삽화를 넣는다.
③ 짧고 적합한 인용을 한다.
④ 재미있는 유머를 사용한다.
⑤ 호기심을 유발하는 최근의 사건을 인용한다.
⑥ 개인적인 경험담을 들려준다.
⑦ 청중에게 질문을 한다.

(2) 청중과 끊임없이 눈을 맞춘다.

3초의 첫인상이 그날 발표의 성패를 좌우한다.

① 무대로 나올 때는 청중기준으로 오른쪽에서 나오는 것이 효과적이다.
② 입장할 때 시선은 얼굴을 들고 어깨를 편안하게 내리고 청중들을 바라보면서 "안녕하세요? 저는 ○○입니다. 반갑습니다."라고 인사한다. 이때 시선은 맨 뒤쪽 왼쪽에서 오른쪽, 중간 왼쪽에서 오른쪽, 앞쪽 왼쪽에서 오른쪽으로 이동한다. 즉, 지그재그로 본다.
③ 발표할 때 한 사람을 계속 바라보면 청중에게 중압감을 주기 때문에 피해야 한다. 혹은 팔짱을 끼고 옆으로 청중을 보는 것도 피해야 한다. 질문할 때나 지시할 때는 고개를 약간 내리고 청중의 눈높이에서 몸을 청중 쪽으로 약간 숙인다. 그리고 청중의 얼굴 중앙의 가운데 부분 전체를 본다.
④ 항상 누군가의 눈을 보면서, 전체가 아닌 한 명 한 명에게 골고루 시선을 맞춘다.

(3) 목소리의 감성을 살려서 이야기한다.

호흡의 양을 늘려 목소리의 감성을 살린다. 이 과정에서 목의 힘을 빼고 아랫배에 힘을 주어 숨을 들이마신다. 내쉬면서 계속 소리의 양을 늘려 나간다. 거울을 보고 다음의 표현기법으로 연습량을 늘려 나간다(김홍자, 2009).

① 맥심화 기법

자신의 생각을 하나의 원칙처럼 표현하는 것으로, 예를 들어 "소비자에게 인기 있는 제품을 만들기 위해서는 우신 그들에게 무엇이 필요한지 알아야 합니다." 보다는 "소비자에게 인기 있는 제품을 만들기 위해서는 그들에게 무엇이 필요한지 알아야 한다는 데 이견이 있을 수 없습니다."

라고 한다.

② 과장법

눈에 보이는 현상이나 내용에 숨어 있는 의미를 과장되게 표현함으로써 자신의 관점을 부각시키는 방법으로서, 예를 들면 "지금 우리가 당면한 문제는 인류역사상 그 누구도 겪어 보지 못한 심각한 문제입니다."라고 한다.

③ 약화 기법

눈에 보이는 현상이나 그 이면에 숨어 있는 의미를 지나치게 약하게 표현하여 오히려 그 의미를 강조하는 방법으로서, 예를 들면 "그녀의 허리는 개미허리다."가 있다.

④ 아이러니 기법

전달하고자 하는 의미와 정반대되는 표현을 사용하는 방법으로서, 예를 들면 멍청한 사람에게 "너는 정말 천재다." "저 친구는 정말 깨끗한 사람이야."라고 표현한다.

또한 천편일률적인 무미건조한 목소리는 자장가로서의 힘을 발휘하므로 지양해야 하며, 강조하고 싶은 부분에서 신체언어(body language)를 사용한다.

(4) 적절한 질문을 사용한다.

① 개별 질문: 말이 없거나 비참여적인 학습자를 끌어들인다.
② 전체 질문: 청중 전체의 주의를 집중시킨다.
③ 주관식 질문: 청중이 자신의 의견을 충분히 답변하도록 하여 활발하게 만든다.

④ 객관식 질문: 청중이 특정한 사항에 대해 생각하도록 한다.
⑤ 인격모독적인 질문이나 공격적 질문은 피한다.

(5) 전체 내용을 6단계로 구성한다.

도입부 ⇨ 서론 ⇨ 본론 ⇨ 결론 ⇨ 질의응답 ⇨ 결의

발표내용을 구성할 때에는 제목을 간결하고 명확하게 작성한다. 서론부에서는 문제를 제기하거나 문제설정의 이유를 작성한다. 그리고 발표의 중요성을 언급한다. 발표하게 된 배경설명에 대하여 언급하는 것도 좋다. 본론에서는 대략 3~5개 정도의 소제목으로 나누어 각 발표내용을 함축적으로 표현하는 간략한 구조로 구성한다. 결론에서는 발표내용을 요약한다. 마지막으로 질의응답을 통해 청중이 더 알고 싶어 하는 것이나 궁금한 것을 해결해 준다(Robert, Frank, & Elroy, 1979).

제13장

교수학습의 평가

교육은 유목적적이며 학습을 극대화하기 위한 활동이다. 모든 교육활동은 모든 학습자가 설정된 목표에 도달할 수 있도록 계획하고 시도하는 과정이며, 이를 위해서 필요한 과정이 학습자들이 설정된 목표에 실제로 도달하였는지를 알아보는 교육평가활동이라고 할 수 있다.

교육평가를 보는 시각은 두 가지가 있는데, 하나는 점수를 매기고 판정하며 학생을 성공과 실패로 유목화시키는 것으로 보는 입장이며, 다른 하나는 교육평가를 교수 및 학습을 개선하고 학생의 학습에 도움을 주는 것으로 보는 입장이다.

평가는 그 준거, 즉 '어떤 기준'에 비추어 해석하는가에 따라 규준지향평가와 준거지향평가로 나누어지고, 평가의 목적에 따라 진단평가, 형성평가, 총괄평가로 구분된다. 또한 교육목표의 영역에 따라 시식평가, 기능평가, 태도평가로 구분할 수 있으며, 최근에 교육현장에서 주안점을 두고 실시되는 수행평가로 나누어 살펴볼 수 있다.

1. 규준지향평가와 준거지향평가

1) 규준지향평가

규준지향평가(norm-referenced evaluation)는 상대평가로 불리고 있으며 자료의 수집과 해석의 규준을 학습자가 속한 집단에 두는 방법으로, 집단에서의 다른 학습자들의 성적과 비교하여 상대적으로 어떤 위치에 있는지를 평가하는 방법이라고 할 수 있다.

규준지향평가의 특징을 정리하면 다음과 같다(송인섭 외, 2003).

첫째, 규준지향평가는 학습자들 간의 개인차를 잘 분별해 낼 수 있다. 또한 경쟁을 통하여 학습자들의 외현적 동기를 유발해 낼 수 있다는 점에서 유리하다.

둘째, 규준지향평가는 교수활동의 결과가 학업성취 면에서 정상분포를 가정하고 있으므로 일정 부분의 학습자는 누락하게 된다. 따라서 인간의 능력은 개발될 수 있고, 교육을 통해 인간은 발달할 수 있다는 신념을 흐리게 할 수 있다.

셋째, 학업의 성취도가 집단 내에서의 상대적 비교로 판정되므로 시험에서 얻은 학습자의 점수는 그 자체로서 독자적인 의미를 지니지 못한다.

넷째, 내재적 동기유발이 아닌 경쟁의식과 같은 외재적 동기를 유발하게 한다. 따라서 우수한 학습자나 열등한 학습자 모두 경쟁심리에서 오는 초조감, 패배감에 빠질 수 있다.

다섯째, 수업활동에서의 보완점이나 개선점을 판단하는 것보다 개인차의 변별을 중시하므로 교수-학습의 개선기능을 약화시킬 수 있다.

2) 준거지향평가

준거지향평가(criterion-referenced evaluation)는 목표지향평가 또는 일반적으로 절대평가로 불리는데, '학습자가 어느 정도의 성취를 했는가?' 라는 문제보다 '학습자가 무엇을 성취했는가?' 의 문제에 더 많은 관심을 갖는다. 여기서 말하는 '무엇' 은 '교육목표' 로서, 교사가 의도하고 설정했던 교육목표를 학습자가 얼마나 달성했는지에 관심을 갖는다. 따라서 준거지향평가는 평가의 준거를 교육을 통해 달성하고자 하는 수업목표에 두고 있으며, 교수-학습활동을 촉진 · 개선하기 위해 학습장애를 진단하고, 학습된 행동을 정착 · 심화시키며, 교수-학습방법의 개선방향을 밝혀주는 평가체제인 것이다.

준거지향평가의 특징을 정리하면 다음과 같다(송인섭 외, 2003).

첫째, 준거지향평가는 인간의 무한한 가능성과 교육의 효과에 대한 신념을 기초로 한다. 이는 교육이 효과적으로 이루어질 때 인간이 발전할 수 있고, 모든 학습자는 교육을 통해 기대했던 목표에 누구나 도달할 수 있다는 기본철학에서 출발한다. 따라서 학습자에게 효율적인 교수-학습과정이 투입된다면 대다수의 학습자들이 교수목표에 도달할 것이며, 평가결과는 대다수의 학습자가 우수할 것이라고 기대하게 된다.

둘째, 준거지향평가는 부적인 편포를 전제로 한다. 이는 학습자들 간의 상대적인 능력의 비교에 큰 의미를 두지 않고, 가능하면 모든 학습자가 학습목표에 도달하는 최고점을 획득할 수 있을 것이라고 기대한다.

셋째, 준거지향평가의 결과로 얻은 점수는 그 점수 자체로서 중요한 의미를 갖는다. 점수가 높으면 설정한 목표에 보다 가깝게 도달한 것으로 해석할 수 있다. 반면, 규준지향평가에서의 점수는 그 자체로는 의미가 없고 집단 속에 들어가야만 의미가 있다.

넷째, 준거지향평가에서는 평가하고자 했던 목표를 얼마나 제대로 평가하고 있는지가 특히 중요시되는 타당도의 개념이 강조된다. 반면, 규준지향평가에서는 개인 간의 사소한 차이를 정밀하게 구분할 수 있는지가 중요시되는 신뢰도의 개념이 강조된다.

다섯째, 준거지향평가는 학습자 간의 경쟁심을 제거하고 협동적인 학습을 가능하게 한다. 뿐만 아니라 학습자에게 보다 많은 성취감을 준다.

교사가 학습자의 수행에 대하여 평가할 때, 목표에 어느 정도 도달했는지를 규명하는 것이 중요하지만 전체 학습자 중에서 어느 정도의 위치에 있는지를 파악하는 것도 중요하다. 따라서 어떤 목적을 가지고 평가하는가에 따라 규준지향평가를 사용할 것인지, 혹은 준거지향평가를 사용할 것인지를 결정해야 한다. 선발하고 분류하기 위해서는 규준지향평가를 사용하고, 교육 효과의 확인을 통한 교육 자체의 개선이 목적인 경우에는 준거지향평가를 사용하는 것이 바람직하다.

2. 진단 · 형성 · 총괄평가

평가의 목적이 무엇인가에 따라 학습이 이루어지는 과정과 연계시켜 진단평가, 형성평가, 총괄평가로 구분된다.

1) 진단평가

학생이 어떠한 특성을 지니고 있으며 과거 학습의 정도, 준비도, 흥미, 동기상태 등 교수-학습활동이 시작되기 이전의 초기상태에 관한 진단이 교수의 효율화와 학습의 능률 향상에 중요한 역할을 한다. 진단평가(diagnosis evaluation)란 교수-학습활동이 시작되기 전에 이루어지는 평가를 일컫는다(황정규, 1998; 송인섭 외, 2001). 진단평가는 평가시점에 따라 다음 두 가지 기능을 한다.

첫째, 교수가 시작되기 전에 실시하는 진단평가는 학생이 학습을 시작하기 전에 그가 어떤 단계에 놓여 있는지를 결정한다. 이를 위한 진단은 대개 세 가지로 나누어 볼 수 있다. ① 계획된 학습단위의 목표를 성취하는 데 선행조건이 된다고 추측되는 시발행동을 학생이 소유하고 있는지를 결정하려는 것, ② 주어진 학습단위 혹은 과정의 목표를 학생이 이미 통달했는지, 그래서 보다 높은 수준의 학습 프로그램을 제공해야 하는지를 결정하려는 것, ③ 학생이 지니고 있는 특성, 예컨대 홍미, 성격, 직업, 적성, 선행학습 등에 비추어 분류하고 그에 따라 적절한 교수전략이나 교수방법의 대안을 제공하려는 것 등이다.

둘째, 교수가 진행 중일 때 실시하는 진단평가는 학생이 학습에서 나타내는 계속적인 결함의 원인을 진단한다. 형성평가도 물론 학습 도중 학습결함을 진단하는 기능을 갖고 있다. 그러나 형성평가는 학습목표와 관련해서 교수방법 및 교재 자체의 개선에 의해 학습을 개선시키려는 것인 데 반해, 진단평가는 학습자의 신체적 · 정서적 · 문화적 결함을 찾는 데 그 목적이 있다.

2) 형성평가

형성평가는 교수-학습이 진행 중일 때 이루어지는 평가다. 학습자 개인의 학습속도를 조정하고, 학습의 곤란이 무엇인지를 진단하며, 그 결과 새로운 교수-학습전략을 모색하는 데 도움을 준다. 형성평가는 다음과 같은 역할을 한다(송인섭 외, 2001).

첫째, 형성평가는 각 학생의 학습보조를 자신의 학습능력에 맞추어 나갈 수 있도록 하는 데 중요한 역할을 한다.

둘째, 형성평가의 주된 목적의 하나가 교수-학습과정의 각 단계에서 학생에게 피드백을 주고 교정해 주는 데 있다.

셋째, 형성평가를 통해 학생에게 필요한 정보는 단지 한 학습단위에서 성공했는가 혹은 실패했는가의 정보뿐 아니라, 더 나아가 만약 실패했다면 그 원인에 관한 정보를 제공해 주는 것이다.

넷째, 형성평가의 결과는 학생의 학습에 도움을 주기 위해 활용될 뿐 아니라 교사의 교수방법 개선에도 크게 이바지한다. 어떤 학습이든지 그 성과를 증진시키기 위해서는 형성평가 뒤에 어떤 방법으로든 학습에서의 곤란을 확인하고 교정해 주는 교수가 투입되어야 한다.

3) 총괄평가

총괄평가는 일련의 학습과제, 단위, 교과가 끝난 다음이나 기말, 연말에 총합적으로 교육목표의 달성 정도를 평가하는 것이다. 따라서 총괄평가는 학습을 통해서 의도하는 교육목표에 대한 종합적 성취에 관심을 가진다. 형성평가는 세분된 선행기능 및 지식을 평가하는 것이며, 총괄평가는 보다 일반화되고 광범위한 목표를 평가하는 것이다. 총괄평가의 역할을 송인섭 등(2001)은 다음과 같이 정리하였다.

첫째, 초등학교부터 대학에 이르기까지 총괄평가의 가장 중요한 용도는 학생의 성취 정도를 알기 위한 것이다. 판정의 목적은 학생의 학습 정도나 수준에 따라 학생 사이의 상대적 위치를 결정하려는 데 있다. 따라서 총괄평가의 도구는 될 수 있는 대로 각 학생의 학습 정도를 예리하게 변별할 수 있고, 학생의 개인차를 정확히 이해할 수 있어야 한다. 문항을 제작 · 선택할 때도 이 목적에 부합되도록 해야 한다.

둘째, 총괄평가를 통해 학생이 어떤 기능이나 능력, 지식을 필요한 만큼 갖추었는지 판단하는 역할을 하는 경우도 있다.

셋째, 총괄평가의 결과는 다음 학습과정의 학습에서 학생이 성공할 수 있느냐를 예언하는 데 중요한 역할을 한다. 중학교 수학성적은 곧 고등학교 대수나 미적분 성적을 예언하며, 초등학교 사회생활 성적은 중학교에서의 사회생활능력을 예언한다.

넷째, 필수적인 활용 면에서 보면 총괄평가는 학기 도중에 중간시험의 형식으로도 이루어지지만 대개의 경우 학기 말에 치르는 것이 통례다. 학년 말에 실행하는 총괄평가의 결과는 다음 학년의 수업이 시작될 때 각 학생 혹은 학급의 학생을 어느 정도 수준에서 교수해야 할 것인지를 결정하는 데 도움을 준다.

다섯째, 학생 각자의 학습진도가 어느 정도인지를 학생에게 알려 주는 것은 형성평가의 주된 목적이다. 총괄평가도 필요에 따라 이 같은 목적을 위해 활용될 수 있다.

여섯째, 집단 간의 성적결과를 비교하기 위해 총괄평가는 필수적으로 이용된다. 집단의 규모가 국제적 · 국가적인 규모의 학력수준의 비교일 때도 있고, 이보다 소규모의 지역별 성적의 비교, 학교별 성적의 비교일 경우도 있다.

지금까지 살펴본 진단평가, 형성평가, 총괄평가의 유사점과 차이점을 비교해 보면 〈표 13-1〉과 같다.

표 13-1 … **진단평가 · 형성평가 · 총괄평가의 유사점과 차이점**

구 분	진단평가	형성평가	총괄평가
기 능	• 배치: 선행기능 유무의 결정 • 학습 전 성취수준의 결정 • 교수방법의 대안에 관련된 특성에 따른 학생의 분류 • 계속적 학습곤란의 원인 결정	• 학습단위에 관련된 학생의 진보상태를 교사와 학생에게 피드백 • 학습단위의 구조에 따라 오류를 확인함으로써 교정교수방법의 대안을 제시	• 학습단위, 학기, 학년 말에 학생 성적의 판정 및 자격부여
시 간	• 학습시초: 학습시초, 학기, 학년의 시초에 배치를 위하여 • 교수 도중: 정상수업으로는 학생이 계속해서 도움을 못 받을 때	• 교수 도중	• 학습단위, 학기, 학년의 끝

평가에서의 강조점	• 지적 · 정의적 · 심리운동적 행동 • 신체적 · 환경적 · 심리적 요인	• 지적 행동	• 일반적으로 지적 행동: 교과에 따라 정의적 행동, 때때로 정의적 행동
검사도구의 형태	• 사전검사를 위한 형성 및 총괄 평가의 도구 • 표준화 학력검사 • 표준화 진단검사 • 교사제작의 평가도구(관찰 및 체크리스트 등)	• 학습목적에 맞게 특별히 고안된 형성평가 도구	• 종말 혹은 총괄평가 도구

3. 교육목표의 영역에 따른 평가

학습활동을 통해서 학습자에게 실현하고자 하는 교육목표의 영역은 크게 인지적 영역, 정의적 영역, 신체운동적 영역의 세 가지로 나누어진다.

1) 인지적 영역

지식을 평가하는 일과 관련하여 가장 널리 쓰이는 평가방법은 지필평가, 즉 시험지에 출제된 문제들을 필기구를 사용하여 응답하는 형태라고 할 수 있다. 여기서 교사는 학습계획단계에서 도달해야 할 학습목표를 정하고 그 목표에 얼마나 도달하였는지를 평가한다. 블룸(Bloom, 1956)은 지적 영역에서의 각 학습목표는 단순한 지식에서 복잡한 지식까지 다양하며, 이를 복잡성의 수준에 따라서 지식, 이해, 적용, 분석, 종합, 평가의 여섯 가지로 분류하고 있다.

인지적 영역의 검사로 흔히 쓰이고 있는 평가유형은 진위형, 선다형, 배합형, 단답형, 완성형과 같은 객관식 검사와 논문형의 주관식 검사가 있다.

진위형(true-false type) 문항은 응답자에게 진술문을 제시한 다음 그것의 진위, 정오 또는 긍정-부정에 대한 이분적인 판단을 요구하는 문항형식이다. 선다형(multiple-choice type) 문항은 한 문항에 답지를 둘 이상 마련하여 그중에서 정답을 선택하게 하는 형태로서 문항작성의 기술에 따라서 단순한 지식이나 기초능력부터 자료해석력, 판단력, 추리력 등의 고등정신기능까지 측정할 수 있다. 배합형(matching type) 문항은 선택형의 복합형식으로 문제와 답지를 많이 만들어 양쪽의 계열에서 서로 관계가 있는 것끼리 선을 그어 묶어 놓게 하거나, 좌우 또는 상하에 두 줄로 몇 개 사항을 배열하고 관계가 있는 것끼리 선을 긋게 하거나 번호를 표시하게 한다. 이것은 주로 사건과 연대, 책과 저자, 원인과 결과의 관계 등 지식, 이해를 측정하는 데 쓰인다. 단답형(short answer type) 문항은 학습자가 갖고 있는 단순 지식이나 정보를 측정하는 데 적합한 문항형태로, 문제를 의문문이나 명령문으로 제시한 다음 한두 개의 단어, 숫자, 기호, 짧은 구, 문장으로 답하도록 하는 문장형식이다. 완성형(completion type)은 문장의 일부를 비워 놓고 괄호 속에 낱말이나 어구를 기입하게 해서 그 문장을 완성시키는 형식으로, 주로 기본지식이나 기억을 측정하는 데 쓰이며 고도의 이해력이나 판단력도 잴 수 있다.

논문형 검사는 적은 수의 문제를 내고 아는 바를 써라, 설명하라, 논의하라, 요약하라, 비교하라 등의 형태로 문제가 주어지며 이에 대하여 자유롭게 기술하는 형태다. 논문형 검사는 다시 확장반응형(extended response type)과 제한반응형(restricted response type)으로 나뉜다. 확장반응형은 학습자가 주어진 질문에 거의 완전히 자유롭게 진술할 수 있다. 반면, 제한반응형은 평가자가 주어진 질문에 대한 답의 형태를 요구한다. 예를 들면, 응답내용의 분량, 서론 · 본론 · 결론의 형식을 갖출 것을 요구하거나 특별히 답지에서 강조되어야 할 문제의 요지 등을 질문에서 요구하는 경우가 많다.

2) 정의적 영역

학습장면에서, 그리고 특히 실기지도에서 학생들이 지니게 될 태도나 감정, 그리고 가치는 학습의 주요 부분이라 할 수 있다. 이 부분은 학습에서 '정의적 영역'이라 칭하고, 태도 및 가치의 학습을 다루는 수업목표를 정의적 영역에서의 '정의적 학습목표'라 부르며, 감정 · 정서 · 수용 · 거부의 정도를 중시하게 된다(오성삼 외, 2003).

정의적 영역에 해당하는 수업목표와 이에 따른 학습경험들은 내면화 정도에 따라서 수용, 반응, 가치화, 조직화, 인격화의 5단계로 나누어진다(Bloom, 1956). 그러나 태도에 속하는 영역을 평가할 때는 정확한 평가가 어렵기 때문에 다양한 평가기법을 사용해야 한다. 정의적 영역의 평가방법으로는 관찰법, 면접법, 질문지법 등이 있다.

관찰법은 가장 오래된 연구방법의 한 가지로 인간의 오감(시각, 청각, 미각, 후각, 촉각)을 통해 자료를 수집하는 방법이다. 관찰은 쉽게 할 수 있는 방법이라고 생각할 수도 있지만, 측정할 때 관찰자의 감각기관에만 의존한다는 점에서 가설을 검증하기에는 어려운 방법이기도 하다. 관찰의 종류에는 관찰자가 관찰자의 역할만 수행하는가, 관찰자와 참여자의 역할을 동시에 수행하는가에 따라 참여관찰과 비참여관찰로, 관찰을 기록하는 양식 등이 구조화되어 있는가에 따라 구조적 관찰과 비구조적 관찰로, 관찰대상에게 관찰하고 있다는 것을 알려 주는가에 따라 공개적 관찰과 비공개적 관찰로 구분할 수 있다. 실제로 관찰할 때는 한 가지 분류의 관찰방법을 사용하는 것이 아니라 여러 분류의 관찰방법들을 적절히 섞어 사용할 수 있다.

면접법은 평가자와 학생이 서로 대화를 통해서 얻고자 하는 자료나 정보를 수집하여 평가하는 방법이다. 즉, 평가자가 학생과 직접 대면하여 질문하고 학생이 대답하는 과정을 통하여 지필식 시험이나 서류만으로 알 수 없는 사항들을 알아보고 평가하는 방법이다. 면접법은 일반적 조사

목적을 위해서도 사용되지만, 특히 어떤 교육적인 사안과 관련된 대상자의 생각을 얻는 데 활용되기도 한다.

질문지법은 특정 문제나 사물에 대해 필요한 사항을 알아보기 위하여 만든 문항들을 체계적으로 조직·작성하여 평가대상자의 반응, 주로 객관적인 사실이나 주관적인 의견 및 태도 등을 파악하는 방법이다. 질문지법을 실시할 때는 질문하는 내용은 가급적 간단하고, 구체적이며, 객관적이어야 한다.

3) 신체운동적 영역

신체운동적 영역의 평가는 실기평가의 핵심적인 부분으로서 기능평가를 의미한다. 즉, 다른 평가에 비해 기능적인 면의 평가에 큰 비중을 둔다. 예를 들면, 유치원교사가 되기 위한 교육을 받고 있는 학습자들을 평가하기 위해서는 유아를 대상으로 게임을 가르치고 있는 과정을 관찰하며, 호텔관광업에 종사할 학생이 기능을 습득하였는지를 평가하기 위해서는 예약손님을 상대하는 과정을 살펴볼 수 있을 것이다. 이와는 반대로 최종 작품으로 평가하는 것이 더욱 타당할 때가 있는데, 예를 들면 배관설치, 옷감의 가공처리 등이 그러한 경우다.

신체운동적 영역의 평가는 아느냐 혹은 모르느냐를 확인하는 작업보다는 얼마나 잘하느냐에 관심을 두고 있다. 다시 말해서, 알고 있는가보다는 할 수 있는가에 초점을 둔 평가다.

이처럼 학생의 실기기능에 대한 수행과정이나 완성된 작품을 평가하기 위해 흔히 사용되는 방법으로는 체크리스트와 평정척도법을 들 수 있다. 대부분의 경우에 체크리스트는 과정을 평가하는 데 적합하고, 평정척도법은 최종 작품을 평가하는 데 적합하다.

예를 들어, 어떤 학생의 제빵기능과정을 평가하고자 할 때, 체크리스트의 한 항목은 '반죽이 부드럽게 될 때까지 젓는다.'로 표현될 것이며, 이에 대하여 '예' 또는 '아니요'에 표시하도록 되어 있을 것이다. 이와는 달리 최종 작품을 평가하는 데에는 그 결과물의 질도 중요하므로 단순하게 어떤 준거를 만족시켰는지의 여부를 평가하는 것만으로 그치는 것이 아닌 그 이상의 평가를 하기 위하여 평정척도법을 사용한다. 예를 들면 케이크가 다 만들어졌을 때, 평정척도법에 제시된 평가준거 중의 하나는 '케이크의 표면이 균일하고 고르게 되었다.'가 될 수 있으며, 이 케이크 결의 균일성은 1~5의 척도로, 즉 '균일하지 않고 덩어리가 있다.'부터 '아주 균일하고 부드럽다.'까지의 여러 단계로 평정될 수 있다.

4. 수행평가

기존의 평가는 단편적 지식이나 정보를 어느 정도 기억하고 있는지를 파악하여 학생들을 서열화시키는 방편으로 사용되었으며, 이를 위해 선다형 검사와 같은 양적인 평가가 사용될 수밖에 없었다. 그러나 이러한 양적 평가는 교육적 가치를 중시하는 교육평가의 본질적 의미를 살리기보다는 과정에 대한 고려가 전혀 없는 상태에서 학습의 결과만을 점수화시킴으로써, 학생의 고등정신기능을 향상시키기보다는 오히려 학생의 학습수준을 저하시킬 수 있다는 비판을 받아 왔다. 따라서 교수-학습과정의 질적 측면을 평가하고, 그 과정을 개선시키는 데 도움을 줌으로써 학생 개개인의 성장과 발달을 돕는 질적 평가가 필요하게 되었다. 이때 전통적 평가방식의 한계가 드러나면서 하나의 대안으로 등장한 것이 바로 수행평가(performance assessment)다.

1) 수행평가의 특징 및 의의

수행평가는 답을 선택하는 것이 아니라 답을 생산하도록 요구하는 것이기 때문에 다음과 같은 특징이 있다(백순근, 2000).

첫째, 수행평가는 학생의 지식이나 기능, 태도 등을 평가할 때 교사의 전문적인 판단에 의거하여 평가하는 방식이다. 선택형 검사의 경우에는 교사의 전문적 판단에 의존하지 않을 뿐만 아니라, 객관적이라는 이유로 교사가 행하는 채점보다는 오히려 OCR 카드나 OMR 카드 등을 사용하여 컴퓨터로 채점하는 것을 권장하기도 한다. 그러나 수행평가에서는 객관성보다는 오히려 타당성이나 적합성을 강조하기 때문에 상황과 맥락을 고려한 교사의 전문적 판단을 중요시한다.

둘째, 수행평가는 학생이 정답을 선택하게 하는 것이 아니라 자기 스스로 답을 작성하거나 행동으로 나타내도록 하는 평가방식이다. 한 가지 정답만을 선택하게 하는 평가방법으로는 학생이 그 반응을 선택하게 되는 인지과정이나 문제해결과정을 파악하기 어렵지만, 자신이 옳다고 생각하는 답을 직접 생산하게 하면(그것을 글로 쓰게 하든, 말로 하게 하든, 행동으로 하게 하든) 그 과정이나 결과를 통해 학생의 인지구조나 문제해결과정을 비교적 쉽게 파악할 수 있다.

셋째, 수행평가는 추구하고자 하는 교육목표의 달성 여부를 가능한 한 실제상황에서 파악하고자 하는 평가방식이다. 즉, 추상적인 상황에서 정답을 선택하게 하여 평가하기보다는 실제상황에서 직접 관찰할 수 있는 방식으로 평가하고자 한다.

넷째, 수행평가는 교수-학습의 결과와 교수-학습의 과정을 함께 중시하는 평가방식이다. 즉, 선언적 지식(무엇에 대해 아는 것)의 습득 수준뿐만 아니라 절차적 지식(어떻게 하는지 아는 것)의 습득 수준을 파악하는 것을 중요시한다. 이는 학생들이 아는 것뿐 아니라 아는 것을 실제로 적용할 수 있는지도 중요하기 때문이다.

다섯째, 수행평가는 학생의 학습과정을 진단하고 개별 학습을 촉진하려는 노력을 중시하는 평가방식이다. 즉, 학생의 선발 · 분류 · 배치를 위한 목적으로 사용할 수도 있지만, 학생의 지적 수준을 진단하고 학생의 이해 수준을 높이며 개별 학습을 촉진하는 데 일차적인 목적이 있다.

여섯째, 수행평가는 개개인을 단위로 해서 평가하기도 하지만 집단에 대한 평가도 중시하는 평가방식이다. 예컨대, 하나의 연구과제를 주고 팀을 이루어서 공동으로 그 과제를 해결하도록 한 후 팀을 단위로 평가하는 것이다. 따라서 수행평가는 학생 상호 간의 지나친 경쟁을 유도하는 것이 아니라 협력을 유도하며, 나아가 학생들의 사회성을 신장시키는 데도 기여할 수 있다.

일곱째, 수행평가는 단편적인 영역에 대해 일회적으로 평가하기보다는 학생 개개인의 변화와 발달과정을 종합적으로 평가하기 위해 전체적이면서도 지속적으로 평가하는 것을 강조한다.

마지막으로 수행평가는 학생의 인지적인 영역(창의성이나 문제해결력 등 고등사고기능을 포함)뿐만 아니라 학생 개개인의 행동발달상황이나 흥미·태도 등 정의적인 영역, 그리고 운동기능 등 심리운동적인 영역에 대한 종합적이고 전인적인 평가를 중시한다.

2) 수행평가의 유형

널리 활용되고 있는 수행평가의 방법으로는 논문형, 포트폴리오법, 관찰법, 토론법, 면접법, 구술시험, 연구보고서법, 실기시험, 실험·실습법, 자기평가 및 동료평가 등이 있다. 수행평가에서는 근본적으로 학습자가 수행한 모든 자료(예: 일기장이나 연습장 등)는 평가자료로 활용될 수 있다.

(1) 논문형

수험자가 답을 선택하는 것이 아니고 답을 구성해야 하는 지필검사의 한 형태다. 논문형 검사가 수행평가로서의 적절성을 갖기 위해 가장 중요한 것은 수험자 자신이 가진 지식과 기술을 가지고 실제로 답을 구성하여 자신의 수행능력을 어떻게 보이느냐 하는 것이다. 따라서 수행평가로서의 논문형 검사의 핵심은 개인의 생각이나 주장을 창의적이고 논리적이면서도 설득력 있게 조직하여 작성해야 한다는 점이다. 이러한 논문형 검사를 작성하기 위해서는 첫째, 평가할 영역을 구체화하여 검사목표를 설정하고, 둘째, 그에 알맞은 문제상황을 설정하며, 셋째, 모범답안이나 채점기준표를 작성해야 한다.

(2) 포트폴리오법

포트폴리오(portfolio)의 원래 뜻은 서류가방 또는 서류철이라는 뜻이다. 이것은 학생 개개인이 수행한 일련의 과제 중에서 대표적인 몇 가지를 선정하여 교사 또는 평가자에게 평가받는 수행평가의 일종이다. 교사에게 평가받기 위해 학생들이 제출하는 자료가 몇 개의 작품 혹은 수행결과로 구성된 하나의 서류철이나 서류가방의 형식을 취하므로 붙여진 이름이다. 포트폴리오는 하나 이상의 분야에서 노력, 진보, 성취 정도를 보여 주는 학생들의 작품을 의도적으로 모은 작품집이다. 내용 선정, 선정의 준거, 가치판단의 준거, 학생의 자기반성(self-reflection)의 증거 등을 선택할 때 학생이 직접 참여해야 한다. 포트폴리오는 학생의 경험과 성취를 기록한 다양한 정보를 포함하는 서류철이다. 따라서 포트폴리오에는 성취기록의 요약, 공식기록, 일지 등이 포함된다(박도순, 홍후조, 1999).

포트폴리오는 학생의 학습을 평가하는 데 전통적인 방법과는 매우 다른 방법을 사용한다. 성취검사가 계산될 수 있는 단위로서의 산출물을 제공하는 것이라면, 포트폴리오 평가는 보다 넓은 상황에서 학생들을 관찰할 수 있는 기회를 제공해 준다. 보다 넓은 상황이란 위기에 처했을 경우, 창의적인 해결책을 개발할 경우, 자신의 수행을 판단하는 것을 배울 경우 등을 말한다. 포트폴리오 상황이라는 측면에서 학생들의 수행에 대해 다양하고 포괄적인 견해를 제공할 때 비로소 포트폴리오가 되는 것이다.

무엇보다도 학생이 독립적이고 자기주도적인 학습자가 되는 데 필요한 능력을 계발하도록 북돋워 주고자 하는 토론과 비판을 제공할 때 비로소 포트폴리오가 된다(남명호, 1995).

(3) 관찰법

관찰을 통해 일련의 정보를 수집하는 측정방법으로서, 인간의 일상생활과 함께해 온 가장 오래된 방법인 동시에 연구의 기본 수단이라고 할 수 있다. 이는 특정한 과학적 도구를 이용하지 않고 순수한 신체적 기능, 즉 오감에만 의존하여도 관심대상의 특성, 동기, 감정 및 의도를 추론할 수 있기 때문이다. 물론 정밀한 관찰을 위해서 필요하다면 모든 측정도구를 이용하기도 한다. 즉, 관찰법은 다른 데이터 기술방법을 동시에 사용하는 것을 배제하지는 않는다. 요컨대, 관찰법은 특정한 장면이나 상황에서 발생하는 행동체계를 가능한 한 상세하고 정밀하게 탐구하기 위해 모든 신체적 기능과 측정도구를 이용할 필요가 있다는 것이다.

다양한 상황에서 정보를 수집하는 하나의 방법으로서의 관찰법도 그 목적, 구성요소, 기록방법 등에 각각의 독특성을 가진다. 특히 절차상의 문제에 조금씩의 차이를 보일 수 있다. 일반적으로 관찰법의 절차를 보면 ① 목적의 설정, ② 관찰자의 선정 및 훈련, ③ 관찰기록 유형의 결정 및 기록지 제작, ④ 관찰의 실제 수행, ⑤ 분석 및 정보 요약 등으로 나눌 수 있다.

객관적이고 정확한 관찰을 위해서는 관찰대상을 있는 그대로 기술하는 일화기록법이나 체크리스트, 평정척도 등을 이용하기도 하고, 경우에 따라 비디오 녹화를 한 다음 분석하기도 한다.

(4) 토론법

토론법은 교수-학습활동과 평가활동이 통합된 것으로 보통 토의식 수업에서 학생들을 평가하는 방법이다. 즉, 교사와 학생, 학생과 학생 간의 토론의 장을 마련하여 각자의 입장에서 자신의 주장을 논리적이고 설득력 있게 표현하도록 하며, 동시에 학생의 토론준비도(관련자료 및 증거 수집 정도, 토론내용의 조직 등), 의사소통능력(이해력, 표현력, 설득력), 사고력(논리적 사고력, 창의적 사고력, 비판적 사고력), 토론태도 등을 평가하는 방법이다.

토론수업을 활용한 수행평가에서는 찬반 토론법을 많이 사용하는데, 찬반 토론법이란 사회적으로나 개인적으로 서로 다른 의견을 제시할 수 있는 토론주제(예: 청계천 부활 시행 여부)를 가지고 개인별로 혹은 조별로 찬반 토론을 하도록 한 다음, 각기 찬성과 반대 의견을 주장하기 위해 사전에 준비한 자료의 다양성이나 충실성, 그리고 토론내용의 충실성과 논리성, 반대의견을 존중하는 태도, 토론 진행방법 등을 총체적으로 평가하는 방법이다. 아울러 이러한 찬반 토론의 과정을 자세히 관찰함으로써 토론 진행과정에서 지도력을 발휘하여 토론을 이끌어 가는 사람, 당당하게 자기 주장을 피력하는 사람, 남의 의견을 차분히 듣고 모두의 의견을 집약하는 능력을 발휘하는 사람, 또는 상대방에게 의견을 자유롭게 제시하도록 한 후 결론은 자기 의견대로 끌고 가는 사람 등등 여러 가지 유형의 성격도 파악할 수 있다. 이러한 찬반 토론법은 논문형 검사와 구술시험을 통해 얻을 수 있는 정보를 모두 얻을 수 있는 장점이 있는 반면, 학생 수가 많을 경우 개별 학생들이 충분히 발언할 기회를 갖지 못하는 단점도 있다(백순근, 1995).

(5) 면접법

일정한 조건에서 질문을 하여 응답을 얻어내는 언어적 상호작용과정을 통하여 피면접자가 내적으로 가지고 있는 무엇인가를 알아내는 평가방법이다. 면접법은 자기기입식 질문지를 통한 평가방법과는 달리, 좀 더 다양하고 심도 있는 자료를 얻는 데 목적이 있다. 면접법은 질문에 대해 응답을 하게 된 이유나 맥락을 구체적으로 알아볼 수 있다. 또한 여러 상황에서 융통성 있게 적용시킬 수 있도록 정교하게 고안된 면접조사표를 사용하면 면접을 통하여 많은 양의 정보를 얻을 수 있으며, 기타 다른 방법을 사용하기가 부적합한 경우 대안으로 이용할 수도 있다.

면접은 구조화의 정도에 따라 구조화된 면접, 비구조화된 면접, 반구조화된 면접의 세 가지로 구분된다.

첫째, 구조화된 면접은 미리 준비한 질문지에 따라 질문의 내용과 순서를 지키면서 진행하는 방법이다.

둘째, 비구조화된 면접은 면접계획을 세울 때 면접의 목적만 명시하고 면접할 내용이나 면접방법은 면접자에게 일임하는 방법이다.

셋째, 반구조화된 면접은 사전에 면접에 관해 치밀한 계획을 세우되, 실제 면접상황에서는 융통성 있게 진행시키는 방법이다. 이 면접방법은 구조화된 면접과 비구조화된 면접의 장점을 절충한 것으로, 실제로 가장 많이 사용되고 있다.

한편, 좋은 면접은 면접자의 훈련과 경험에 의존하며 면접자(교사)와 피면접자(학생)가 서로 신뢰하는 분위기, 즉 공감대 형성이 무엇보다 중요하다.

면접자 훈련에서 할 가장 기본적인 것은 응답자와의 접촉에 관한 것이다. 예컨대, 면접자가 자신을 어떻게 보일 것인가, 면접의 목적을 어떻게 설명할 것인가, 비밀보장이 필요한 사안은 어떻게 다룰 것인가, 자발적인 협조를 어떻게 구할 것인가 등이 이에 속한다. 또 질문을 하고, 캐묻고, 질문에 대답하는 것에 관한 면접기술을 습득하는 일과 객관성과 중립을 유지하며 정보를 기록하는 일에 대해서도 훈련이 이루어져야 한다.

(6) 구술시험

구술시험은 학생에게 특정 교육내용이나 주제에 대하여 자신의 의견이나 생각을 발표하도록 하여 학생의 준비도, 이해력, 표현력, 판단력, 의사소통능력 등을 직접적으로 평가하는 방식이다. 따라서 특정 주제나 답변문을 제시하고 학생이 답변하는 형식을 취할 수 있다. 이때 주제나 답변내용을 한정시켜 평가의 객관성을 높일 수도 있다. 근원적으로 구술시험은 개인이 처한 상황에 적합해야 하고 교육목표에 직접적인 것만을 중심으로 이루어져야 수행평가방식으로서 의미가 있다.

구술시험은 학생들이 대학이나 대학원을 졸업하기 위해서 졸업시험이나 논문심사의 한 과정으로 거쳐야 하는 관문처럼 생각하는 시험의 한 형태지만, 초 · 중등학교에서도 쉽게 사용할 수 있다. 예컨대, 중학교 국사시간에 '신라가 삼국을 통일할 수 있었던 이유' 라는 주제에 대해서 학생들에게 발표준비를 시키고, 개별적으로 발표하도록 하여 평가하는 것이다. 교사는 학생의 개별 발표를 통해 특정 학생의 준비도, 이해력, 표현력, 판단력, 의사소통능력 등을 평가할 수 있다. 이와 같이 주제나 질문을 사전에 미리 알려 주는 경우도 있지만, 특별한 내용 영역만 알려 주고 난 다음, 구술시험을 시행할 때 평가자가 관련 있는 주제나 질문을 제시하고 학생이 답변하는 형식을 취할 수도 있다. 예컨대, 중학교 국사시간에 학생들에게 '삼국시대의 문화' 에 대해서 공부하도록 한 다음, 구술시험을 칠 때 평가자가 학생에게 '백제문화의 특징을 고구려문화나 신라문화의 특징과 비교하여 설명해 보라' 고 하는 것이다(백순근, 1995).

구술시험은 학생에게 특정 주제나 질문을 제시하고 응답하도록 한다는 측면에서는 면접과 유사하나, 면접이 정의적 영역(인성 및 태도 등)을 중심으로 이루어지는 평가인 반면, 구술시험은 인지적 영역을 중심으로 말하기와 듣기를 통한 교과 학력평가 형태로 이루어진다는 측면에서 차이점이 있다. 또한 구술시험은 개별적인 대면상황에서뿐만 아니라 교실수업 상황에서 교사 및 학생들에게 자신의 의견이나 생각을 발표하는 것까지 포함한다.

(7) 연구보고서법

이 방법은 각 교과별이나 범교과적으로 여러 가지 연구주제 중에서 학생의 능력이나 흥미에 적합한 주제를 선택하되, 그 주제에 대해서 자기 나름대로 자료를 수집하고 분석 · 종합하여 연구보고서를 작성 · 제출하도록 하여 평가하는 것이다. 이때 연구의 주제나 범위에 따라 개인적으로 할 수도 있고, 관심 있는 학생들이 함께 모여서 단체로 할 수도 있다. 예컨대, 초등학교 사회교과에서 '세계 여행'이라는 내용을 가르치면서, 학생들에게 특정 국가를 선정하여 그 나라를 여행하기 위해서 필요한 제반 준비사항에 대한 연구보고서를 제출하게 하여 평가할 수 있다. 이때 학생들은 자신의 관심에 따라 한 나라를 선정한 후, 도서관이나 여행사 또는 그 나라를 여행한 경험이 있는 사람이나 해당국가 대사관, 영사관, 그리고 해당국가의 관광홍보 담당직원, 정보통신망을 이용한 데이터베이스 등을 통해 직접 혹은 간접적으로 제반 정보를 수집하고 분석하여 해당국가를 여행하기 위한 준비사항에 관련된 연구보고서를 작성해야 한다. 담당 교사는 학생들의 연구 진행상황을 주기적으로 확인 · 평가하고, 필요에 따라 적절한 지도를 해야 한다. 최종 보고서의 내용에는 해당국가의 역사나 문화, 관광지, 교통편, 숙박편, 사용되고 있는 화폐, 여행 시 주의사항 등을 모두 포함하게 된다. 아울러 각자 자신의 연구방법이나 특이한 경험, 연구결과 등을 다른 학생들에게 발표하게 하여 서로 배울 수 있는 기회를 제공해 주는 것이 바람직하다. 이러한 보고서 작성을 통해서 학생들은 적어도 관심 있는 특정 국가에 대한 각종 정보를 수집하는 방법, 다양한 자료를 종합하고 분석하는 방법, 보고서 작성법 등을 익히게 될 것이며, 연구발표회나 연구의 상호 교환을 통해 다른 나라의 역사, 지리, 문화 등에 관해 많이 배우게 된다. 이러한 연구보고서의 작성은 실제로 외국을 여행하기 위한 좋은 준비작업의 경험이 될 수도 있다(백순근, 1995).

(8) 실기시험

실기시험은 미술, 음악, 체육, 가정 등의 예 · 체능 실기교과에서 주로 활용되어 온 평가방법이다. 그러나 이전의 실기시험과 수행평가에서 강조하는 실기시험 간에는 약간의 차이가 있다. 즉, 이전의 실기시험은 강요된 인위적 상황에서 주로 이루어진 반면, 수행평가에서의 실기시험은 실제 문제상황에서 요구되는 능력을 평가하는 데 초점을 맞춘다. 배구 실기시험을 예로 들면, 이전의 실기시험은 서브, 리시브, 토스 등의 각 기능에 대해 자세, 강도, 정확률, 횟수 등을 평가하는 데 중점을 두었다. 그러나 수행평가에서의 실기시험은 실제 배구경기상황에서 게임을 운영하고 상황에 대처하는 능력에 중점을 두고 평가한다. 즉, 수행평가에서의 실기시험은 실제상황에서 할 줄 아는 능력을 중시하며, 자연스러운 상황에서 실제 수행능력을 평가하고자 한다.

(9) 실험 · 실습법

실험 · 실습법은 자연과학 분야에서 많이 사용되는 것으로, 어떤 과제에 대해서 학생들이 직접 실험이나 실습을 한 다음 그 결과보고서를 제출하게 한다. 이때 개인단위로 실험 · 실습을 하게 할 수도 있고 팀을 구성하여 공동작업을 하게 할 수도 있다. 교사(평가자)는 학생들의 실험 · 실습과정을 직접 관찰하고, 동시에 제출된 결과보고서도 고려하여 평가한다. 이러한 방법은 실험 · 실습을 위한 기자재의 조작적인 능력뿐만 아니라 지식을 적용하는 문제해결과정을 포괄적이면서도 종합적으로 평가할 수 있다.

(10) 자기평가 및 동료평가

교수-학습활동 중에 부단한 반성적 사고 및 피드백을 통해 자기개발을 꾀하는 평가방법으로서 최근 자기평가와 동료평가가 강조되고 있으며, 특히 교사평가 분야에서 교사의 전문적 능력을 신장시키는 주요한 평가방법으로 많이 활용되고 있다. 또한 이는 학생의 학습활동에서도 학생 자신의 반성적 사고를 촉진시키고 스스로 학습의 개선을 위한 정보를 제공받아 자기개발을 도모할 수 있는 방법이기도 하다.

자기평가(self evaluation)란 특정 주제나 교수-학습 영역에 대하여 자기 스스로 학습과정이나 학습결과에 대한 자세한 평가보고서를 작성 · 제출하도록 하여 평가하는 것이다. 예컨대, 어떤 수업을 이수한 후 그 수업을 이수하면서 자신의 학습과정이나 학습결과에 대해 평가보고서를 작성·제출하도록 함으로써 학생이 자신의 준비도, 학습동기, 성실성, 만족도, 다른 학생과의 관계, 학업성취도 등에 대해 스스로 생각하고 반성할 수 있는 기회를 제공할 뿐만 아니라, 교사에게는 교사가 행한 학생평가가 타당하였는지를 비교·분석해 볼 수 있는 기회를 제공하게 된다.

또한 이와 유사하게 동료 학생들이 서로를 평가하도록 하는 동료평가(peer-evaluation)를 이용하여 학생들을 평가할 수도 있다(백순근, 2000). 동료평가는 일종의 대화식 평가방법으로서, 동료 학생 간의 대화(평가)를 통해 상호 반성적 과정을 촉진한다. 그러나 동료평가가 성공적으로 수행되려면 일차적으로 학생 간에 자발적인 동료관계가 선행되어야 한다. 즉, 상호 경쟁적인 입장에서 서로를 평가하는 것이 아니라 서로 부족함을 메워 주고 잘된 것을 더욱 촉진시키는 상호 협력적인 관계에서 평가가 이루어져야 한다.

3) 수행평가의 전망

선택형 표준화 검사의 대안적 평가도구로서의 수행평가가 가지고 있는 가치에도 불구하고 교육현장에서 수행평가를 방해하는 요소들은 항상 잠재되어 있다. 스티진스(Stiggins, 1997)는 건전한 수행평가에 대한 잠재적 방해요소를 다음과 같이 제시하였다(배호순, 2000에서 재인용).

① 평가대상 및 목표(target)에 대한 부적합한 시각
② 평가대상에 부적절한 방법의 선택
③ 수행준거의 부정확한 설정
④ 수행준거의 불명료한 진술
⑤ 빈약한 수준의 수행과제 실시
⑥ 부적절한 수행표본 제시

⑦ 평가시간의 부족
⑧ 숙달되지 않은 평가자(전문성 부족)
⑨ 부적절한 채점방법의 선정
⑩ 빈약한 기록방식
⑪ 평가준거 및 수행평가과정을 학생에게 비밀로 하는 일

이 외에 수행평가의 문제점을 논할 때 자주 언급되는 문제들로는 대규모로 실시하기가 어렵다는 점, 시간적 · 공간적인 제약이 있다는 점, 그리고 비용상의 문제를 들 수 있다. 또 현대 산업사회는 경제성과 간결함을 추구하는 특성이 있는데, 수행평가는 이러한 특성에 적합하지 못하다. 즉, 평가의 상황이 교육의 상황과 분리되지 않을 때 생기는 객관성과 신뢰성의 문제는 여전히 해결하기 어려운 문제로 남을 전망이며, 전통적인 지식관을 갖고 있는 대부분의 평가자의 인식을 어떻게 전환시킬 수 있는가 하는 문제도 쉽게 해결하기 어려운 과제로 남을 것이다. 개별화 혹은 소인수 학급이 아닌 우리 상황은 수행평가의 실제에 매우 어려운 현실적인 문제점을 가지고 있다. 그러나 '평가행위' 와 '교수행위' 가 함께 이루어지는 것이 타당하고 학생들의 참된 능력을 이해하는 데 수행평가가 의미 있는 것이라고 판단된다면, 수행평가에 대한 논의는 더욱 활발하게 이루어져야 하고, 더불어 수행평가의 효율성을 극대화하기 위해 교육계 모두가 힘을 합한다면 교육의 질은 그만큼 높아질 것이다.

참고문헌

강갑원(2002). 영재성의 개념 정립과 과제. 영재와 영재교육(국제영재교육학회 저널), 제1권, 제1호.

강선보, 김정환(1999). 교육학 개론. 서울: 박영사.

권두승(2000). 평생학습사회 실현을 위한 성인학습 지도방법의 이론과 실제. 서울: 교육과학사.

권성호(1998). 교육공학의 탐구. 서울: 양서원.

김경옥(2001). 교수-학습의 이론적 탐색(전성연 편). 서울: 학지사.

김대현, 왕경순, 이경화, 이은화(1999). 프로젝트 학습의 운영. 서울: 학지사.

김선숙(2000). 주요국의 노인교육 비교분석. 홍익대학교 교육대학원 석사학위논문.

김신자(1999). 교육공학의 이론과 실제. 서울: 문음사.

김영채(1992). 사고력 교육을 위한 학습전략. 서울: 교육과학사.

김윤옥(2003). 학습장애 아동을 위한 교수-학습 전략. 서울: 교육과학사.

김종서(1980). 교육연구의 방법. 서울: 배영사.

김홍자(2009). 테마로 배우는 대학 학습 전략. 서울: 한양대학교 출판부.

남기민, 조명희, 조추용, 한규량(2003). 현대노인교육론. 서울: 현학사.

남명호(1995). 수행평가의 타당성 연구. 고려대학교 대학원 박사학위논문.

박도순, 홍후조(1999). 교육과정과 교육평가. 서울: 문음사.

박영태(2004). 사랑의 학습지도법. 서울: 학지사.

박인학(1995). 교사를 위한 교수·학습방법론. 서울: 현문사.

배호순(2000). 수행평가의 이론적 기초. 서울: 학지사.

백순근(1995). 교수·학습 평가를 위한 새로운 대안: 수행평가를 중심으로. 초등교육연구 제6집 (pp. 3-20). 청주교육대학 초등교육연구소.

백순근(2000). 수행평가의 원리. 서울: 교육과학사.

변영계(1998). 교수-학습이론의 이해. 서울: 학지사.

변영계, 김광휘(2003). 협동학습의 이론과 실제. 서울: 학지사.
변영계, 김영환, 손미(2000). 교육방법 및 교육공학. 서울: 학지사.
송인섭(2001). 영재교육의 이론과 방법. 서울: 학문사.
송인섭, 김정원, 김혜숙, 정미경, 신은영, 최지은, 박소연(2001). 교육과정 및 교육평가. 서울: 양서원.
송인섭(2002). 영재교육의 새 지평. 영재와 영재교육(국제영재교육학회 저널), 제1권, 제1호.
신동로(2001). 교육과정과 교육평가. 서울: 교육과학사.
오성삼, 구병두, 양영선(1996). 교육학의 이해. 서울: 양서원.
윤형일, 허형, 이성호, 이용남, 박철홍, 박인우(2002). 신교육의 이해. 서울: 학지사.
이군현(1986/2002). 21세기 교육방법 및 교육공학. 서울: 교육과학사.
이병석, 박완성(2004). 실기교육방법론. 서울: 학지사.
이성은, 오은순, 성기옥(2002). 새 교수법. 서울: 교육과학사.
이성호(1988). 교수방법의 탐구. 서울: 양서원.
이용걸, 김순택(1982). 시청각교육. 서울: 한국방송통신대학출판부.
이화여자대학교 교육공학과(2001). 교수방법과 교육공학. 서울: 교육과학사.
임규혁(1996). 교육심리학. 서울: 학지사.
임창재(1997). 교육심리학. 서울: 학지사.
장언효(1980). 영재의 심리적 특성에 관한 연구. 한국교육개발연구원.
전경원(2000). 영재 교육학. 서울: 학문사.
전성연(2001). 교수-학습의 이론적 탐색. 서울: 원미사.
전정재(2001). 공부에는 왕도가 있다. 서울: 한국방송출판.
정근모(1993). 21세기로 가는 길. 서울: 신원문화사.
정명화, 김신곤, 권기, 김준규, 신경숙(2002). 실기 및 예비교사를 위한 교육방법의 이론과 실제. 서울: 학지사.
정문성(2002). 협동학습의 이해와 실천. 서울: 교육과학사.
정문성, 김동일(1998). 열린교육을 위한 협동학습의 이론과 실제. 서울: 형설출판사.
조석희(1996). 영재교육의 이론과 실제. 서울: 한국교육개발원 연수자료 CR96-2.
조에스트(2007). 오감을 자극시키는 프레젠테이션 강연.
최호성(2003). 연구와 교육(R&E) 프로그램을 통한 과학 영재의 창의성 신장 방안에 관한 연구. 한국과학재단.
한국교육개발원(1990). 학습장애아의 특성 분석과 진단 도구 개발.
한국아동상담센터 역(2003). 학습장애 클리닉: 똑똑한 우리 아이 공부를 못해요. 루이 라플레르, 드니즈 델랑-마르케 저. 서울: 한울림.

한방교, 윤길근(2002). 실기교육방법론. 서울: 동문사.
황정규(1998). 학교학습과 교육평가. 서울: 교육과학사.

Anderson, L. M. (1979). *An Experimental Study of Effective Teaching in First-grade Reading and Teacher Eduction*. New York: Pergamon.

Ausubel, D. P. (1968). *Educational Psychology: A Cognitive View*. New York: Holt. Rinehart & Winston.

Bloom, B. S. (Ed.). (1956). *Taxonomy of educational objectives: Cognitive domain*. New York: David Kckay.

Borich, G. D. (2004). *Effective Teaching Methods*(효과적인 교수법). 박승배, 부재율, 설양환, 이미자, 조주연 역. 서울: 아카데미프레스.

Brophy, J., & Good, T. L. (1986). Teacher behavior and student achievement. In M. C. Wittrock (Ed.), *Handbook of Research on Teaching*. New York: Macmillan.

Brown, G., & Edmondson, R. (1984). Asking questions. In E. Wragg (Ed.), *Classroom Teaching Skills*. New York: Nichols.

Chamot, A., & Kupper, L. (1989). Learning strategies in foreign language instruction. *Foreign Language Annuals, 22*.

Colangelo, N., & Davis, G. A. (Eds.). *Handbook of Gifted Education*. Needham Height, MA: Allyn & Bacon.

Cole, P. G., & Lorna, K. S. Chan (1998). *Teaching Principles and Practice*(교수원리와 실제). 이병석 역. 서울: 원미사.

Cox, J. (1986). The Richardson Study: Results and recommendations. In J. Van Tassel-Baska (Ed.), *The Richardson Study: A catalyst for policy change in gifted education*. Evanston, IL: Northwestern University.

Cruickshank, D. R., Deborah, L. Bainer, & Kim K. Metcalf (1994). *The Act of Teaching*. New York: McGraw-Hill, Inc.

Dansereau, D. F. (1985). Learning Strategy research, In J. W. Segal, S. F. Chipman, & R. Glasser (Eds.), *Thinking and Learning Skills* (Vol. 1). Hillsdale. N.J.: Erlbaum.

Davis, G. A. (1991). *Creativity is Forever*. Dubuque, IA: Kendal.

Delp, J. L. (1980). How to live successfully with the gifted child. In National/State Leadership Training Institute on the Gifted and Talented (Ed.), *Educating the*

Preschool/Primary Gifted and Talented. CA: Ventura County Superintendent of Schools.

Derry, S. J., & Murphy, D. A. (1986). Designing system that train learning ability: From theory to practice. *Review of Educational Research, 56*.

Dillon, J. T. (1997). *Using discussion in classrooms*(토론학습의 이론과 실제). 김정효 역. 교육과학사.

Donald R. C., Deborah B. J., & Kim K. M. (2009). *The Act of Teaching* (p. 9). Boston: McGraw-Hill Higher Edcuation.

Dukin, M. J., & Biddle, B. J. (1982). *The Study of Teaching* (pp. 97-98). Washington, DC: University Press of America.

Eric J. Mash, & David A. Wolfe (2008). *Abnormal Child Psychology*(아동이상심리학). 조현춘, 송영혜, 조현재 공역. 서울: 시그마프레스(주)

Fisher, D., & Nancy Frey (2008). Better Learning. *Association for Supervision and Curriculum Development Alexander*. Virginia.

Gage, N. L., & Berliner, D .C. (1998). The psychology of teaching methods. In N. L. Gage (Ed.), *The Psychology of Teaching Methods* (pp. 1-20). Chicago: University of Chicago Press.

Gagné, F. (1990). Toward a differential model of giftedness and talent. In N. Colangelo & G. Davis (Eds.), *Handbook of Gifts Education*. Needham Height, MA: Allyn & Bacon.

Gagné, R. M. (1985). *The Conditions of Learning*. NY: Holt, Reinhart & Winston.

Gagné, R. M., & Briggs, L. J. (1979). *Principles of Instruction Design* (2nd ed.). New York: Holt, Rinehart and Winston.

Glaser, R. (1962). Psychology and Instructional Technology. *Training and Research and Education*. NY: Willey & Sons Inc.

Good, T. L., Grouws, D., & Ebmeier, H. (1983). *Active Mathematics Teaching*. White Plains, NY: Longman.

Grant Martin (1992). *Critical Problems In Children And Youth*(현대 기독교 상담 시리즈 5. 아동기와 청소년기 문제 상담). 김혜숙 역. 서울: 도서출판 두란노.

Grote, G. (1975). *Plato and the Other Companions of Socrates, Vol II*. London: John Murray.

Henniger, Michael. L. (2009). *Teaching Young Children*. Pearson: Upper Saddle River, New Jersey.

Hermann, K. E., & Stanley, J. C. (1983). *An exchange: Thoughts on nonrational precocity* (pp. 30-36).

Hohn, Robert L. (1995). *Classroom Learning*. Longman Publishers USA.

Howard & Amy (1990). Competency-based Career Development Strategies and the National Career Development Guideline.

Hunter, M. (1984). Knowing, teaching, and supervising. In P. Hosford (Ed.), *Using What we Know about Teaching*. Alexandria, VA: Association for Supervision and Curriculum Development.

Hyman, R. T. (2001). 교수방법. 권낙원 역. 서울: 원미사.

Johnson, D. W., & Johnson, R. T. (1975). *Learning Together and Alone: Cooperation, Competition, and Individualization*. NJ: Prentice-Hall.

Johnson, D. W., & Johnson, R. T. (1989). *Cooperation and Competition, Theory and Research*. Edina, MN: Interaction Books.

Jones, B. F. (1983). Integration learning strategies and text research to teach high order thinking skills in schools. Paper presented at the annual meeting of the American Educational Research Association. Montreal. Canada.

Joyce, B., & Weil, M. (1986). *Models of Teaching*. Englewood Cliffs, NJ: Prentice-Hall.

Karnes, F. A., & Bean, S. M. (Eds.). (2008). *Methods and Materials for Teaching the Gifted*. Prufrock Press. Inc.

Kass, C. E., & Maddux, C. D. (1993). *A Human Development View of Learning Disabilities*. Springfield, Illinois: Charles Thomas Publisher.

Katz, L. G. (1972). Developmental Stages of Preschool Teachers. *The Elementary School Journal* (pp. 50-54). Chicago, Ill: University of Chicago Press.

Kouin, J. (1970). *Discipline and Group Management in Classrooms*. Chicago: Holt, Rinehart, and Winston.

Kyriacou, C. (2007). *Essential Teaching Skills* (p. 1). Delta Place: Nelson Thornes.

Marks-Beale, A. (1994). *Study Skills*. Delmar Publishers Inc.

Marland, S. (1972). *Education of the Gifted and Talented, Report to the Congress of the U.S. by the U.S. Commissioner of Education*. Washington: U.S. Government Printing Office.

Milam, C. P. (1998). Extending Learning Through Mentorship. In F. Karnes, & J. Nisbet (2001), *Learning strategies*(학습전략과 교육). 이신동 역. 서울: 교육과학사.

Moore, L. P. (1981). *Does this mean my kid's a genius?: How to identify, educate, motivate, and live with the gifted child.* New York: McGraw-Hill Book Company.

Murphy, J., Weil, M., & McGreal, T. (1986). The basic practice model of instruction. *The Elementary School Research, 47.*

Nisbct, J. (2001). Lcarning stratcgics(학습전략과 교육). 이신동 역. 서울: 교육과학사.

O'Malley, J. M., Chamot, A. U., Stewer-Manzanares, G., Russo, R. P., & Kupper, L. (1985). Learning strategy applications with students of English as a second language. *TESOL Quarterly, 19*(3).

Ornstein, Allan C. (2000) *Strategies for Effective Teaching.* McGraw-Hill Higher Education.

Oxford, R. (2001). Language learning styles and strategies. In M. Celce-Murcia (Ed.), *Teaching English as a Second or Foreign Language.* Boston, MA: Heinle & Heinle Publishers.

Reay, D. (1994). *Selecting Training Methods.* London: Kogan Page.

Renzulli, J. S. (1978). What makes giftedness? Reexamining a definition. *Phi Delta Kappan, 60*, 180-184.

Renzulli, J. S. (1995). Building a Bridge Between Gifted Education and Total School Improvement. *Talent Development: Research-Based Decision Making Series,* 1-12.

Robert, B. Frank F. Mc., & Elroy Konikow (1979). *Communications for the Safety Professional.* Chicago: National safety Council.

Rosenshine, B. (1985). *Direct Instruction. International Encyclopedia of Education* (Vol. 3, pp. 1395-1400). T. Husen & T. N. Postlethwaite (Eds.). Oxford: Pergamon Press.

Roseneshine, B. (1986). Synthesis of research on explicit teaching. *Educational Leadership, 43*(7), 60-69.

Rosenshine, B. (1987). *Direct Instruction.* In M. J. Dunkin (Ed.), *The International Encyclopedia of Teaching and Teacher Education.* Oxford: Pergamon Press.

Scriven, M. (1967). *The Methodology of Evaluation, Perspective of Curriculum Evaluation.* Chicago: Rand McNally.

Shulman, L. S. (1987). Knowledge and teaching: Foundations of the new reform. *Harvard Educational Review, 19*(2).

Sisk, D. A. (1976). Teaching Through Simulations for the Gifted. In F. A. Karnes & S. M. Bean (Eds.), *Methods and Materials for Teaching the Gifted*. Prufrock Press. Inc.

Slavin, R. E. (1987). Cooperative learning: Where behavioral and humanistic approaches to classroom motivation meet. *Elementary School Journal, 88*.

Slavin, R. E. (1990). *Coopertive Learning: Theory, Research, and Practice*. Englewood Cliffs, NJ: Prentice-Hall.

Stallings, J. A., & Stipe, D. (1986). Research on early childhood and elementary school teaching program. In M. D. Wittrock (Ed.), *Handbook of Research on Teaching* (3rd ed.). New York: Macmillan.

Tarone, E. (1977). Conscious communication strategies in interlanguage. In H. D. Brown et al. (Eds.), *On TESOL* 1977. Washington, D.C: TESOL.

Terman, L. M. (1981). The discovery and encouragement of exceptional talent. In W. B. Barbe & J. S. Renzulli (Eds.), *Psychology and Education of the Gifted* New York: Irvington.

Treffinger, D. J. (1986). Fostering effective, independent learning through individualized programming. In J. S. Renzulli (Ed.), *Systems and Models for Developing Programs for the Gifted and Talented*. Mansfield Center, CT: Creative Learning Press.

Walberg, H. (1984). Improving the productivity of America's schools. *Review of Educational Research, 52*(3), 421-445.

Walberg, H. (1988). Creativity and talent and learning. In R. J. Sternberg (Ed.), *The Nature of Creativity*. New York: Cambridge University Press.

Whitmore, J. R. (1980). *Giftedness, Conflict, and Underachievement*. Boston: Allyn & Bacon.

Winner, E. (1996). *Gifted children: Myths and realities*. New York: Basic Book.

Wittrock, M. C. (1966). The learning by discovery hypothesis. In L. S. Shulman & E. R. Keislar (Eds.), *Learning by discovery: A critical appraisal*. Chicago: Rand McNally.

Wlodkowski, R. J. (2008). *Enhancing Adult Motivation to Learn*. San Francisco: Jossey-Bass.

Woolfolk, Anita E. (2000) 교육심리학(Educational Psychology). 김아영 외 4인 역. 서울: 학문사.

찾아보기

《인 명》

《내 용》

【저자 소개】

이병석(李秉錫) rbs1111@naver.com

학력

고려대학교 사범대학 교육학과 졸

고려대학교 교육대학원 영어교육과 졸(교육학 석사)

미국 인디애나 주립대학교 교육학과 졸(교육학 석사)

고려대학교 대학원 교육학과 졸(교육학 박사)

경력

경민대학 교무처장

경민대학 교수-학습센터 소장

한국영재교육학회 부회장

현재

경민대학 아동보육과 교수

경민대학 다문화교육지원센터장

한국아동인성교육연구회 회장

저서 및 논문

교수원리와 실제

정보화 시대의 신세대를 위한 실기교육방법론

영유아 인성교육

'학습자 통제가 학업성취도에 미치는 영향' 외 다수 논문

박완성(朴垸宬) pwansung@syu.ac.kr

학력

고려대학교 사범대학 교육학과 졸

고려대학교 교육대학원 교육학과 졸(교육학 석사)

고려대학교 대학원 교육학과 졸(교육심리, 교육방법 전공-교육학 박사)

경력

삼육대학교 입학관리본부장

삼육대학교 교수학습개발센터 부장

학생커리어개발센터 부장

인력개발원 부상

현재

삼육대학교 학부 교양교직과 학과장/대학원 상담교육학과 부교수

한국교육혁신연구소 소장

저서 및 논문

고등학교 진로와 직업 교과서

교육실습의 이론과 실제

교육평가

정보화 시대의 신세대를 위한 실기교육방법론

중학교 진로와 직업 교과서

진로교육개론

진로교육의 이론과 실제

'고교생의 진로자아효능감 · 진로준비행동과 관련변인과의 관계—심리적 독립성, 성역할 정체감, 학업성취를 중심으로' 외 다수 논문

정보화시대의 신세대를 위한

신실기교육방법론

2011년 9월 10일 1판 1쇄 발행
2017년 3월 20일 1판 5쇄 발행

지은이 • 이병석 · 박완성
펴낸이 • 김진환
펴낸곳 • (주) 학지사
04031 서울특별시 마포구 양화로 15길 20 마인드월드빌딩
대표전화 • 02)330-5114 팩스 • 02)324-2345
등록번호 • 제313-2006-000265호

홈페이지 • http://www.hakjisa.co.kr
페이스북 • https://www.facebook.com/hakjisabook

ISBN 978-89-6330-745-9 93370

정가 16,000원